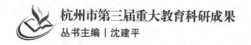

杭州市第三届重大教育科研成果

丛书主编 | 沈建平

童画童语：

对话教育理念下支持幼儿多元表达的申花样态

金 文 / 编著

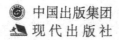

中国出版集团

现代出版社

对话视域下的一百种语言表达

德国存在主义哲学家、神学家、精神病学家雅斯贝尔斯在《什么是教育》中描述了迄今为止的三种教育类型：经院式教育、师徒式教育和苏格拉底式教育。他认为经院式教育仅仅局限于传授知识；师徒式教育完全以教师为中心，教师的权威具有神奇的力量，它使幼儿只能被动地依附于教师，服从于教师；苏格拉底式教育使教师与幼儿处于一个平等的地位，教师与幼儿没有操控和依附的现象，教学没有固定的方式，双方可以自由地思索，在善意与无止境的对话和讨论中唤醒幼儿的潜能。也正如滕守尧先生所言："真正的对话，是那种建立在平等关系基础上的自由交谈，是扫除了一切正规性和严肃性之后的随意性的和不拘一格的交谈。"①的确如此，当教育走向对话教育的取向时，教育过程才能成为师幼精神相遇和共享的过程，师幼才能在富有教育意义的对话中实现共享知识、共享经验、共享智慧、共享人生的意义和价值。幼儿在此过程中才能更为自由、自主地选择与互动，幼儿的潜能才会被真正地激发，幼儿的创造性表达也会自由奔放。就如瑞吉欧·艾米利亚幼儿教育学校的创始人马拉古奇所言，幼儿是由一百种组成的，幼儿有一百种语言，一百种想法，一百种思考、游戏、说话的方式……

杭州市申花实验幼儿园的全体教师向往这样的教育，也努力在向这样的对话教育迈进。他们基于对话教育的理念不断尝试建构幼儿园的环境、课程、管理等实践样态，希冀幼儿与教师有更多的沟通，关注幼儿与教师的互动，倡导学习共同体的建构。在这样的教育实践中，课程不再是教师唱独角戏的舞台，幼儿也不再是等待灌输的知识容器，课程是生命体验的不断碰

---

① 滕守尧.文化的边缘[M].北京：作家出版社，1997.

撞、生活体验的不断交流，在这样的交流、互动、对话中，幼儿的经验得到了改组与改造，幼儿也获得了新意义的生成，幼儿的多元表征如语言、肢体动作、音乐、绘画、手工制作、前书写表征等大大被激发了。

环境系统是支持幼儿多元表达的基础。幼儿的学习不是端坐静听的被动接受，而是在直接感知、实际操作、亲身体验中与环境、材料双向互动的经验建构。有意义的环境创设是走向对话教育的基础，是引发幼儿主动学习的前提。申花实验幼儿园创设了童趣、好玩、丰富的环境，有CS勇士、山坡探险、落叶餐厅、创意实验屋、屋顶花园、管乐叮咚等有趣的游戏场域，还有四季故事墙、绘本互动墙、情绪故事廊、梯间故事廊等丰富的互动的墙面环境；围绕"签名"的表达更是有心情签到、"计划"签到、"书写"签到等多元的表达形式。走"近"环境，触发幼儿的多维感官；走"进"环境，引发幼儿的积极互动；走"浸"环境，激发幼儿的情感碰撞。幼儿的多元表达在环境的浸润中发生，幼儿的情感和思维也在与环境的互动中萌发，环境成为支持幼儿多元表达的刺激物，并成为课程的重要部分，能够为幼儿创意提供支持。

以对话教育理论为依托，以名画、绘本、名乐为资源支撑，以促发幼儿多元表达为方向，申花实验幼儿园的课程活动是支持幼儿多元表达的核心系统。在名画资源下，申花的老师和幼儿一同探寻了"蒙德里安与格子""莫奈与光影""米罗与符号"等有趣的发现；在绘本资源下打造"涂鸦漫话书""Demo趣配音""绘本表演剧"等丰富的载体；在名乐资源下探寻名乐在生活、游戏中的渗透，通过舞、音、器多元表达。

对话教育理念下的管理系统是支持幼儿多元表达的保障。申花实验幼儿园倡导"像关注孩子一样关注教师"。"对话"理念的根植不仅给予教师成长上的提升，也给教师带来极大的挑战性，更让教师与幼儿、教师与教师对话和碰撞之后发现惊喜而带来愉悦，让教师深切体验到了"教师即研究者"的专业性与创造性，进而也让教师在对话中成长。

我与金文园长已相识多年，2015年9月申花实验幼儿园成为浙江师范大学杭州幼儿师范学院驻园硕师实践基地，每学期我都会带研究生入园观摩，有机会与申花相遇，我见证了申花实验幼儿园这几年的变化与发展，也十分有缘在杭州市重大课题中成为金文园长的导师，一同参与课题的研究与课程的深化。虽然书中呈现的内容还有不够完善之处，但是"对话"已经根植在申花的园长和老师心目之中；虽然不够完善与完美，但是以和谐、开放、平等、双向的氛围支持幼儿多元表达的方向不会改变，支持幼儿主动探究的深度学习的方向不会改变。

对话教育理念下支持幼儿的多元表达在一定意义上是教育观的变革，是师幼互动的积极转变，"对话要求教师走下讲台，以海纳百川的襟怀与学生沟通交流"①。"教师不再是知识权威的代言人，而是探索过程中的参与者与协调者。"②在申花实验幼儿园的探究中，教师以幼儿的视角出发，成为幼儿学习过程的伙伴，发现幼儿的表达，支持幼儿的一百种表达。总之，对话教育理论下支持幼儿多元表达，关注幼儿整体和谐发展，关注幼儿创造性发展，关注幼儿富有个性的发展。

感谢金文园长邀约我一同参与思考，并邀请我为本书的出版写序，也很荣幸与申花实验幼儿园的老师们一同前行。

王春燕

（浙江师范大学杭州幼儿师范学院教授，博士生导师）

2020年12月7日于杭州

---

① 孙建军.语文对话教学[M].上海：复旦大学出版社，2008.
② 小威廉姆·E.多尔.后现代课程观[M].王红宇，译.北京：教育科学出版社，2000.

目 录

CONTENTS

第一章 绪 论

对话教育：幼儿教育的基本走向

一、内涵解析：对话与对话教育

（一）对话

"对话"是一个内涵丰富的哲学范畴词汇，在现有的哲学领域，往往把个体与个体之间所产生的视野交融活动称作对话。此外，更为丰富的内容体现在个体与自己之间、个体与他人之间、个体与社会之间所进行的平等交流，这种交流的方式是极为广泛的，除了语言交流外，还包括非语言交流，并且更为主要的属于非语言交流。

对话是人类重要的交流方式，其本义是一种谈话的方式，"是一种平等、开放、自由。民主、协调、富有情趣和美感、时时激发出新意和遐想的交谈"①。在这里，对话强调民主氛围中的一种相互平等的人际关系，共享知识、经验、人生价值。"对话不仅仅局限于人与人之间的言语沟通，人与文本、人与自然、人与社会、人与整个世界的意义沟通，都可以构成对话。"②即对话是说话者之间进行言语相互作用的具体方式，同时还包括人与人非直接言语形式所构成的人际关系。由此可以看出，对话是以尊重、信任、理解为基础的，通过思想和精神的相遇、相通、共同建构、寻求真理，从而达到生命质量的提升与精神世界的完满。

对话作为一种理论，其研究方向多样，对话也被赋予了新的内涵，在政

① 滕守尧.对话理论[M].台北:扬智文化事业股份有限公司,1955.
② 谭文旗,刘玉容.对话的特征及其教育意义[J].四川教育学院学报,2018:24-26.

治、经济、文化和教育等各个领域都有全新的阐述。当代对话理论,在其发展的历程中经历了三个阶段。第一阶段由巴赫金从人类文化学的角度出发提出,他倡导的对话理论主要来自文本的解读,强调的是对话的必然性,认为对话是人生存的基础。第二阶段是通过"对话理论之父"马丁·布伯的工作来发扬光大,布伯从精神科学的角度出发,发起了把对话者看作"他"还是"你"的讨论,由此我们生活的世界具有了双重性,是"我—他"世界与"我—你"世界,前者强调的是我对他的主宰性,后者强调的是我和你的共生性。第三阶段以保罗·弗莱雷为代表,将对话理论引入教育领域,认为"没有了对话,就没有了交流,也就没有了教育"[①]。在这样一个交往、对话的教育过程中不存在一个主体要使对方成为客体,对话的双方都是主体,共同去体验、揭示、表达和改造这个世界。

1.马丁·布伯的对话理论

马丁·布伯的对话理论体现在其著作《我与你》中,关系、之间、相遇是布伯对话哲学的中心,其哲学思想包括:"世界的二重性与人生的二重性;关系的本体性;之间领域的确立;皈依'永恒之你'。"[②]他重新定位了教师的作用和地位、师生之间的关系以及审视对话教育中教师的作用与对话、师生关系以及对话教育中教育的目的与作用,认为教育的作用并不仅仅要使儿童的潜能得以自由发展,更要培养儿童建立对话关系的能力。

2.巴赫金的对话哲学

巴赫金从人的存在、人的本质命题出发,提出了"对话是人的存在特性"这一重要命题,认为对话既是语言的本质,也是人类的存在本质,巴赫金在考虑自我与他人的关系中反对传统的二元对立模式,侧重事物间的关系。巴赫金的对话理论认为,"人与人之间的关系应该是平等的,对话的前提是对个体的尊重,由此对话性是贯穿人类生活所有行为和活动中的精神或者特性"。

---

① 保罗·弗莱雷.被压迫者的教育学[M].顾建新,赵友华,何曙荣,译.上海:华东师范大学出版社,2018.

② 张增田,靳玉乐.马丁布伯的对话哲学及其对现代教育的启示[J].四川教育学报,2004:24—28.

（二）对话教育

对话在西方的历史发展中最早可以追溯到古希腊，其中最早把对话应用于教学的是苏格拉底，他的"产婆术"为启发心智、循循诱导。"作为体现交往哲学理论的对话，不仅仅是一种调动学生的教学手段，更是一种尊重学生的教育思想；不仅仅是教师和学生通过语言进行讨论或者争鸣，更是师生之间平等的心灵沟通与交流。"①在我国，对话教育的渊源要追溯到孔子的"启发式教学法"，但对话教育的理论并未在我国发扬光大。在关于对话教育理论的研究中，保罗·弗莱雷等学者的理论丰富了其内涵，他们各自从不同的角度进行了深入研究。

● 弗莱雷的对话教育理论

弗莱雷的对话教育理论体现在《被压迫者的教育学》中，从压迫者的角度出发，阐释了传统讲解式教学的弊端，并呼吁一种平等、关爱、谦逊及信任的对话式教学。对话式教学是一种平等的、双向的、积极的交流，同时在对话教学中，"问题"是整个教学的基础和关键，学生通过问题学会思考，敢于质疑和反思。

综合关于哲学层面的含义，本研究将对话教育定义为：在相互平等的人际关系中开展教育教学活动，为幼儿和教师搭建双向通畅的对话渠道，构建意愿上和机会上相匹配的对话机制，把原有的权威主导的教育转向平等、民主的教育。具体而言，包括书面语言、肢体语言及情绪表情语言等方面的对话关系，与他人交流的意愿、与他人的关系维护以及对他人的理解是这种人际关系得以存在的条件，它具有主体间性、生活体验性、积极参与性的特征。

"教育不是有知者带动无知者，更不是有知者对无知者的改造，而是人与人之间的思想对话、敞亮和生成。"②这是对话教育理念下的文化意蕴，在对话教育的视域下，"是旨在创造一种消除教学中一切主导与从属、控制与被控制、压迫与被压迫的新的教学哲学，师生互动文化从根本上超越了'中

---

① 李镇西.对话：平等中的引导[J].人民教育，2004(3—4)：45—47.

② 鲁洁.边缘化　外在化　知识化——道德教育的现代综合症[J].教育研究，2005(12)：11—14.

心文化'‘缄默文化',走向‘主体文化'‘交互文化'”①。

(三)对话教育的核心

20世纪以来,世界教育基本走过了灌输式教育、园丁式教育和对话式教育三个阶段。灌输式教育认为以强迫的方式,让学生无条件地记忆、模仿、服从和坚信。灌输式教育强调分科教育,这样,教师既不能把学生看成一个"整体",也不能把各科知识看成一个"整体"。灌输式教育基本采用一种揠苗助长和填鸭式的施教方式。学生总是扮演着被动接受的角色,总是看教师的眼色行事,长此下去,就彻底丧失自我感受、自己加工信息、自己主动创造的能力。

20世纪中期以后,在世界各国发展起来的教育模式,是对灌输式教育的一次革命,其被称为"园丁式教育"。园丁式教育后来逐渐走向极端,过分强调学生的自由表现,不重视对学生整体施教和整体发展的宏观调整能力。

自20世纪80年代以来,世界各国的教育逐渐由园丁式教育发展到对话式教育。而对话式教育的特征表现如下。

1.主体间性:"我—你"

主体间性是指主体之间在语言和行动上相互平等、相互理解和融合、双向互动、主动对话的交往特点与关系,是不同主体间的共识,通过共识表现的一致性。主体间性意味着主体间的关系是平等共存的,既要看到"自我",又要看到"他人",相互之间彼此尊重、彼此独立。

将对话教育理论引入主体间性理论,弥补了传统教学中把师生看作主客体对立关系的不足,强调师生间是"主体—主体"的关系,在平等、自由的氛围中,充分发挥幼儿的主体地位。在对话教育理念下,"教师与学生、家长与学生、学习者与所学对象之间,不再是教训与被教训、灌输与被灌输、征服与被征服的关系"②,而是平等的、对话式的、充满爱心的、双向的交流关系。

① 张华.对话教学:含义与价值[J].全球教育展望,2008(6):7-16.
② 滕守尧.文化的边缘[M].南京:南京出版社,2006.

2.平等对话

在这种平等交流的基础上，幼儿的身心得到了彻底解放，学习就不再是被动接受，而是对话式的积极参与。在和谐的氛围中，教师与幼儿"在一定的情境下达到彼此之间认知共振、思维同步、情感交融"①，在尊重、信任幼儿的基础上引导幼儿进行自主探究，去寻找问题的解决方法，在双向对话中共同构建知识。在对话教育视域下，教师与幼儿是双向人际交流，双向人际交流主要表现在发起人既可以是教师，也可以是幼儿。在形式上，师幼之间的施受是不断交互转换的；在内容上，每一次信息都包含了双方情感、思想、知识、经验、价值观等的交互，这样的交互并不是简单机械的重复，而是螺旋式上升，在自我中发现他人，又在他人中发现自我。因而，教师不仅是按照自己的意愿来设计与实施，更要考虑幼儿的意见与特点。

3.多维融合

在对话的过程中有许多不确定性，因而教师在引导幼儿接受知识的同时，也引导幼儿创造知识，在不同的领域、不同的维度之间相互融合，这种教育追求人与人之间、人与自然之间、不同学科之间的和谐融合。

4.多元解读

主体间的对话需要主体间的交往以彼此尊重为基础，而不同的主体必然会对事物产生不同的理解。对话教育中强调对幼儿创新思维的培养，引导幼儿从不同的角度看待问题，在尊重差异的同时用多元化的方式去解读幼儿。教育的过程中有许多可能性、随机性、偶然性存在，因而，教育是一个开放的、动态生成的过程，在师生对话包括与自然、文本对话的过程中，都以创造为前提。"对话性沟通超越了单纯意义的传递，具有重新建构意义、生成意义的功能。来自他人的信息为自己所吸收，自己的既有知识又被他人的观点唤起了，这样就有可能产生新的思想。在同他人的对话中，正式出现了同自己完全不同的见解，才会促成新的意义的创造。"②在合作的氛围中取长补短，各自构建自己的认知。

---

① 张华.对话教学：含义与价值[J].全球教育展望,2008(6):7-16.

② 谭文旗,刘玉容.对话的特征及其教育意义[J].四川教育学院学报,2018:24-26.

二、现实反思:变形的幼儿表达

表达是个体内在思想体验的外在呈现,是幼儿素质的重要方面,在人的生存与发展过程中具有重要的意义。对于幼儿来说,表达是一个学习知识、发展智力的过程,同时也是幼儿社会化的重要途径。通过各种方式表达自己的想法和感受,是幼儿的天性和需要。满足幼儿表达的愿望,对于幼儿语言的发展、经验的重组乃至健康人格的形成都具有重要的意义。

在有关幼儿表达的研究领域,当前研究认为幼儿表达有三个基础特性:权利观、自由性和多元性。第一,国内外学者普遍认同表达既是幼儿的基本权利之一,同时也是幼儿受教育过程中的话语权,不应被忽视和埋没。例如《儿童权利公约》《幼儿园教育指导纲要(试行)》和《3—6岁儿童学习与发展指南》均在其纲领性篇章中多次阐明对幼儿表达权的重视。第二,幼儿表达应当具备自由性。幼儿的自由表达彰显主体性,是教育对话的必要前提,是幼儿主体价值获得的实现方式。幼儿的自由表达还体现了深层的民主价值,更是一种生活方式。第三,幼儿表达的另一个重要特性是多元性。幼儿表现自己对世界的认识是多种多样的,孩子有一百种思考、游戏和说话的方式,如语言、绘画、雕刻、泥工、建造、肢体动作等。

反观现实,在幼儿园的教育实践中,发现在幼儿的表达中存在一些问题,存在被动表达的状态,且很多正当、合理的表达也受到一定限制,表达形式仅仅停留在语言表达上等。

(一)被动的幼儿表达

被动的表达是幼儿主体地位丧失的表现,幼儿在强势话语的压迫下受到约束,而无法发出自己的真实声音,在面对教师权威的状态下,幼儿始终存在着不能言语、害怕言语、言而不实的现象。在幼儿园的教育实践中,教师很多时候都是"独白"的形象,为达成教师的目标,幼儿需接受教师的安排,不得随意表达自己的想法。对于幼儿来说,教师的话语是最具权威性的话语形式之一。文化传统和教育惯性导致教师只习惯用自己的价值观来判断幼儿的对错,而不习惯听取幼儿的表达,教师和幼儿之间缺乏通畅的对话渠道。

被动的幼儿表达从一定程度上来说受到整个课程和教学制度的制约，在教育现实中，幼儿几乎不具有课程的表达权，同时对于课堂教学设计、教学过程也几乎没有幼儿的参与，这就更加制约了幼儿表达权的发挥。从被动的表达到主动的表达，是一种新型课程观的转变，也是一种民主师幼关系的重构，更是一种良好制度的保障。

（二）控制的幼儿表达

控制的表达是幼儿话语权受压迫的表现。在某种压力中，幼儿往往隐瞒自己的真实想法，不敢表达出真实的想法，或者有些幼儿为了获得更多的赞赏，避免批评或惩罚，往往去观察教师喜欢听什么、不喜欢听什么。在一个班级中，如果教师成了绝对的强势方，那么给予幼儿的将是压抑、严肃甚至恐惧的氛围，幼儿无法进行个性化的多元表达，亦将失去童年的快乐和成长的自由。控制的表达会使幼儿纯真无邪的心灵日益被遮蔽。

（三）一元的幼儿表达

一元的表达是幼儿表达单向性的表现。在幼儿园改革发展的过程中，从园本教研、教师培训等角度开始思考构建，更多地关注到的是表象的需求——聚焦教师的教育教学发展的需要，却缺乏对幼儿经验的重视关注，孩子的表达方式单一。在教育教学活动中，"教师是教育者，幼儿是受教育者"，这一传统定位表明：教师处于心理的上位，幼儿处在心理的下位，师幼之间存在天然的心理位差。而幼儿是一个个鲜活生动的个体存在，他们拥有与生俱来的"解读天赋"，能够形成自己对生活经验、知识体验、教学游戏等教育元素的个性化认识。这就决定了幼儿表达具有不可或缺的特性——多元性。

三、价值取向：走向对话的表达

（一）从被动到主动

"幼儿的主体性就是幼儿作为自身主体的内在规定性，是幼儿在参与活动的过程中作为主体所具有的特征和属性。"①而在对话教育的视域下，师幼双方是平等关系，双方都具有平等的互动机会，不存在某一方的霸权，幼儿

---

① 冯建军.当代主体教育论[M].南京:江苏教育出版社,2001.

拥有了表达的主动权,师幼双方可以和而不同,共同追求共融性。幼儿拥有更多的主动选择与主动表达的权利,教师要学会理解、倾听幼儿的表达,站在幼儿的角度去解读和反馈信息。

(二)从控制到自由

"教育能够是,而且必然是一种解放"[①],因而在教育中我们要体现出自主性。自由的表达要体现出幼儿表达权的深层民主价值,因而在园所整体的教学制度、环境氛围、班级群体氛围中,表达在一定程度上给予了幼儿平等的地位和发言权,体现出教育的民主价值和理念。一个宽松民主的氛围可以为幼儿主体性的发挥提供自由港湾,在幼儿成长的过程中允许幼儿大胆地尝试,给幼儿成长留足余地,不以高约束和高控制的环境给予幼儿压力。当然,自由不等于抛弃常规,合理的常规与行为养成是必要的,"必要的约束和控制是达到真正自由王国的必经之途"[②]。

(三)从一元到多元

多元表达作为一种促进幼儿发展的教育技能,需要教师、家长、幼儿园等生态圈的广泛支持。支持幼儿的多元表达,为幼儿创造条件,让他们的表达成为成长过程中的独特印记。这些印记都是教师理解幼儿、读懂幼儿的台阶。我们需要在幼儿的活动空间里构建一个快乐的多元世界,他们在这个多元世界中大胆地讲述自己的生活、兴趣爱好、情感诉求。在这里,幼儿的表达能力得到发展,同时收获快乐和成长,构建出健康平和的内心世界。

---

① 联合国教科文组织国际教育发展委员会.学会生存——教育世界的今天和明天[M].上海:译文出版社,1979.

② 郑名,孙爱琴.幼儿园常规教育的反思与批判[J].教育研究,2006:89-92.

实践历程：申花样态孕育生发

杭州申花板块是一处平地而起的新兴板块，作为杭州最有活力的人群居住板块，杭州市申花实验幼儿园也因活力而生。申花的建立顺应了杭州市拱墅区教育局关于"办好家门口的好学校"的区域教育品质推进。申花作为一所开办才5年的新园，一直秉承着"做有故事的品质教育"的宗旨。整合申花学前教育集团"童画童语"课程的发展理念，立于当前，着眼未来，先后被授予浙江省教科研先进集体、浙江省一级幼儿园、浙江省足球特色学校、浙江师范大学杭州幼儿师范学院实验园、浙江师范大学杭州幼儿师范学院驻园硕师实践基地、杭州市重大课题研究基地、杭州市甲级幼儿园等荣誉。

幼儿园坚持做有故事的品质教育，这些故事既蕴含在孩子们的画中，也夹藏在孩子们的话中。我们倡导以幼儿为本位，关注幼儿的一百种语言，在"童画童语"园本课程建设过程中，以"图+话"为特色引领，以培养"审美、乐言、善思"的幼儿为核心，通过大师对话、童乐游戏、申日荟等系列活动，追随孩子的发现、理解孩子的妙想、支持孩子的创意，与他们一起妙笔"申"花，共筑童梦。

追溯这几年的研究历程，前后共经历了"激发幼儿个性表达的'图+话'开启""支持幼儿多元表达的'图文合奏'""丰富幼儿多元表达的载体拓展"三个阶段。探索申花的发展轨迹，就像聆听一朵花的孕育、成长。

一、"图+话"，以绘画激发幼儿个性表达

2015年开园之初，在保教规范落地、幼儿园有序开园后，我们开始探索幼儿的绘画表征。每个孩子都有自己独特的图画与符号表达自己的愿望和

想法,绘画表征是孩子们表达自己最适宜的方式之一。我们发现,美术教育和语言教育具有得天独厚的整合优势。陈鹤琴认为,"绘画是语言的先导,是表示美感的良器"。书面语言对于幼儿来讲,更多地会与图画相结合,幼儿美术可以使他们把自己的想象、愿望变成可见的作品表达出来。两者的整合发展对幼儿的成长非常重要。

我们以课题"循环递进式'图+话'教学模式的开发与实践研究"为引领,通过开展"图+话"特色活动的研究,构思幼儿园"快乐大画卷"的表达环境,提高幼儿的前阅读、前书写能力,引导幼儿愿意将自身周边发生的事和创想的有趣事物用绘画的形式进行表达与分享,探索"循环递进式'图+话'"特色活动的具体途径和策略,也是语言与美术双领域的整合开启。

(一)表征语言的研究

我们关注到幼儿运用绘画中的色彩、线条来表达自己的内心世界,即以绘画语言来表达自己的内心世界。

1.色彩与语言

色彩在一定程度上具有符号和标志的功能,它所具备的人文特性和视觉质感,让它成为最吸引年幼儿童的审美元素,幼儿长到3岁左右时,已经具备一定的生活经验,也具备了完成内部语言的能力。对于幼儿来说,沉浸在色彩世界中的内心语言,就像成人用丰富活泼的文字表达自己的感受一样。这一过程对幼儿内部语言的发展有巨大的促进作用。

鱼儿:春天来了,开满了好多喇叭花。

蒋诺:我的毛毛虫吃了五颜六色的食物,就变成了一只花蝴蝶,一定很漂亮。

2. 线条与语言

线条是绘画造型的主要因素，是绘画中最基本的成分。它既表达了事物的某种特征，又传达了与其交融的审美体验，能引发人们的审美情感。幼儿在绘画创作中，在"涂鸦"的过程中，所涂画出来的东西带有轮廓线（线条）的形象，除了表现以外，还要做出某种展示。这种展示从心理学的角度来看，是从简单形状到复杂形状的转变，是幼儿对物象认知与表达的结果。

之之：哦，雨停了！太阳出来了，真开心！

子烨：吹泡泡，吹泡泡，吹了好多泡泡，你猜我在哪里？

在线条和语言方面需要把握三个事实：①幼儿对线条的敏感性相对色彩来说比较低；②线条与语言在课程结合上有更大的空间；③线条与语言课程适合于将幼儿内部语言与口头语言转化，应当鼓励幼儿用口头语言表达出自己的感受。

3. 制作与语言

制作是一个实践创造的过程，在这个活动过程中运用纸张、毛线、石头等物质材料，巧妙地运用每一块材料的表面色彩、肌理纹路和形状特征,按照自己的想象,注入自己的情感、意念进行加工,是创造性思维的运用。

幼儿喜欢运用活动区角中、美工坊中的开放性材料来制作一件完整的作品,并为它赋予自己的表达内容,不同的材质运用、空间造型运用,在组合中述说着自己的内容。制作语言相比色彩与线条的表达,更需要一定的技能技巧。

云云:我见过真的蝴蝶,它们有好看的花纹,所以我也给它做了好看的衣服。

瑞瑞:我们捡来的树叶变身成了可爱的小动物,真有趣呀!

(二)表达方式的研究

1.先图再话

以绘本故事的延伸或者展开为起点,引导幼儿进行美术创作,并要求赋予作品意义,通过语言表达出来。

2.先话再图

从一个话题切入,幼儿进行探讨和发表自己的意见;或者围绕一个主题创编故事,再用绘画的形式记录探讨的内容。

3.边图边话

● 日记画:将一天中发生的最有趣的事画下来并进行讲述。(成人帮忙整理成文字记录下来)

● 宝贝信箱：幼儿选择好朋友，用绘画、前书写等方式写信，并投入信箱进行信件传递。

4.循环积累

每个孩子心中都有美丽的童话故事；每个孩子都有成为作家、画家的梦想，通过这个活动，让幼儿把心中的童话故事描绘出来，让孩子做一回真正的小作家、小画家。幼儿自己制作绘本书，设计故事语言，可以单人制作或者多人小组合作制作。

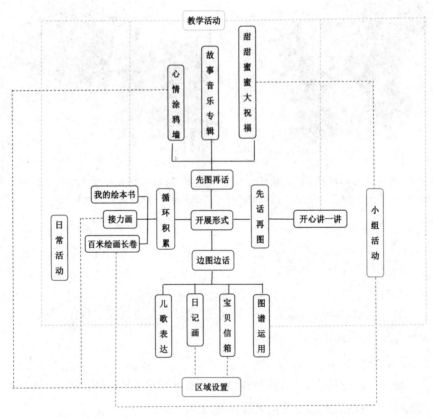

表达方式的研究

"图+话"尝试的典型案例是一节小班的教学活动"小精灵的舞会"。

活动目标：

1.愿意与大家分享并表达对动画形象的认识。

2.大胆选取材料，尝试从平面到立体的制作。

活动准备：

1.纸盘、光盘、瓶罐、保丽龙球等，人手一份。

2.美术材料：玉米粒、彩珠、羽毛、眼睛、毛绒球、各种材质的纸、炫彩棒、彩色笔、剪刀、胶水。

3.PPT课件（各种动画小精灵）。

4.背景音乐。

活动内容：

一、活动导入：围绕动画形象开展谈话

指导语：这里有许多小精灵，你认识它们吗？

它们哪里很奇怪（或很好玩、很特别）？

指导策略：引导幼儿运用语言概括表达对动画形象的认识，教师进行丰富拓展。

二、创作表达：制作小精灵

1.感知（一）：小精灵的立体制作形象

指导语：（叮咚叮咚）小精灵好调皮，它们藏在我身后了！快快把它请出来吧!

哇,原来这是一只有好多眼睛、卷头发的小精灵啊!

2.感知(二):材料新体验

指导语:这个头发我用了新的材料,你瞧!是扭扭棒。我扭一扭,放在这里,变成了(头发),如果把它放在这里,它就是(小手),现在我用剪刀剪一剪,它变成了(尖尖的牙齿、长长的鼻子)。哇,真奇怪!

3.感知(三):幼儿创作活动

指导语:这个奇怪的小家伙今天是来参加舞会的,它还带了许多小精灵一起来呢!就在我们身后的桌子上。请你们来打扮一下,一起参加舞会吧!

指导重点:对幼儿材料使用的多样性以及立体的制作做个别指导。

三、作品展示:小精灵的舞会

1.跟好朋友、教师介绍自己制作的小精灵,看看谁的更有趣、可爱。

2.舞会音乐响起,幼儿与教师带着自己的怪物宝宝跳舞,感受互动的快乐,结束活动。

师:我们的舞会马上就要开始了! 小精灵们,你们准备好了吗?

"图+话"表达途径与方式的探究开启了幼儿多元表达的探究之路。

二、图文合奏,以绘本支持幼儿多元表达

2016年,我们尝试领域教育的深层次探索。维果茨基、布鲁纳、皮亚杰等学者均论述过语言的获得在认知灵活性的发展中起着重要作用,语言与认知"同存共进"成为学界的共识。《3—6岁儿童学习与发展指南》在语言领域开篇即开宗明义:"幼儿语言的发展贯穿于各个领域,也对其他领域的学习与发展有着重要影响。"语言发展对思维发展的作用,在于使幼儿的学习"逐步超越个体的直接感知"。第一阶段,我们在"图+话"表达的研究中发现了绘本资源这一支持表达的载体的价值。

绘本本身就是一种丰富的教育资源,它包含了语言、社会、科学等多个领域的学习内容,是支持幼儿多元表达的利器。同时,随着市规划课题"妙意申花:依托绘本促进幼儿多元表达的范式"的研究,尝试与幼儿自身经验相联系,借助绘本资源,构建特色活动的实施主题路径,解读幼儿的经验和心理的成长过程。

(一)绘本助推

1.基于幼儿多元表达的绘本"择选"

(1)妙择——以"和美"为标尺进行绘本甄选

和,即和谐,匹配幼儿的发展经验。如幼儿的年龄特点、个性差异、发展速度等。美,即价值。从绘本中捕捉、发现符合幼儿发展水平的,富有教育意义的语言、艺术等多方面的学习经验和能力对绘本进行筛选,并尝试开展"初读"。关注绘本的多元表达的内涵要素,利用学习故事记录幼儿在初次阅读绘本时的情绪、语言等多方面的表现。择选幼儿喜欢并存在有意义互动的妙本。例如,绘画表达要素的绘本;语言表达要素的绘本;肢体表达要素的绘本;情感表达要素的绘本;思维表达要素的绘本以及综合表达要素的绘本;等等。

(2)妙汇——绘本资源库的平台搭建

利用网络学习平台,建立绘本网仓,将已选好的绘本资源进行集团共享,实行园内优质绘本的互通和覆盖。

教师可以通过平台上传收集到的绘本作品、文献等专业素材,创建有关教案、音乐、教具、游戏、视频等实践素材,进行课程资源的管理,对课程资源进行目录分类,查看幼儿的学习情况等。教师利用平台课程进行主题活动的组织、发布、审核、查看活动完成情况,对幼儿(或家长)提交的成果进行评价等。

家长通过平台发表互动的文字、图片、视频等,并对资源进行管理,同时将上传的名画、创作的绘本等分享到微信群、朋友圈、微博等公共平台。家长之间可实时交流、消息发送,实时分享孩子的喜悦,传递正能量,记录孩子成长过程中的变化。家长可以参与不同类型的亲子主题活动,上传孩子的作品,对上传的作品进行互动交流。

幼儿可以通过平台进行听、说、画、创等活动,并将活动成果上传分享,所有的活动轨迹以时间轴的形式呈现在"成长季"功能里。

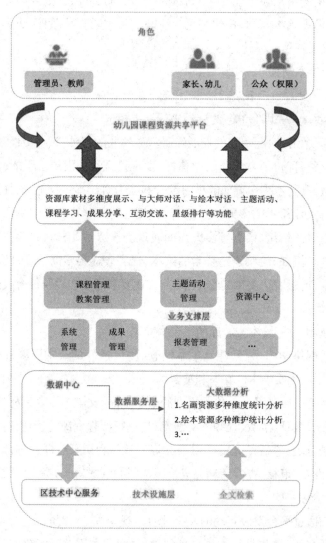

绘本资源库的平台搭建

2.基于幼儿多元表达的绘本运用

(1)绘本在主题中的运用

课题组尝试聚焦同一主题的绘本,以绘本为资源,立足幼儿多元发展的主题活动,将幼儿的表达愿望渗透到一日活动当中。预想从此加深幼儿对同一主题的了解,增加阅读量来扩大知识面。以下面两个主题活动为例。

● 主题名称:长长的

核心绘本:《长长的……》;辅助绘本:《长鼻子折了》《小珍的长头发》……

● 主题名称:月亮

核心绘本:《月亮的味道》;辅助绘本:《月亮的秘密》《月亮,你好吗》……

我们尝试以特色主题活动的方式,让幼儿从精读绘本出发,与同主题绘本进行多元互动,丰富幼儿多种核心经验的习得,使幼儿的综合能力得到发展。

(2)绘本在活动中的渗透

①"大小游戏工作坊"

我们结合绘本要素创设"大小游戏工作坊",以支持幼儿多元体验的区域性游戏,丰富幼儿快乐的多元表达。

"小游戏工作坊"是指班级内的绘本区域游戏。根据幼儿的阅读特点构建滚滚书、翻翻卡、故事盒、亲子日记、情境涂鸦等多个游戏区域及材料;根据幼儿表达特点创设互动乐演的情境表演区域;根据幼儿发展特点创设自制书进行绘本故事创编和生活日记记录,以玩"字"、画"字"、演"字"等游戏让幼儿在情境和自主管理中感受前书写、前识字的乐趣。

"大游戏工作坊"是指针对不同年段的专项室游戏。有"绘本馆""绘本长廊""绘演室"。让幼儿在专项室活动中,以创作区、表演区、阅读区三个区域活动的开展,帮助幼儿进行读、画、演、说等各项活动,以此促进幼儿语言表达、动手动脑、审美创造等能力的提升。

②"妙意"课堂

以课例的形式,聚焦教学实践,将幼儿年龄特点、发展水平、核心经验与绘本相结合,进行绘本内容的精读。以核心经验带动辅助经验,有效地促使幼儿的语言表达更美妙,幼儿的艺术表达更富创意。核心经验的连接促使幼儿与精读绘本的互动更有针对性,园本研修、年段主题审议也为主题活动的开展提供保障支持。

绘本在活动中的渗透

年龄段	绘本	核心经验	延伸活动
小班	小小树	文学语汇、文学形式	幼儿以自己的兴趣和感受选择"大小游戏工作坊",通过同伴互动式、亲子式、年级组联动式等方式多元表达
小班	小袋袋	前阅读	
中班	月亮的味道	说明性讲述	
中班	长长的	文学想象	
中班	当我们同在一起	文学语汇	
大班	一棵青菜成了精	前阅读	
大班	点点给多咪的信	前书写	

（二）表征方式的研究

依托绘本,教师为幼儿提供不同的表征方式来促进幼儿的多元表达,这一阶段,我们的主要表征方式包括故事墙、故事会、童玩节等。

1. 故事墙

将绘本与幼儿园的公共环境相结合,打造欣赏、互动、留白等实践元素,为幼儿提供进行阅读多样表征的平台。这一平台既可以是读之前,也可以是读之后,更可以是贯穿在孩子"读"的过程中,包括绘本墙、说说画画墙、语画游戏长廊、心情涂鸦墙等。

2. 故事会

故事会是幼儿通过小组商议、自主策划、全园收集等任务驱动下来创作的属于他们自己的绘本表演故事。通过"演"这一表现通道,促进幼儿多元表达,以提升幼儿在语言、肢体、审美、创造、合作等多方面经验的提升。以故事会为任务驱动,引发和调动幼儿参与的欲望,给予幼儿更多自主参与的空间与机会。

3.童玩节

创意童玩节是我们课程中的创意盛典,是幼儿绘画创意、自制绘本创意、运动创意的共享节日。在每年属于孩子的节日中,如六一儿童节、春节等节日,幼儿感受"我的节日我做主",由一本或系列主题性绘本触发,构想节日中"我想做""我能做"的各种游戏体验,以混班、混龄的方式开展运动性、表演性、规则游戏性等形式的童玩节。

三、载体拓展,丰富幼儿多元表达

2018年至今,我们对支持幼儿多元表达的载体研究从绘本渐渐拓展。通过"名画""绘本""名乐"三种媒介,我们和孩子们一同建构平等的对话世界,激发幼儿的自主表现,通过幼儿的情绪情感、生活体验来想象和创造出多种多样的认识、交流的表现手法和表现形式,在不同层面交织、互动,帮助每个幼儿将看到的、听到的、碰触到的转化为自身的经验,以自己的学习方式感受、表达、创艺。

(一)表达载体的研究

1.与书对话

我们择选"情绪情感""创意变奏""品格养成""自然科普"四大类绘本,持续深入地通过主题活动、"大小游戏工作坊"、课例研修、一日生活等方式开展活动。

与书对话

类别		内容			
		亲情	友情	生命	管理
与书对话	情绪情感	我爸爸	一生一对	小弟弟要来了	菲菲生气了——那等,那等的生气
			...		

童画童语：对话教育理念下支持幼儿多元表达的申花样态

类别	内容			
	歌舞	色彩	游戏	想象
创意变奏	跳舞吧，小雅		胡写乱画	好大的胡萝卜
	......			
	换位思考	互助合作	勇敢自信	乐观感恩
品格养成	象老爹	月亮的味道	长颈鹿不会跳舞	长鼻子折了！
	......			
	中国文化	四季如歌	自我认知	保护自己
自然科普	谁偷了包子？	轻敲魔法树 TAP the MAGIC TREE	我们身体里的"洞"	嘀嘀谁来了
	......			

与书对话

2.与画对话

结合幼儿已有经验，分析名画中的表现手法、色彩、构图等内容，寻找与幼儿的发展需求相吻合的名画资源，设计互动对话、激发审美、多维表达的媒介。包括力求刻画自然的印象印迹、冲击幼儿视觉的空间创玩、带有特殊表征的符号王国等内容实践。

与画对话

内容		小班	中班	大班
印象印迹		《旋转的星空》	《向日葵》	《夜间露天咖啡座》
		…	《花园》	《自画像》
空间创玩		《点点点》	《梦境体验》	《百老汇的爵士乐与城市》
		《红黄蓝的构成》		《镜中的少女》
		…	…	…
符号王国		《烈日当空》	《天空》	《小丑的狂欢》
		…	…	…

左侧纵向文字：与画对话

3.与乐对话

结合幼儿自身原有的生活、游戏、学习经验,对不同类型的音乐进行初步感受,并通过声音、肢体、乐器、表演等多样化形式的表现来表达不同音乐的内容及情绪情感。有"进行如虹"的进行曲风格乐曲,有"狂欢盛会"指向动物经验的氛围音乐,有"轻松欢愉"旋律感悠长悦耳、引人深思的乐曲等。

与乐对话

内容		曲目列举		
与乐对话	进行如虹	小班	中班	大班
		《玩具兵进行曲》《惊愕交响曲》	《狮王进行曲》《土耳其进行曲》	《玩偶进行曲》《巡逻兵进行曲》
		…	…	…
	狂欢盛会	《动物狂欢节》《蝴蝶幻想曲》《野蜂飞舞》	《水族馆》《野蜂飞舞》《赶花会》《百鸟朝凤》《金蛇狂舞》	《西班牙斗牛曲》《喜洋洋》《欢庆》《快乐的舞会》
		…	…	…
	轻松欢愉	《云妖之舞》《小鲤鱼旅行记》	《加速度圆舞曲》《糖果仙子舞曲》《单簧管波尔卡》	《口哨与小狗》《挪威舞曲》《军刀舞曲》《打字机》
		…	…	…
	梦的味道	《摇篮曲》	《月光奏鸣曲》	《勃拉姆斯摇篮曲》
		…	…	…

(二)表达内涵的研究

在层层递进的实施过程中,在"与画对话""与书对话""与乐对话"的载体依托中,孩子们收获了一百种体验,进行了一百种探索,展现了一百种表达。

1.一百种体验

幼儿在园的一日生活中充满着丰富的体验,如问候的体验、签到的体验、睡前"悦"读的体验,而这些体验中充满了多种多样的认识,是孩子们自主自由,表达感受,获得轻松体验的通道。

2.一百种探索

一百种探索是以幼儿的学习经验、情感情绪、认知特点为基点开展的系列主题活动。根据素材不同,分为四季主题、绘本主题、名画主题等。四季主题即以幼儿对于四季的感受和体验为基点,利用周边和园内的四季特色内容开展的主题活动。绘本和名画主题则是以绘本、名画要素渗透在幼儿经验成长过程中的主题活动,既满足幼儿审美的需求,又促进幼儿的学习发展。此外,在孩子们的探索发现中,也可能有其他素材的主题,衍生的主题也将在研究中不断深化和拓展。

3.一百种表达

我们教师要鼓励幼儿通过多种途径和他们自己的语言来探索周围环境与表达自己,如培养幼儿在使用口语、手势、绘画、建构、黏土和线材雕塑、皮影戏、拼贴、戏剧、音乐和初步书写等方面的表达能力,将自己富有个性化的语言呈现在活动中,与同伴、教师、家长分享。

第二章　申花样态架构的理论依据

　　对话理论的研究方向多样，在哲学中，学者们从存在论、社会哲学等方向进行阐释，强调对话的本质是人的存在方式，对话是建立在对话者双方地位平等、相互尊重的前提下，而对话的过程是人与人、环境、文本等对话，拓宽视野，生成新知识体系的过程。将对话运用于教育学领域是在批判传统灌输式教育的基础上提出的，认为教育过程不是被动、灌输的过程，而是学习者之间相互影响的过程。对话的基础是平等、爱、谦逊、信任，是双方平等、真实、积极的交流。在申花样态的架构中，申花实验幼儿园以平等、尊重为前提，建立双主体对话的师幼互动模式，在师幼的对话中共同架构新知识。有关对话教育理论的意蕴与特征在本书第一章第一节已有具体阐述，此处不再赘述。

　　在申花样态架构的理论体系中还包括本章多元智能理论、建构主义学习理论以及瑞吉欧"一百种语言"，本章将从运用此理论的意蕴及与申花教育相匹配的特征进行分析。

加德纳多元智能理论

一、多元智能理论的意蕴

多元智能理论是美国著名的"零点项目"中的部分成果,在《心智的结构》这部重要著作中,加德纳首次明确提出"多元智能"的概念。"多元"用来强调从音乐智能一直到自我认知智能等多种互不相关的未知潜能,"智能"则用来到和智商测试出的能力相比较。①

自20世纪80年代以来,无论是心理学本身还是有关脑科学、神经科学及其他社会科学都有了重要的发展,智力的研究应置于更为广阔的背景当中。而一直致力于认知能力和运用符号研究的加德纳,认为传统智力观念狭隘,无法全面反映人的智能情况,并对智力可以被测量和数量化表示怀疑。鉴于此,加德纳提出了智能确立的新标准,能够被界定为智能的必须满足以下全部或大多数标准②。

★脑部受伤所引发的智力分离现象;

★每一种智能都可以通过白痴学者、神童和其他有特殊才能的人来观察得到;

★可以鉴别出一项或一套核心操作系统;

★每一种智能都具有独特的发展历史;

★人类进化的历史和进化的合理性;

---

① 加德纳.多元智能[M].沈致隆,译.北京:新华出版社,1999.
② 夏惠贤.多元智力理论与个性化教育[D].上海:华东师范大学,2002.

★每一种智能得到了心理测量结果的支持；

★在人类符号系统中每一种智能都易于编码。

在《心智的结构》一书中，加德纳提出了言语—语言智能、逻辑—数理智能、视觉—空间智能、身体—运动智能、音乐—节奏智能、人际关系智能、自我认知智能七种智能。多元智能理论并没有在心理科学中引起人们普遍的关注，然而在教育领域，加德纳的多元智能理论却受到了热切的关注。鉴于此，加德纳提出了多元智能的具体内容包含以下八个方面。

言语—语言智能指个体对语言的运用和理解的能力，它主要包括四个要素：音韵、句法、语义和语言的实际运用。逻辑—数理智能指个体的运算、推理、逻辑思维等方面的能力。视觉—空间智能指个体对空间关系的感受、记忆、辨别的能力。身体—运动智能指个体运用自己身体的能力。音乐—节奏智能指个体对音乐的感受、记忆、表达等方面的能力。人际关系智能是指个体与人交往、交流、沟通等方面的能力。自我认知智能指个人的自我认识、自我反省的能力。自然观察者智能是指观察自然界中的各种形态，对物体进行辨认和分类，能够洞察自然和人造系统的能力。

二、多元智能理论的特征

在我国多元智能理论的研究中，多数涉及中小学教学领域，多元智能教育理念如果运用到幼儿园环境与活动指导中，将是一种有价值的尝试，在幼儿园教育中多元智能理论有以下特征。

（一）分层性

多元智能理论下的幼儿园教育，教师要考虑到每名幼儿的智能强弱，满足不同年龄阶段幼儿的发展。

（二）生成性

幼儿园教育活动总是基于一定的目标设定，而有许多活动往往出现意想不到的情况，这就需要教师根据具体情况把正在进行的活动转变为更加有意义的活动。而基于多元智能理论的幼儿园教育活动，需要积极提供相应条件生成新的活动，从而使其智能得到全面而富有个性的发展。

（三）自主选择性

幼儿的发展存在差异，因而在幼儿教育中活动内容与形式的选择也存在差异，基于多元智能理论的幼儿园教育需要给予幼儿充分的自主选择权，使幼儿在自主选择的基础上游戏，并获得多元化和个性化的发展。

（四）发展幼儿个性

承认并尊重差异是我们开展基于多元智能理论的幼儿园活动的前提。开展基于多元智能理论的幼儿园活动要尊重差异、鼓励差异、挖掘差异，继而在全面发展的基础上突出幼儿个性，在原有能力的基础上使每一个幼儿都能得到全面且个性化的发展。

建构主义学习理论教育

一、建构主义学习理论的意蕴

建构主义是兴起于20世纪80年代的学习理论,是认知心理学派中的一个重要分支。最早提出者可追溯至瑞士儿童心理学家、认知心理学家皮亚杰(皮亚杰在他的发生认识论原理中提出人类的认识是主体与客体之间相互作用的结果),他从研究儿童的认知发展出发,提出儿童是在与周围环境相互作用的过程中,逐步建构起关于外部世界的认识,从而使自身认知结构得到发展。皮亚杰关于认识的建构思想对建构主义的发展产生了很大的影响。

建构主义是一种思潮,是众多理论观点的统称。在教育心理学中正发生着一场革命,人们对它的叫法不一,但更多地把它称为建构主义的学习理论。美国激进建构主义主要代表人物格拉塞斯菲尔德认为,建构主义是当代心理学、认识论和教育中的一个广泛而庞杂的领域,哲学家、课程设计者、心理学家、教育家等均广泛使用这一概念,他们大多数人强调"学习者通过个体活动和社会活动对意义和学习所做的贡献"。建构主义是关于学习的理论。张建伟、陈琦认为,建构主义是学习理论从行为主义到认知主义以后的进一步发展。在皮亚杰和布鲁纳早期教育思想中已经有了建构的思想,但相对而言,他们的认知学习观主要在于解释如何使客观的知识结构通过个体与之交互作用内化为认知结构。20世纪80年代末,美国心理学家布鲁纳将维果茨基的理论介绍到美国,对建构主义思想的发展起到了很大的作用。何克抗认为,建构主义是认知学习理论的一个重要分支。建构主义的内容是丰富的,主要观点可以概括为:"以学生为中心,强调学生对知识的主动探索、主动发现和对所学知识的主动建构。"刘儒德总结了建构主义的主要特征,提出建构主义最基本的理念就是知识是学习者主动建构起来的,知识的建构就是人在一定的情境下面临新事物、新现象、新问题、新信息时,根据情境中的线索调动头脑中事先准备好的多方面、多层次的先前经验,来解释这些新信息、解答这些新问题,并赋予它们意义。

二、建构主义学习理论的特征

(一)主动建构

建构意味着变化和不确定。因而,在建构主义学习观中对知识的理解是,一种对客观世界的不断发生变化的解释,它没有最终的答案,更不是终极真理。随着人类社会的发展和科学技术的不断进步,当新的、特别是有冲突的经验扰乱已有的认知结构时,知识便被不断地更新、替代,学习者必须对其进行重新建构以便理解新信息的意义。因此,学习的过程不再是简单的信息输入、储存和提取,知识也无法通过教学过程直接灌输给学习者。无论学什么,建构的过程都在进行,学习者必须主动地参与外界的相互作用活动,基于自己已有的知识和经验建构新的认知,学习者不再是有待填充的容器,而是积极寻求意义的有机体。

(二)社会协商

由于知识的不确定性,对于知识的检验,建构主义提出通过对话与协商的方式加以解决。学习被视为知识的社会建构过程,知识不仅是个人自己建构的,还是以社会为媒介的,学习是社会性的,这种社会性体现在:学习者之间的互动以及与比他们知识更丰富的人之间的互动、共同体中公共系统知识的社会化过程和达成这些系统的机制。因此,合作与协商有助于知识的建构。

(三)特定的情境

建构主义强调知识应用的情境性,认为知识不可能放之四海而皆准,不可能适用于所有的情境。人们面临现实问题时,不可能提取已有知识就能解决问题,而是需要针对具体问题对已有知识进行改组、重建。建构主义取向的学习目标强调情境中的学习。因而，知识是在情境中发展的，仅仅让幼儿获得一些处于惰性状态的概念和常规是不够的，即使在遇到需要解决的相关问题时，这些概念和常规也不能被回忆出来。相反，知识要随着学习者的获得而不断发展和改变。学习是一种源自情境中的获得的终身持续的过程，注意把知识融入合适的情境中并且加入尽可能真实的材料，使用动作和不同的感觉通道学习，为学习者提供要点，建立启发式的对话引发讨论，建立促进知识迁移的学习环境，即主动建构、对话与协商、情境性构成了建构主义学习环境的要素。

瑞吉欧"一百种语言"

一、瑞吉欧"一百种语言"的意蕴

意大利瑞吉欧·艾米利亚的教育经验结合了意大利传统文化,并是将杜威等欧美进步主义教育思想,皮亚杰、维果茨基等的建构心理学等理论运用于幼教实践的一种典型。它的理念包括儿童观、教育观、多样化的教师角色、注重关系建立、优质的空间设计、教学记录的影响力、工作坊的设置与运用、用文字表达自己对世界的认识、注重意义与经验的分享、考虑到了教育的边缘因素等内容。

瑞吉欧的"一百种语言"是一种隐喻(最初是瑞吉欧·艾米利亚市幼儿教育经验和成果展览的名字),他们认为儿童表现自己对世界的认识方式是多种多样的,用马拉古奇的话说就是,孩子有一百种语言,一百种想法,一百种思考、游戏、说话的方式,如语言、绘画、雕刻、泥工、建造、肢体动作等。儿童有自己特殊的、各种各样的表达自我、自我与他人、环境建立关系的方式。这些语言包括表达语言、沟通语言、符号语言、道德语言、认知语言、象征语言、逻辑语言和关系语言。儿童通过这些语言来表达自己的感受、想法、观点、计划、意见,与他人进行讨论、争论、协商、对话等。它所暗含的是成人对儿童的特点、权利、自由、精神世界的承认,是儿童对自身、环境、他人的认识、理解、联系方式的理解。

二、瑞吉欧"一百种语言"的特征

瑞吉欧教育实践中,对于幼儿"一百种语言"的实践,有着其特别教育方法,包括以下一些特征。

(一)强调互动关系的作用

互动关系是瑞吉欧教育的一个重要理念,也是贯彻在整个教育活动过程中的一项原则。互动包括教师和学习者的相互沟通、关怀和控制的不断循环以及教育活动引导的过程。

(二)生成课程和方案探究

幼儿教育的课程是通过集体讨论来形成他们感兴趣的主题,以此作为生成课程进行方案的实施。在该过程中,幼儿运用自己的经验,根据自己的兴趣进行知识的整合,并发挥自己的想象力,把自己的想法用绘画、文字、雕塑等方式进行表达,这个过程中,他们的能力得到螺旋式上升。

(三)专家指导、教师合作、家长和社区参与

这样的方式有利于协调各种关系,发挥集体的智慧和优势。专家是重要角色,帮助教师理解新的教育理念、协调关系、组织培训等;家长经常性、多方面参与学校的表现。

(四)注重运用艺术语言

对幼儿来讲,图像表现是一种比文字简单且清楚的沟通工具,运用它可以使他们多样化的想法、意念得以形象化。艺术语言的运用,促使幼儿的想象力和创造力充分发展。他们倡导幼儿运用多种语言,有助于帮助幼儿回忆、解说、分享主题探索中的感受,促进幼儿成长。

(五)环境是"第三位老师"

瑞吉欧教育受到建构主义的影响,强调知识是在不断建构中进行的,环境对幼儿发展起着教育作用。它可以通过引起幼儿的好奇心和求知欲,促进幼儿的学习和发展,还具有重要的记录功能。

第三章　环境样态

——支持幼儿多元表达的基础系统

 第一节

内涵与特征

一、环境样态内涵

幼儿园环境是一种隐性的课程，对幼儿的发展具有重要意义。《幼儿园教育指导纲要(试行)》明确指出，幼儿园环境构成为生活环境和活动环境，组合优质环境的要素是健康安全的空间、设施、活动材料及常规要求等。"幼儿园应为幼儿提供健康、丰富的生活和活动环境，满足他们多方面发展的需要，使他们在快乐的童年生活中获得有益于身心发展的经验。"说明好的环境可以丰富幼儿的经验，加强幼儿的适应能力，使幼儿稳步发展。

同时书中也指出，有效的环境创设可以使幼儿形成较好的习惯以及规则意识。"幼儿园的空间、设施、活动材料和常规要求等应有利于引发、支持幼儿的游戏和各种探索活动，有利于引发、支持幼儿与周围环境之间积极的相互作用。"

我们知道环境会影响幼儿的情绪、与同伴间的互动、学习与生活的质量等。培养身心健康发展的幼儿是每个幼教人的美好愿望。幼儿的学习和发展是在与环境的相互作用中主动建构的。申花教师希望能发挥环境最大的效能，在实践中去摸索、探求环境对幼儿发展的助推力，从而形成支持幼儿多元表达的环境样态。

二、环境样态特征

幼儿的学习和发展是在与环境的相互作用中主动建构的，园所环境对幼儿的情绪、交往、学习与生活影响深远。在创设环境促进幼儿学习与发展

的新思考中,既要顺应幼儿的整体发展,又要尊重个体发展;既要引导幼儿社会化适应,又要尊重保护幼儿童年生活的文化。归纳申花环境样态的特征是好玩的、丰富的、动态的、多元的。具体阐述如下。

(一)好玩的环境

幼儿园的环境是一种无声的语言,它能激发孩子们的创作,吸引孩子们游戏,引起孩子们热议……好玩的环境是自主的,孩子们在其中乐于主动发现,主动探索,获得更多的认知;好玩的环境是多元的,幼儿更加愿意与环境互动,拓展孩子的视野,让幼儿的创想更加精彩;好玩的环境是个性的,支持孩子的个性表达,幼儿在其中充分展现自己、认识自己,积极做更好的自己。在申花环境中,我们教师遵循以下原则。

1.空间与幼儿之间的关系为铺垫的环境选择

幼儿园空间的巧妙利用会产生不同的情绪反应,并起到不同的教育效果。在好玩的环境创设中,既要满足实现教育功能,又要满足幼儿精神上的需求。在我们申花随处可以感受到空间的层次感,布局的合理性。教师会根据现有的角落空间创设"我的心情小屋",它们有相对比较独立的空间,幼儿可以在里面自由自在地说着他们的小秘密。

案例 我的心情小屋

班中有几个小女孩胆子特别小,平时都不愿意在集体面前展示自己。可是当她们走进"心情小屋"的时候,她们变得格外活泼,只见她们扮演着小兔子的爸爸妈妈,有模有样地带小兔子到游乐园玩各种滑梯,将身边的盒子变成了小兔子的休息处,纱巾变成了毛巾……

2.情感与幼儿之间的交流为基础的环境支架搭建

好玩的环境是可以帮助幼儿发展归属感以及掌控、独立和慷慨的意识,是幼儿的情感与环境达成了某种共鸣,减轻教师和幼儿的压力,使教师有更多的时间与幼儿进行积极的互动。

案例　我熟悉的"家"

　　小班的幼儿刚来园时，对于陌生的环境会产生不同的焦虑。有一天，班中经常哭闹的小男孩脸上露出了灿烂的笑脸。原来这个小男孩在走进"娃娃家"，看到自己爸爸妈妈的照片、熟悉的衣帽（自己收集带来）时，找到了家的感觉，忘记了来时的恐惧，在情感上，幼儿园与小男孩达成了共识。

3.材料与幼儿之间的互动为桥梁的环境创设

　　在对环境进行价值建构后，教师将为幼儿呈现好玩的环境材料。游戏化的互动模式契合幼儿认知发展特征及"在游戏中学"的经验习得特点。在材料呈现方式上可以用隐藏、移动、添加、组合等多种方式来引发幼儿玩起来，从而满足幼儿认知、想象和创造的需要。幼儿在互动环境中将获得多种感受，从而形成新的体验经验。这些新的经验将与其原有经验相连接，双向交流中不断循环内化，形成新的经验。

案例　太阳花

　　小班幼儿作品"太阳花"，先用纸板制作一棵大树的树干，再用彩色卡纸做出两三只漂亮的蝴蝶，然后指导每个幼儿将花儿错落有致地粘贴在树干的周围，一幅凝聚全体幼儿智慧的版画制作完成了。幼儿看到自己的作品变成一棵"太阳花树"，兴奋不已，他们不停地互相欣赏着、议论着，在不知不觉中融入了集体，既分工又合作，不仅展示了自己，也看到他人的成功。当家长接送幼儿时，幼儿会很兴奋地告诉爸爸妈妈，"这是我的作品，这是××的……"家长看到幼儿的点滴进步感到无比自豪。在布置以幼儿为主的版画时应以幼儿作品为主，教师创意为辅，孩子们不仅受环境的刺激而丰富、积累直接经验，还与环境互动，丰富环境，变化环境，孩子们的作品布满墙面和教室，使孩子们感受到"这是我们的教室"的温馨和亲切。

(二)丰富的环境

提供一个开放的学习环境,犹如为幼儿提供了千万条大道,让幼儿依据自己的水平和意愿,欢畅地奔向目标、获得发展。有材料陪伴的学习是幼儿的学习特点,但所提供材料的适宜性、有效性将直接影响幼儿自主学习的成效。在开放的环境中,我们要尽量为幼儿提供多种蕴含教育目标的材料和内容,给予幼儿自主选择的空间,使幼儿随时都有可能发现意外的通道和美丽的图景。

1.丰富的材料

选择丰富、合适的学习材料,供幼儿自由自在地探索、学习,促进幼儿的发展水平。因此,我们从以下几点思考。

(1)材料品种的多样性

幼儿的游戏离不开材料,丰富的材料首先反映在品种的多样性上,而不是单一品种的数量上。例如在阅读区,申花教师会根据主题、幼儿的兴趣投放不同种类、内容的书籍。在自制绘本方面,也考虑使用多种材料制作,可以借助KT板、无纺布、铅画纸、塑绒纸等多元性体现。

(2)材料来源的不同性

开放性的材料还体现在它们的来源上,包含了大自然中、购买来的和环境中的自然物或日常生活中健康、卫生的废旧物材料。在申花自然环境中,拥有很多大小、材质不同的鹅卵石,不同品种、香气的花草树木,形状不一的木桩,大片面积的沙水池。其实,自然物或废旧物更能丰富幼儿的认知、想象和创造力,因为它们没有固定的功能及结构,可以随着幼儿的想象成为任何物体的替代物。在幼儿看来,一根木棍可以当枪使、可以当马骑、可以架桥梁……随幼儿的想象,成为他们游戏中的任何一种游戏玩具。

(3)材料提供的层次性

幼儿与幼儿之间是有差别的,发展的速度是不一样的。因此,申花教师在创设游戏环境时既会考虑发展快的幼儿,也会考虑发展慢的幼儿,还要兼顾有特殊需要的幼儿。材料投放时按照由浅入深、由易到难,逐步增加。例如,小班的区域活动,在幼儿练习舀、夹的动作时,教师的材料投放从三个方面体现了层次性。首先是工具投放的层次性,教师为幼儿提供广口容器、大且深的勺子,逐步过渡到窄口瓶、小勺子;其次是被夹、舀物体的大小、形状不同;最后是教师为幼儿制作了控制板,在控制板上画下了远近不同的容器,从而逐步增加幼儿的操作难度。

(4)材料操作的趣味性

玩是幼儿游戏的直接动机,好玩是幼儿乐于持续游戏的根本原因;爱玩是促进幼儿与材料互动的前提;会玩是幼儿通过材料得到发展的体现。因此,申花教师在设计和投放材料时,会利用"润""探""展"三部曲,根据幼儿的兴趣和发展需求,将教育意图渗透在特定的情境中,让幼儿在环境、教师、同伴之间的相互影响和启发下发展。

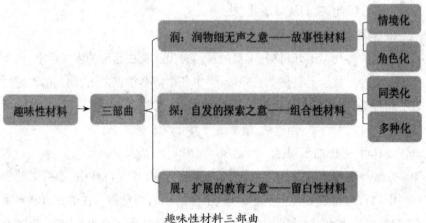

趣味性材料三部曲

2.丰富的内容

秉承"环境应融入一日生活,幼儿一日生活皆课程"的理念,将幼儿园的环境创设与幼儿园课程有机整合起来,呈现了幼儿园的四种环境,即公共环境、生活环境、学习环境和运动环境。具体如下。

(1)公共环境:拓展开放的空间

幼儿园的公共环境是反映申花实验幼儿园园所特色的一个重要方面,也是幼儿园环境的重要组成部分。我们力求在环境创设中秉承润物细无声的原则,暗示和诱发幼儿的积极行为,促发幼儿的有效发展。

洞洞里的小秘密

找一找洞洞里的小秘密:在走廊上投放很多有小洞洞的小盒子,结合米罗爷爷的画藏在小盒子里,幼儿很喜欢进行小盒子游戏。一开始,他们把盒子举得高高的,把盒子朝着有亮光的地方,不停地看哪看! 有幼儿借助手电筒进行观察,找到了很多很多的小秘密。逗逗说:"里面有好多小点点! 有红色,还有绿色!"小圆圆说:"是米罗爷爷的画,我们幼儿园就有!"

洞洞里的小秘密

"大游戏工作坊"时间,幼儿可以自由选择游戏:户外野孩子游戏、童乐营、绘演室三块环境内容。多样化的半成品材料、自然素材、贴近生活化的材料,给予幼儿丰富的游戏与生活体验。

(2)生活环境:潜移默化的影响

幼儿的教育活动来自生活,同时也应回归于生活。生活环境的创设为幼儿生活活动的开展提供了重要场所,以与生活相关的元素、情境作为幼儿创作的适宜的生活环境,为幼儿创造了学习与发展的机会。

生活环境中的隐形标识起到了暗示、提醒、教育的作用。例如,在生活操作区域,墙面上创设有关进餐的方法、食物的营养等内容,培养幼儿良好的生活习惯及生活自理能力。在盥洗室中,让幼儿自主制作步骤图,呈现男女分厕的标记,充分尊重和保护了幼儿的隐私,从而让幼儿从小养成一种好的习惯。在午睡室中,在墙面上运用柔和的色彩打造温馨的午睡环境,播放轻柔的音乐营造和谐的午睡氛围,使幼儿在舒缓优美、温馨和谐的环境中进入甜美的梦乡。

创设良好的生活环境,能使幼儿在与环境的互相促进中积累更多的生活经验,从而产生相应的情感体验,提高了幼儿的生活自理能力。

（3）学习环境：促进幼儿自主学习

幼儿的学习与游戏是相辅相成的，因此在创设学习环境的过程中，我们根据活动功能创设不同种类的游戏内容来进行区分，有语言区、图书区、科学区、建构区、美工区、自然角、音乐区等。

例如，在美工区中，创设让幼儿感受、体验、表现美的环境，为幼儿提供表现美、创造美的环境和材料。在科学区中，提供丰富的操作材料，让幼儿与环境、材料充分互动，激发幼儿对科学活动的探究兴趣和好奇心。在自然角中，帮助幼儿亲近自然，关注周围环境，在操作中提高幼儿的观察能力、自主学习能力、前书写能力、动手操作能力，促使幼儿的能力得到充分的发展。在图书区中，利用书本、柜子、软靠垫等材料，创设适宜的环境，最大限度地发挥其作用，激发幼儿阅读的兴趣，提高阅读的能力。

（4）运动环境：拓展幼儿的体能

运动环境是指利用幼儿园户外场地和器材组合的各个运动区域，让幼儿在良好的运动环境中自由结伴、自主活动。申花实验幼儿园教师在开展活动前，为幼儿提供相应的运动环境，从而激发幼儿的自主发展，借助运动环境的手段来促使幼儿达到运动目标。

针对申花实验幼儿园的运动环境，我们区分为沙池区、攀爬区、投掷区、跳跃区、平衡区、车类区。

例如，在车类区中，创设开小汽车的情境，训练幼儿看信号灯变换过马路的速度的技能。同时使幼儿懂得在现实生活中不能乱穿马路，学会遵守交通规则。在攀爬区，创设"小猴子摘桃"的游戏，利用场地与器械组合，幼儿扮演小猴子，走过小桥，攀登大树，摘到桃子的情境，加强了运动趣味性，使幼儿感受到运动的乐趣。

（三）动态的环境

创设富有变化的动态环境，它可以促使活动更加有趣、好玩。我们知道环境创设是一个预设—操作—调整创设—再操作的发展过程，是一个不断调整、引发新环境的过程。我们以创设优质的环境为目的，秉承在动态中少一些长期的一成不变，多一些依据需要的调整，从而暗示和促进幼儿的积极发展。有以下几点思考。

1.场地与活动形式的变化

活动场地与幼儿的活动是息息相关的,它可以促进幼儿用不同的活动形式去进行探究。随着申花实验幼儿园课程的不断发展,发现在开展主题探究活动中,每个幼儿在不同的活动中,活动形式也是不一样的,有的是以小组形式进行活动,有的是单独进行活动。

例如,在建构区中,结合主题"我爱我家",创设以"我的家"为建构主题时,幼儿可能更多地需要大块的积木、纸盒砖块及宽大的活动场所,自行组织组内成员一起合作搭建。在这个过程中,幼儿的活动形式由自己的需求开始不断变化着。又如,在以花篮、汽车为主题建构时,幼儿常常会根据需求选择在桌面、柜子上进行构建,同时选取一些较小的塑料雪花片进行创造与建构等。因此,我们需要根据幼儿的不同需求,对活动场地也要适当调整和变化,使活动场地能够开展各种活动。

2.材料与活动需要的变化

不同的活动对材料的需求也是不同的。应根据幼儿活动需要进行调整,从而实现幼儿活动的自主性,让幼儿拥有对活动环境进行布置或调整的权利,真正成为环境的主人。如在区域娃娃家中,一开始由幼儿收集各种有关家的材料,有衣服、食物、鞋子等,并对环境进行布置。在经过一段时间的操作后,幼儿有了新的需要——家里缺少了家具,从而引发幼儿对家里的家具、家用电器做大调查,具体调查它们的外形及大致的内部结构,丰富对其的认知。幼儿从需要制作物品的外形、大小、材质等方面想到需要收集的相关材料,同时结合自己的生活操作经验想到最常使用的工具。

例如,家具、家用电器都很大怎么办? 需要找大的东西来做。电视机、洗衣机是方方的形状怎么办? 可以找形状差不多的纸箱。房间里需要被子、枕头怎么办? 找一些软的布或者棉花来制作。用什么东西做呢? 我们有剪刀、胶水等。这样讨论后,幼儿在制作关于家的材料这个过程中获得了理想的效果。可见,根据幼儿的需要进行材料变化,可以满足幼儿所想创设的动态环境。

3.材料与游戏模式的变化

幼儿对新事物的兴趣持续时间较短,合理使用和投放材料游戏模式的转换要分析幼儿的年龄特点并做好材料游戏模式选择工作，及时、科学地更换，多层次、递进式展现材料的层次性。因此材料游戏模式并不是越多越好，也不是越精美越好，而是要根据实际情况进行分析和研究，适时改变材料的游戏模式。

（四）多元的环境

多元的环境指多元文化背景下家庭、社会等环境资源。随着社会的发展和幼教改革的深入，幼儿教育环境正在被不断赋予新的时代内涵，作为申花教师，引导幼儿走进幼儿园，走进社会，在不同的环境中获得更多的发展。

1.创设良好家风的健康家庭教育环境

父母是幼儿的第一任老师，家庭是幼儿生活中关系最密切的生长环境。在幼儿期，幼儿的行为在很大程度上映射出家庭中父母、祖辈的思想和行为，由此创设良好家风的健康家庭教育环境对幼儿的发展至关重要。

首先，家长的视角要转变，以尊重、公平的方式对待幼儿，学会以朋友的角色与幼儿相处，给予幼儿自由发展的空间，一起努力创造未来。其次，父母要营造宽松的家庭教育环境，建立良好的亲子关系，家庭中父母与祖辈的教育思想必须统一，打造一个量身定做的教养方式，使幼儿生活与学习在自由又充满爱的家庭中，间接地培养幼儿良好的行为习惯。最后，教师利用家园微信群、家访、家园园地、家长学校等多种家园共育方式和家长建立良好的家园关系，从而充分发挥家庭教育的作用，促进幼儿的个性发展。

2.融入富有教育价值的社会人文环境

瑞典教育家爱伦·凯指出：良好的环境是孩子形成正确思想和优秀人格的基础。社会环境是幼儿密切接触的一个生动有趣的大课堂，是帮助幼儿获得更多学习知识的另一个途径。

申花教师引导、支持幼儿走进社区参观、实践，让幼儿能够以自己的方式了解社会，了解人与社会、人与人之间的关系，激发幼儿对生活、对家乡、对祖国的热爱。例如，申花实验幼儿园与拱宸桥大运河相邻，周边有各大博物馆、西溪湿地等社会资源。依托相邻的人文环境，幼儿园享有独特的社会资源，幼儿在大运河边的刀剪剑博物馆中，可以参观、欣赏到各种不同的古遗址，学会观察、了解不同种类的刀剪剑，初步了解古遗址文化背后的故事。在西溪湿地中,幼儿参观、体验柿子节,初步了解柿子的生长过程,并动手采摘柿子,丰富幼儿关于柿子生长的知识,体验到丰收的喜悦。

富有教育价值的社会人文环境充分展现了真实的生活氛围,带领幼儿在生活中获得更多的发展,同时也使幼儿体验到愉悦的情绪,学会积极表达生活、热爱生活。

三、功能定位:三走一创

在幼儿发展的过程中,申花样态环境系统从幼儿的发展出发,丰富好玩的环境会吸引幼儿的注意,蕴含其中的是对幼儿经验的激发,以贴合幼儿经验的色彩、情境为基底来触发幼儿的经验。当环境与幼儿的经验之间产生连接,幼儿乐于与环境墙面形成互动,用小手摸一摸、点一点,再说一说;在持续与环境的互动中,幼儿的发现与经验形成,促发幼儿自由地表达。

(一)走近——触发

"近"具有靠近、接近的意思。教师将营造吸引幼儿主动接近的环境,让幼儿在兴趣与好奇心的驱动下,去触摸、闻闻、玩玩、看看。通过感官激发幼儿思维,打开双向交流的通道。

1.色彩触发心理共鸣

环境中色彩对幼儿心理的触发。来到新的环境,每名幼儿都会觉得陌生和担心,合理的颜色搭配能带给他们心理暗示——这是温馨、安全的地方。这样的心理暗示能带给幼儿以安静、放松的效果,帮助他们尽快适应环境。

环境中色彩对幼儿情绪的触发。每个颜色都有自己独特的魅力,热情似火的红色、宁静安详的蓝色、快乐活跃的橙色、和平向往的绿色、神秘魅力的紫色等。教师合理的颜色运用可以凸显颜色的引导性。比如,在精力旺盛、活泼好动的大班教室内,选择蓝色、绿色能帮助幼儿尽快安静下来,提高专注力。

环境中色彩对幼儿认知的触发。幼儿区分颜色的能力在逐渐发展,4岁开始能逐步区分色调间的差异,5岁开始能关注到颜色的饱和度和明度,

6～7岁之后辨色能力还在持续发展。由于处于学前期的幼儿主要是以直观形象思维为主,他们对颜色的认知往往和具体形象的事物相挂钩,比如红红的苹果、绿绿的小草、蓝蓝的天空、黄黄的香蕉等,因此他们比较容易被这些鲜艳的色彩所吸引。所以在创设环境时,教师往往会选择明亮的大色块来吸引幼儿的注意。

2.情境触发经验共通

情境内容的选择尤为重要,好的内容是促使幼儿和环境持续互动的关键。因此,这里需要教师关注不同年龄层幼儿的环境视野,随着年龄的增长,他们与环境的互动圈也在不断扩大。

环境中情境体现与幼儿生活经验产生共鸣的内容,环境的情境来源于幼儿的生活,是幼儿熟悉的生活场景,在幼儿一日生活中,渗透其中的有自己参与的环境暗示。幼儿可以呈现与大自然相关、认识自我的相关内容,比如"多彩的秋天""虫虫总动员"等活动。大班幼儿可以呈现和同伴共同完成任务、探索世界的相关内容,比如"大中国""走向小学"等活动。

(二)走进——互动

"进"具有进入、融入的意义。具有生命力的环境能带给幼儿不一样的体验,幼儿主动接近发现环境的有趣和好玩,在摆摆、玩玩、弄弄的操作体验互动中感受环境所蕴含的教育价值。并且,教师关注幼儿的互动体验,不断完善环境,在互动中,幼儿和环境均有成长。

1.声音引发感官互动

声音触发的听觉互动,便会听见许多有趣的声音。夏虫嘤嘤低吟,原来是从树桩里传来的;叮当作响的音乐远远飘来,那是风在吹着风铃;那里有好听的故事,妈妈拿出手机一扫,好看的故事盒会讲故事。

2.材料引发思维互动

材料触发的思维互动,例如,坐落于走廊的弯弯绕绕的线条游戏墙,利用了玻璃透光的特点,让幼儿拿起小车沿着线条行走、跳跃,思绪飞扬。一个开着小洞的纸盒也能引起他们的注意,这个神秘的洞里是什么?幼儿蹲下身子,向里面张望,原来是鸭子在里面骑车呢!穿着神奇裙子的小兔子,飞到那里裙子上面的花纹就会变个样子。

(三)走"浸"——浸润

浸润在环境中,不仅表示幼儿在与环境互动的过程中因为喜爱而驻足停留的时间较长,更表明幼儿在与环境双向交流的过程中有了更多发现及经验发展,这里突出的是"主动"。此主动不同于走近中因被吸引而主动靠近,而是具有更宽广的含义。主动选择环境、主动选择同伴、主动根据自己的需求去探索并衍生出新的内容。这一阶段的幼儿在兴趣、成功感的带动下沉浸在环境中。

1.环境浸润帮助幼儿经验内化

这里的环境是在教师预设的材料、暗示、情境中生成的,因此与幼儿的原有经验是相挂钩的。环境带给幼儿新的经验、新的认知、新的感知觉体验,在幼儿走近环境后,与环境发生互动,将环境中看到的、听到的、摸到的与自身内在的认识体系对话,或增加已有认知内容,或打破已有认知经验重新架构,是一个内化的过程。

2.环境浸润促发幼儿个性表达

幼儿在与环境的互动中,将环境中获得的经验,加上自己前期的生活经验,让他们有了个性表达的安全环境、表达欲望和表达需求,通过语言、肢体、音乐、绘画等方式,开始尝试表达自己的所思所想。

四、一创——多元表达的发生

由环境带来的体验、操作,让幼儿的感受与经验获得在不断增加、积累。当内在积累达到一定程度时,就需要一个空间让幼儿进行输出。

(一)环境体验引发幼儿经验迁移

幼儿的经验与环境相连接,环境与幼儿经验的碰撞中有与经验一致的经验,还有拓展性经验。当幼儿浸润在环境中,已有经验与环境中新的经验产生碰撞,经验的迁移与联想让幼儿有了更多新颖的想法。

(二)环境操作促发幼儿多元表达

申花环境样态会提供多种渠道与平台让幼儿能够表达。由此在对话教育理念下,"三走一创"模式在循环运作的过程中,幼儿的经验也在不断发展。

公 共 环 境

　　幼儿园的公共环境包括户外环境、门厅环境、走廊与楼梯环境、功能室环境等，是幼儿进入幼儿园视线最先触及的场域环境。幼儿在其中感受欣赏、互动游戏、表征表达，在不断与周围的环境相互作用的过程中拓展经验、愉快成长。

一、户外环境

　　当幼儿走进幼儿园，便会看到葱郁的小树林、绿油油的草地、富有挑战的花样滑梯、潜藏宝藏的石头林、偌大的沙水池、四季变换的种植园地……这里是幼儿释放天性、回归自然、满足运动身体与活跃思维需求的地方，不仅收获自由与快乐，也为他们提供主动学习和身心发展的契机。

　　申花实验幼儿园充分利用园舍户外环境，遵从幼儿内心的真实需求，融入"对话大师"园本特色，打造了不同体验感的游戏环境：极具挑战性的运动体验场——山坡探险、CS勇士；融入骑行与自然的角色体验场——汽车嘟嘟城、落叶餐厅等；与名画交融的美术体验场——创意实验屋；将生活用具变身的音乐体验场——管乐叮咚墙；感受季节变化的种植体验场——屋顶花园；等等。在这里，幼儿与同伴、老师一起游戏、探索。

（一）运动体验场

　　运动体验场的创设兼顾安全与挑战，因此，平地或者高低崎岖的山坡树林都是孩子们的体验场所。

　　教学楼后侧的秘密花园里藏着一座小山坡，地势陡峭，树木掩映。小山坡上有小型滑梯、球门、攀爬辅助脚，山脚下有木桩小路、木质吊桥。教师在场地中投放了流星球、飞盘、纸球、足球、绳索等辅助材料。幼儿自主在山坡间踢球、滑梯、攀岩、投掷、过桥、散步，身体各部位的大肌肉动作在运动中发展。小班幼儿在山坡上跃跃欲试，中、大班幼儿则创设更高难度的挑战。

运动体验场

宽阔的大操场和隧道般的滑梯带来了新的组合灵感，幼儿的一次"纸球对战"引发了"CS勇士"的游戏创设。幼儿利用各种运动器械去建构自主运动的"勇士通道"，设计对战模式。

(二)角色体验场

日本绘本作家宫西达也的《小卡车系列》绘本吸引着幼儿，有点害羞且不自信的小红、慢性子的小黄、胆子很小的小粉，还有急性子爱耍酷的小黑。每本书中，小卡车都会接到一项送货的任务。幼儿和教师一起把绘本故事变成户外游戏——汽车嘟嘟！斑马线、停车场、加油站、洗车场，逐渐地，交警、驾驶员、洗车工的角色分工也慢慢出现，幼儿们驾驶着小车在路上快乐骑行。

户外游戏:汽车嘟嘟城

因为有骑行经验扩展，幼儿搬块石头变"快递"，拿几片落叶来"买卖"，角色体验场的内容日渐丰富，落叶餐厅、疯狂快递站、亲亲小屋……身边的自然物都是他们的游戏材料。

（三）美术体验场

"莫奈花园"坐落在园内各处角落，教师与幼儿一同在幼儿园寻找与莫奈画中相似的场景，商定创作场所，寻找适宜的创作材料，以小组形式进行项目式活动。《风车》《船》《干草垛》《日本桥》都一一被幼儿带入了幼儿园。

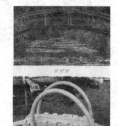

幼儿园中的"莫奈"场景

创意实验屋里，波洛克、米罗、蒙德里安、马蒂斯、草间弥生的画作也随处可见，教师提供了名画环境与各类涂鸦工具，幼儿在其中欣赏、模仿、创作，这是他们与名画对话的萌芽。

小朋友在栏杆上的名画涂鸦

（四）音乐体验场

如何合理利用户外活动空间，在户外活动的时间支持幼儿进行与乐对话的活动呢？我们在幼儿喜欢的石头林打造管乐叮咚的环境，幼儿将不同大小的石头放进粗细不同的PVC管内，发现声音的不同，探索声音的奥秘。

管乐叮咚墙

教师和幼儿一起收集生活中的器皿，如铁管、塑料桶、小方盒、金属片等发声材料，配合大鼓、木鱼、双响筒、铃铛等音乐器械，与众多奥尔夫音乐一起合奏出富有节奏韵律的乐曲。有的幼儿在音乐中翩翩起舞，有的则在一旁驻足聆听，音乐真美妙！

户外乐器墙

（五）种植体验场

屋顶花园是幼儿探索自然的重要场所，他们在阅读绘本《向日葵》时，好奇它真的可以向阳开放吗？在阅读《小种子》时，他们又渴望自己能拥有种子种出漂亮的花。在阅读《蚯蚓的日记》时，他们又想挖掘泥土下的

农场丰收啦

秘密。幼儿在书中阅读到的"小问号"，都在屋顶花园得到了答案。

每个班级都有自己的"小领地"与种植所需工具，供幼儿自主种植、维护与探究。他们每日都会来照看这里的小生命，在这里，他们收获了青菜、土豆、番茄、辣椒等鲜蔬，也种出了向日葵、风信子等美丽的花朵。

二、门厅环境

幼儿园门厅是展现园本课程理念的重要窗口。它用无声的文字与环境述说着课程的意义。

迈入申花实验幼儿园的门厅，"妙笔申花"四个大字映入眼帘，四句话——"我看见，变幻的红白蓝黄；我听见，欢乐的DO RE MI FA；我表达，心中的奇思妙想；我想要，畅快的自由翱翔"。在银色的线条上，扩散着太阳、画笔、音符、风车和花朵，诠释着申花实验幼儿园对幼儿多元表达的肯定与支持，力求为我们的孩子营造一所真正寓教育性、参与性、审美性、趣味性于一体的高品质的童话之家，培养富有"审美、创艺、博采、乐言、善思、冶性"品质的幼儿。

申花实验幼儿园门厅场景

门厅左边，凹凸有致的白色栅栏镶嵌在浅棕色墙面上，幼儿的表达作品镶嵌在墙面上，米罗的线条小人故事、《鸭子骑车记》的续编故事、蒙德里安的心情格子故事……都是幼儿与课程对话时的点滴表达。

在一旁的白色挂壁式书架上，摆放着"对话大师"的系列书籍，旁边是几张错落的桌椅，幼儿、家长与教师皆可随时取阅，细品书香。空间悬挂了一些绿色的盆栽，采些野花进行简单装饰，处处都是温馨、自然的氛围。

门厅中央则是各年段幼儿展示课程下特色主题活动的场所,也是与家长互通课程理念的对话窗口。在主题开展前,布置相对简易且富有教育意义的环境,唤起幼儿的兴趣与生活经验,如收集主题下特色物件并展示、游历一些生活场域后的分享反馈等。在主题开展后,逐步增加幼儿在主题中听到的、看到的、想到的故事、作品等过程性内容与成果,形成具有年段特色、班本特色的课程展示。

三、走廊与楼梯环境

走廊是衔接幼儿室内和室外活动的通道,从幼儿的高度去看走廊与楼梯,一望无际的白显得冷清。因此,我们尝试从幼儿的角度去观察空间,创造幼儿喜欢并且适宜的环境。我们考虑环境与"对话大师"相结合,让无声的环境焕发有声的魅力。

(一)与书对话的环境打造

幼儿之所以喜欢绘本,是因为绘本中总会有那么一些元素牢牢地吸引着他们的心,可能是机智可爱或聪明美丽的主角,可能是跌宕起伏或耐人寻味的情节,也可能是其他种种。我们便将幼儿可能喜欢的这些元素(角色、作者、封面、情节、场景)呈现在他们的眼前。

1.四季故事墙

大型的树干衬托在白色的墙面上,长满了密密麻麻大小不一的手掌,都是孩子们的"手迹"。在这棵大树下,孩子开始茁壮成长。镶嵌在树干下的相框,是孩子们追随四季绘本的脚步。

手迹墙

如秋季,教师顺应孩子的课程故事,将它的主题定位为"收获",收集与秋天有关的美好绘本《落叶飘飘》《秋天》等,并把自己的秋天故事展现在画面中——"我抬头看看天上的燕子,它们要去往南方过冬了。""秋天的颜色是黄黄的、绿绿的,我捡起了树叶想看看它的样子。""我去奶奶家看过庄稼地,他们会用很大很大的机器开来开去。"

如冬天,这是孩子一年中最向往的季节之一,因为有雪可以玩!因而冬天的故事墙可以是与雪有关的。《冬眠旅馆》《雪孩子》《白雪晶晶》《雪精灵》等都是孩子们选择的喜爱的绘本,并结合绘本讲述自己与雪游戏的故事。

四季墙之冬天的故事

2.绘本互动墙

挖掘绘本中好玩的元素,结合不同年段的幼儿特点,在各层楼做了不同的绘本互动墙,幼儿可以在走廊上驻足游戏。

"跟着线条走"故事墙

如小班组教师利用玻璃透光的特点,与背后的自然生态相融合,根据绘本《跟着线条走》,以橘色的线条打造了弯弯绕绕的绘本墙,让幼儿拿起小车、举起手指,沿着线条行走、骑行。"车子开开,通过红绿灯,往前嘟嘟嘟。""开到草地上不能往前开了,小草要被车压坏的。""我也想跟小鸟一样,开到天上去!"(幼儿的手指向上冲去)

如中班教师运用立柱做"彩虹色的花"讲述互动墙。孩子可以随手摘得墙上的喜欢的绘本角色与花朵,讲述绘本或是自己创编的故事。

3.情绪故事廊

结合绘本《我的情绪小怪兽》,利用各种不同的材质,将幼儿化身为一个个不同色彩、可爱有趣的小怪兽,呈现在凹凸有致的框架中,小怪兽们仿佛在和我们诉说它们此刻的心情。教师运用色彩的差异性,去唤醒每一个幼儿心中的情绪小怪兽,接纳每一个幼儿的情绪,尊重他们适宜的表达与发泄。

"彩虹色的花"故事墙

情绪故事廊

孩子说:

A:我觉得红色还可以表示高兴,因为太阳是红色的!

B:平静也可以用白色表示,就像白云飘在天空中。

C:我很难过的时候就可以用灰色来代表,感觉要哭了……

D:那想念呢?我想我的朋友了可以用什么颜色呢?

教师:原来,不光是书本里的那些颜色可以用来表现情绪,我们还可以想到很多书里没有提到的颜色和对应的情绪!

(二)与画对话的环境打造

"名画"元素也在环境中显现,创设前教师思考:我们找寻什么契机让幼儿关注环境中的名画呢? 于是想到的是与生活经验相连接的、主题中已有欣赏经验的并可拓展欣赏的,那么我们就把这些内容呈现在环境中。

1.现代派的廊间互动墙

基于各年段名画主题"米罗狂想曲""遇见蒙德里安""色彩大师波洛克""波点的世界""莫奈花园""符号大作战"等，教师将"赏"和"玩"与环境融合。

如在环境中创设了莫奈的《睡莲》，与西湖的赏荷情景相关联，中西合璧，突破地域与时空，让幼儿结合"西湖荷景"的经验来理解、感受，表达自己心中的"花园"。

莫奈《睡莲》环境创设　　　　　　　"遇见蒙德里安"系列环境创设

如"米罗狂想曲"主题的延伸，孩子们在走廊中继续与"画"共游，教师创设了几个赏玩的角落，供幼儿体验。幼儿可以拿自制的米罗小人在米罗点线元素的场景中自主讲述，支持幼儿语言、表情、肢体方面的表达；创绘墙中为幼儿提供可以想象的米罗元素，让幼儿创意绘制米罗的元素；展示墙面主要将幼儿的作品进行创意展示。

2.水墨风的梯间故事墙

教师用"节气"作为主题来唤起幼儿关于中国传统二十四节气的经验，渗透大师名画，让幼儿有更加沉浸、深入的审美。

水墨元素节气墙的创设

节气	环境照片	幼儿的节气经验习得
惊蛰		孩子说："小鸭子在水里游泳。""天气热了。""柳树绿绿的。""柳树快掉到水里了。"小朋友们结合自身的感受，在对名画和古诗欣赏的过程中，了解到惊蛰是个气温回暖、春雷乍动、雨水增多、万物生机盎然的节气，用水墨画进行表达
清明		清明将要来临时，小朋友们就会开展踏青、放风筝、吃清明果、荡秋千、扫墓等活动。 大家在欣赏吴冠中的画时，也说："大家出去玩了。""坐着船。"连接幼儿的这些生活经验，引导幼儿发现原来这就是"清明"。人们都要结伴到郊外游春赏景，拜祭祖先
夏至		"荷花开了。""好漂亮。""我去西湖看荷花的时候，很热的。""还下雨了。"班级的小朋友们也都看过荷花，所以会联想到自己看荷花时的景象，并进行创意表达

节气	环境照片	幼儿的节气经验习得
立秋		"秋天树叶都变黄了。""秋天树叶都落了。"小朋友们在欣赏吴冠中的画时，发现了树叶变黄、掉落，这个最常见的秋天的变化。秋天还有什么变化呢？小朋友们和爸爸妈妈一起去探索发现，并进行了记录
大寒		入冬后，小朋友们最深刻的感受就是天气变冷了。"下雪了。""屋顶都是雪。""白白的。"小朋友们在欣赏画作时发现，大寒时天气很冷，有时会下雪。大家还一起制作了可爱的雪人、雪景

（三）与乐对话的环境打造

一阵阵悦耳动听的乐器声飘荡在三楼走廊里。长长的东西走廊是孩子们探究乐器的场所，提供木偶、小型乐器，常常吸引孩子们好奇的目光。幼儿通过听觉、视觉、触觉等感官与色彩、空间、材料、情境相结合，多维度地感受音乐带给自己的感受，从而激发幼儿的多元表达。如何打造幼儿与音乐的对话环境，提供给幼儿充足的空间、时间和通道来表达自己对音乐的感受呢？我们进行了环境的思考和实践。

教师结合音乐的特点，打造聆听环境，让幼儿在不同时间、不同地点自由地听、可选择地听，支持幼儿更多地接触音乐。我们利用了多种多媒体带给孩子易获取、多途径地感受音乐的方式。如走廊上意大利作曲家维瓦尔第《四季》组曲欣赏。

不同的色彩、形状、构图能够为幼儿带来不同的感受，视觉感受能够将音乐作品的氛围、情境更加具象化,为幼儿的多元表达提供灵感和另一种方式。

教师在走廊等空间利用了"音乐画"的形式,通过环境暗示给予幼儿足够的引导。在这一环境中,幼儿通过对"画+乐"的双重解读,自我营造表达氛围,将自己与音乐的"对话"和共鸣通过具象的画面表现出来,拓展幼儿的感受力、想象力和创造力等。如走廊"音乐画"环境。

"音乐画"环境

四、功能室环境

功能室是幼儿在园活动中不可或缺的一种游戏场所。在功能室中,幼儿可以充分发挥自己的兴趣爱好,展开各种奇思妙想。我们打造了融入"童画童语"课程理念的绘本馆、童画屋与绘演室。不同的功能室可以针对不同的活动需求提供专业设施和环境打造。

(一)绘本馆

我们力求打造一个温馨、有序的阅读空间,在绘本馆中支持幼儿进行自主性游戏,更多地关注幼儿在绘本馆愉悦、自主、开放的环境中自发产生的多元表达。

1.活动空间的打造

在打造绘本馆时,我们选择以浅色作为绘本馆的主色调,无论是桌椅、书柜、墙面等的创设,均围绕这个色彩基调进行。例如,幼儿阅读时使用的桌椅,选用木纹本色,让幼儿如身处大自然中轻松愉悦地进行阅读;一整排

绘本馆环境 绘本馆的心情小屋

白色落地书柜上，摆放着一本本吸引幼儿的绘本；墙面以淡绿、淡蓝的色彩进行装饰，衬托出室内自然、协调的气氛。

同时考虑室内空间大小、活动的需要，自行组合成开放式空间。根据不同需要，灵活地调整绘本馆的空间。在绘本馆中，我们投放最多的是自由移动的桌椅、高低错落的小书架、心情小屋等。

可移动的4张桌椅，摆放成"田"字形的区块，桌子中间人性化的凹槽便于绘本的摆放，供幼儿随时拿取。高低错落的书架，如一整排白色的落地书柜、造型奇特的"马"的小书架、原木色的小书框等，有序、错落地摆放在贴近墙面、墙角的地方，再在旁边摆放几把小靠椅，创设出舒适的阅读环境。心情小屋是利用沙发合理地设置在绘本馆的一个角落中，创设出温馨、私密的阅读空间，在里面投放了软软的靠垫和绘本，幼儿可以在帐篷中阅读，也可以说悄悄话。

在活动中发挥幼儿的阅读自主性，同时继续在原来活动的基础上进行优化，对幼儿发现、感受、探索、创造的过程进行记录，提升幼儿的阅读能力和语言能力。

2.活动材料的投放

绘本馆的材料投放应注重引发幼儿的阅读兴趣，激发幼儿自主的读写行为，表达自己在阅读中的所思所想、所感所创。

（1）激发低年段幼儿阅读与讲述兴趣的材料

可玩、好玩的阅读环境能吸引低年段幼儿在绘本馆持续体验、培养良好阅读习惯的可能。因此我们收集了一些带有互动性、操作性、故事性的绘本,如五味太郎的系列绘本、宫西达也的系列绘本、杜噜嘟嘟的系列绘本等,提取绘本中的趣味元素,以"墙面互动""宝藏盒互动"等方式呈现。

● 以杜噜嘟嘟为例的"墙面互动"材料

杜噜嘟嘟的绘本中,作者会在书中静止的画面上给幼儿变魔术,只要跟着他的引导,按一按、吹一吹、摇一摇,就会变出各种有趣的东西,还可以涂色、赛跑、走迷宫、唱歌,甚至还可以贴贴画,这都是幼儿喜欢的。因此我们将书中的游戏制作成互动墙面。

以杜噜嘟嘟为例的"墙面互动"材料

场地名称	材料照片	互动方式
3D镜面游戏墙		以不同角度组合的镜面作为游戏材料,随意在其中放置照镜子材料,感受不同的变化
光线游戏墙		将书中所有光线场景呈现,幼儿在视觉体验后,用不同的表征方式表达感受
杜噜嘟嘟礼物墙		杜噜嘟嘟的宝盒里藏着什么?幼儿可自由放置"礼物",供同伴触摸、猜测

续表

场地名称	材料照片	互动方式
3D拼图墙		将杜噜嘟嘟的3D建构大书投放，在此基础上制作平行小书两本，供幼儿搭建游戏

● 以五味太郎为例的"宝藏盒互动"材料

以五味太郎为例的"宝藏盒互动"材料

运用绘本	材料投放	互动方式
		这个盒子里装了孩子们喜欢的玩具，呼应了绘本中"装礼物"的盒子这一页。孩子们可以在这个盒子中装入自己喜欢的玩具，当作礼物送给好朋友
		这个盒子里装了幼儿的全家福，这是一个供展示用的盒子，让幼儿知道原来盒子也可以用来看的，孩子们可以在这个盒子里装入自己的作品和照片

运用绘本	材料投放	互动方式
		这是一个神奇的盒子,从盒子里可以拿出许多好玩的东西,幼儿的故事盒里就有很多宝藏。孩子可以借助这个丰富的故事盒子与小伙伴互动交流

（2）引发幼儿自主"写画表征"的材料

引发幼儿自主"写画表征"的材料

绘本馆游戏材料		
主要材料	相关材料	辅助材料
种类及数量较多的绘本	纸、笔、信封、移动白板、绘本、角色磁性卡、毛绒玩偶等	纸盒、铁盒、纸箱、剪刀、胶水等

我们预先投放了关于前书写的材料。幼儿进入绘本馆后,自主选择游戏内容、游戏同伴、游戏方式。在游戏中,我们可以看到幼儿在绘本馆游戏中自主产生的游戏内容、同伴互动、前书写核心经验中的创意表达水平等游戏相关内容。

案例 一本古董书

今天游戏活动时,赫赫拿着绘本《老狼老狼几点了》和笔、纸来到小白桌前坐下,开始看着绘本写起了封面上的字,这时蓝蓝正在为琪琪制作"古董书"。蓝蓝准备把书寄给琪琪。

> 互动一："钱加琪"名字的前书写表达方式

赫赫看见蓝蓝用符号"↑、+、⌒(鱼鳍)"来表示琪琪的名字。他问："这是什么钱？"蓝蓝指了指"↑"说："钱加琪，不是吗？"赫赫回应道："哦，前面。"

> 互动二："古董书"中的"甲骨文"

赫赫听见蓝蓝在写"太阳"的时候说："这是太，yáng，太阳的阳怎么写？"赫赫听见了回应说："yáng。"蓝蓝听了强调道："这是甲骨文。"赫赫说："甲骨文我看不懂啊！"蓝蓝说："谁说的。我看电视上说是3000多年前的事了。所以我会的呀，不过也只知道一个呢！"

写完"古董书"里面的内容，她在封面"钱加琪"名字下方画了小舟图案，说："我不会写的就用甲骨文。舟、收，钱加琪收。"随后，她在封面右侧上部从下往上画了一艘小舟表示"收"。赫赫看着她画的条纹说："哦，条纹，文。"

（二）童画屋

童画屋是开展幼儿园美术区域活动的场所，也是一种开放性的美术体验形式。通过对名画的欣赏引领幼儿感受大师画的魅力，丰富幼儿的审美体验，在与多种材料的互动中，表达自己对名画的解读、模仿、创造。

童画屋的主色调以浅色为主，便于后期创设时色彩的增添。浅色墙面和展示台、桌椅、柜子便于摆放种类丰富的低结构材料、绘画时的工具等。墙面呈现幼儿作品、大师作品，桌面与地面则以摆放幼儿操作材料为主，幼儿在童画屋中可以随时欣赏、体验。

童画屋环境

我们的童画屋以"大师体验"作为空间区块的划分,如草间弥生的波点体验区、莫奈与凡·高的印象派体验区、蒙德里安的格子体验区等。

● 以"草间弥生的波点体验区"为例

"草间弥生的波点体验区"体验内容

体验内容	体验环境与材料投放	体验方式
内容一: 波点粘贴区	材料投放:小动物轮廓图、各色圆形贴纸等	幼儿选择不同颜色的小圆点,装饰小动物
内容二: 波点涂鸦区	材料投放:艺术缸、画笔、各色颜料等	幼儿选择各种颜色,用大大小小的圆点装饰艺术缸
内容三: 波点绘画区	材料投放:记号笔、黑白黄颜料、KT板等	幼儿模仿草间弥生的绘画方式,为斑马添上点点花纹

● 以"莫奈的印象派体验区"为例

"莫奈的印象派体验区"体验内容

体验内容	体验环境与材料投放	体验方式
内容一:剪影区	环境: 材料投放:黑卡、剪刀、纸筒、固体胶、双面胶、水彩笔	根据莫奈名画《日出·印象》,幼儿在纸上画上图形,用剪刀将画好的图形剪下来,粘在纸筒上或画好的背景图上
内容二:绘画区	环境: 材料投放:画架、水粉、刷子等	根据莫奈名画中的元素,运用水粉颜料进行调色,绘画《日出》《日落》的场景
内容三:制作区	环境: 材料投放:彩纸、剪刀、玉米粒、固体胶、莫奈名画等	根据莫奈名画《风车》《荷花》《干草垛》《船》的场景,运用各种半成品材料进行制作

(三)绘演室

绘演室是一个专门进行与乐对话的功能室。在这里,幼儿可以体验到别样的音乐,摆弄多样化的乐器,进行更加多元的表达。在这里,幼儿对音乐的体验是有一定深度的,申花实验幼儿园根据不同年段幼儿设置了不同的音乐体验重点。

1.活动空间的打造

教师将绘演室打造成四个不同的活动区域,区域间有紧密的关联性,共同支持幼儿游戏活动的开展。

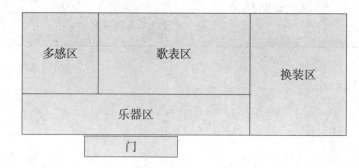

2.活动材料的投放

教师在不同的功能区,为幼儿提供了不同的互动材料,满足幼儿游戏的需求。

绘演室功能划分及材料投放

区域功能	功能划分	环境设计	材料
多感区	听、触、嗅结合让幼儿通过多种感官感知声音与环境的关系,如秋天的树叶,幼儿可以进入多感区,感受树叶的纹路、听到落叶的声音……	将进门左边的区域用遮光的布帘挡住,形成一个较暗的独立空间,可以让幼儿单独到这个空间中去进行声音的体验与感知	①布帘 ②固定杆 ③小蜜蜂 ④收集大自然里的声音 ⑤与主题相关的物品
歌表区	提供一个可以让幼儿自由表演、律动、歌唱的舞台	舒服的地垫和背景板	①地垫 ②背景板

区域功能	功能划分	环境设计	材料
乐器区	幼儿与乐器的接触是认知—玩—做—有节奏地打击—创编节奏的过程	在墙面上展示乐器的介绍与玩法，置物架上放上整齐的乐器	①乐器②介绍版面③节奏图谱
换装区	幼儿可以自主地选择想要的服装和道具，进行与主题相关的服装搭配设计	衣服架上提供幼儿需要的衣服，道具柜上提供幼儿表演需要的道具。一面完整的全身镜供幼儿照一照	①服装架②道具柜③全身镜④梳妆台

班 级 环 境

班级是支持幼儿发展的重要场所之一,适宜的班级环境能有效地支持幼儿的发展,发掘幼儿的潜能。瑞吉欧教育体系的倡导者莱拉·甘迪尼(Lella Gandini)称之为"第三位教师"。班级的环境、布置方式都会影响幼儿的行动、反应、学习和成长。因此在班级环境创设中,我们也做了思考与尝试。

一、班级环境创设基本原则

(一)尊重幼儿

以尊重幼儿为前提创设的班级,是一种让儿童享有多种选择,获得有意义的经验,进行相互尊重的互动、沟通及合作的环境。在这里,儿童被视为重要的、有能力的贡献者。[①]他们的表达能被听到与看到,他们的观点会被接纳与重视。在空间上,教师以"留白"的方式将班级环境的一部分交给幼儿,幼儿可以创设、选择、调整、质疑、评价等,在环境中找到归属感与认同感;在材料上,幼儿可以运用生活材料、替代材料、艺术材料等去丰富游戏;在发展上,教师应为不同年龄的幼儿、不同地域的幼儿、不同家庭的幼儿提供个性化的支持与帮助。

(二)满足需求

班级环境对幼儿而言,需要让他们感受到安全、舒适,如家的感觉。因此环境创设既要满足幼儿的生理需求,给予他们适宜的温度、干净的空气、独处的空间、柔软的物品等物质条件外,还需要顾及他们的高层次需求,如

---

①[美]桑德拉·邓肯.万千教育学前·儿童视角的幼儿园班级环境创设[M].马希武,译.北京:中国轻工业出版社,2020.

归属感与爱的需求、自尊与自我实现的需求等。儿童需要相信，自己在生活中也有需求，为了增强这种信念，如班级环境的设计必须致力于为儿童提供充分的机会，使他们可以展现自我，参与协同合作。①

（三）对话课程

在班级环境创设中，教师需要有课程意识，让环境体现课程，环境是课程与幼儿对话的媒介，把期望幼儿获得的知识、经验、品质等蕴含在班级环境中。这里的环境可以被幼儿欣赏，触发幼儿与课程对话的兴趣；这里的环境可以被幼儿用来作为游戏场所，引发幼儿与课程互动的可能；这里的环境可以被幼儿改变，丰富幼儿与课程对话的内容。幼儿通过与环境的不断互动来获得经验。因此，班级环境不在于华丽的装饰，而是在课程的各类活动中帮助幼儿创艺、审美、思考、陶冶性情，从而获得个体的不断发展。

因此，我们的班级环境创设尊重幼儿、满足幼儿的需要，并将其作为对话课程的媒介，创设出美观、对幼儿有积极影响的班级空间。

二、班级环境创设实施

（一）有吸引力的班级入口

与爸爸妈妈一起，走过户外，穿过门厅，经过走廊，幼儿便进入自己的班级。这个小小的、看似封闭的场域会引发幼儿的兴趣，感受到自己被欢迎与接纳。我们在教室门口创设了"签到墙"。教师为各年段的幼儿创设了不同的签到方式，既是"今天我来了"的存在暗示，更是幼儿表达自我情绪、需求、能力的平台。

1. 心情签到

心情签到的创设是关注幼儿晨间来园时的心情，用心情小人儿、自画像、色彩格子等方式来表达自己当下的心情，以便引起教师的关注。对于

心情签到墙

---

① [美]桑德拉·邓肯.万千教育学前·儿童视角的幼儿园班级环境创设[M].马希武，译.北京：中国轻工业出版社，2020.

心情良好的幼儿,教师引导其顺利开启一天的幼儿园生活;对于心情有些许波动的幼儿,教师可适时引导、个别关注。

图画表达心情

幼儿书面表达	对应语言
	感受:伤心 宝宝的故事:我今天不开心,因为爸爸每天晚上让我练体操到很晚,我不喜欢练体操
	感受:开心 天天的故事:我今晚超级开心的,因为我晚上有下棋课。我最喜欢去上下棋课
	感受:超级开心 卡卡的故事:我的心情像吃了彩虹糖一样甜

2.计划签到

"今天想玩什么?"幼儿一入园就有自由活动、自主选择的权利,他们会把自己的游戏意向或游戏兴趣以不同的方式展示在签到墙上,为晨间户外、班级区域游戏、户外自助游戏中"去哪儿"这一问题做提前思考。

3.书写签到

前书写在签到中的渗透,是中、大班幼儿所喜爱的。幼儿对自己的"个人专属表征物"有着强烈的认同感,他们喜欢书写一些简单的内容,如学号、姓名、班级等,同时对一些会模仿书写的汉字有极大的书写愿望。因此,教师为幼儿创设前书写的签到契机。

(二)适宜的活动区

进入班级后,最能吸引幼儿的是各个活动区域。在这里,教师为幼儿提供了丰富的

书写签到台

材料,提供了游戏的空间与时间,幼儿可以根据自己的兴趣、需求、能力等选择内容,自由游戏。因此,区域游戏在幼儿的一日生活中、园本课程的实施中占有至关重要的位置,我们应有诸多思考。

1.根据不同年龄特征创设

小班幼儿刚从家庭生活转向幼儿园,教育重点是适应幼儿园的集体生活,包括情绪、规则、生活、交往等内容。因此,小班区域活动的创设是为最大限度地弱化幼儿园作为"陌生情境"而对幼儿造成的入园焦虑,缩短家庭与幼儿园的环境差距,将班级的区域环境设计成"娃娃之家",可以结合亲情类或低幼类绘本情境,如《抱抱》《永远永远爱你》《小红和小黑》等,创设温馨柔软的卧室、烹饪美味食物的厨房、有趣的盥洗室、百变的玩具屋、安静阅读的小书屋等,投放小床、被子、洋娃娃、沙发、餐具、食物、水池、毛巾、泡泡球等材料,并且让幼儿带来自己喜欢的玩具、图书投放在不同的区域,以便自己游戏、阅读,或者与同伴分享。墙面上呈现幼儿与父母的"全家福",如家一般的感觉可以帮助幼儿更快地适应新的环境,自己的物品更让幼儿有归属感与安全感,在安抚情绪、逐步适应的同时,也让幼儿的认知在与周围环境的互动中得到不断发展。

小班"娃娃之家"

中班幼儿的创设重点在于培养他们的思维、探索、交往等能力。所开设的区域活动内容较广，如角色区的设置更偏向于"小社会"，像小超市、餐饮店、小医院等，是各种职业类型的初体验的场所，他们的角色意识更加强烈，角色语言更加丰富，与同伴尝试初步的合作、分工，游戏的规则与内容设置也更为开放。此外，教师也关注科学区、益智区、数学区这些学习性区域对孩子思维、探究能力的培养，如教师在教室光线相对隐蔽的角落设置光影游戏区，创设格子光影盒、小夜灯星空等环境，投放引发幼儿探索的彩片积木、光影游戏书、手电筒、皮影台等，激发幼儿的兴趣与探究。

中班区域创设

　　大班幼儿在活动过程中表现出更强的自主意识和活动的计划性、目的性，能有意无意地将生活经验运用到活动中，并且他们的学习目的性增强了，能为完成任务而做出自己的努力，重视结果与学习评价。因此，大班的区域活动创设，我们更加注重学习性区域的构建，关注幼儿的思维方式、语言表达、同伴合作、问题解决、任务意识等能力与学习品质的发展，为幼小衔接提供有利平台。如在大班的语言区，结合"新年"主题，投放制作材料：各种红色纸张、画笔、自选装饰素材（玉米粒、毛绒球、羽毛、彩绳等）、剪刀、胶水；投放制作参考的立体书、拉拉书、翻翻书等特色绘本。幼儿与同伴合作完成书籍制作，前书写、文学想象、合作、同伴学习等渗透在活动中。

大班区域创设

2.注重材料投放的层次性

区域游戏的材料吸引着幼儿游戏的兴趣，支持着幼儿在活动中的发展。因此，区域材料的投放必须考虑幼儿年龄梯度及能力差异，最大限度地符合"最近发展区"的要求。[1]

（1）关注纵向层次性

纵向层次性指的是同一个区角在不同年龄段所呈现出的材料的差异性，我们以课程下的特色区域——语言区的材料投放来做纵向层次性的说明。

---

[1]王芳,朱瑶.筑起孩子需要的环境[M].杭州:浙江大学出版社,2006.

● 基于小班幼儿直觉行动的表达方式和学习特点设计的游戏材料

a.滚滚书,即自制立体书。不同于传统的书本,滚滚书是将幼儿创作的一些具有故事内容的图画粘贴于一个纸箱的六面上,幼儿可以边玩边说。

b.翻翻卡,与绘本角色、内容相关的,以丰富幼儿语汇为目的的翻卡游戏。

c.故事盒,将小班幼儿熟悉的绘本故事内容制作成故事盒子,在操作互动的体验中进一步激发幼儿语言表达、文本理解的能力。

d.亲子日记,以能唤起孩子已有经验的内容为主题,幼儿与父母共同完成的,运用图画、图片、照片等多种方式进行记录的亲子记录本。

e.情境涂鸦,以幼儿喜欢的熟悉的情境做涂鸦背景,供幼儿在阅读区进行"童画"表达。

小班图书区故事盒、翻翻书等

●基于中班幼儿的注意转化特点和富于想象的特点设计的游戏材料

a.情境表演的设置。

情境表演的设置

序号	情境	材料	玩法
乐演材料1	"电视机"(好书推荐)	小话筒、不同大小的动物人偶	好书介绍会
乐演材料2	表演小窗口(有帘子)	幼儿熟悉的动物硬质图卡(立式),可选择的情境卡	表演台和小观众
乐演材料3	绘本情境性表演窗口(有帘子)	情境中的相关角色材料	绘本中的语言学习和表达

第三章 环境样态

b.墙面互动游戏。

利用空间环境的一种绘本情境创设，帮助幼儿在与材料的互动中掌握新经验。如《一百层的巴士》。

● 基于大班幼儿多样表征的发展需求和能力特点设计的绘本游戏及材料

a.自制书

绘本故事创编。根据班级绘本主题内容，引导幼儿对绘本故事进行改编、续编等。如在大班开展的《母鸡萝丝去散步》故事续编活动，幼儿根据情节续写故事。

生活日记。通过绘画记录、符号记录的方式，以主题融入的方式，引导幼儿对感兴趣的话题进行记录。

b.清单记

"看不明白"任务单。提供任务单，幼儿在绘本阅读后对绘本的理解、难点、困惑进行记录，便于同伴以及师幼的分享。

"我想知道"计划单。大班幼儿的阅读清单，将"我想知道"的内容作为阅读绘本的计划。

幼儿任务单

(2)关注横向层次性

横向层次性是指同一年龄段的幼儿，个体间的能力发展存在着差异，因此需要提供适宜不同幼儿游戏的材料。

刚开学，教师把大班每个幼儿的姓名打印后展示在签到台墙面，这引起了孩子们极大的兴趣，有的孩子对不同的姓氏产生兴趣，有的孩子喜欢描写自己的名字,有的孩子则迫不及待地告诉别人哪些字是自己认识的。这引起了教师的关注,并在语言区投放了材料。

大班语言区材料

活动	投放材料	互动方式
	1.已打印的幼儿名字 2.可擦式书写板	幼儿选择自己喜欢的汉字进行描写与模仿
曹潘遇 陈骏成 陈吕和 陈奕睿 范明煦 侯周祎	1.已打印的幼儿名字 2.幼儿的照片	姓名与照片一一匹配
陈曹陈 潘遇	已打印的幼儿名字,并将"姓"与"名"分开	幼儿对同伴的"姓"与"名"进行匹配

中班上"好大的胡萝卜"主题活动,幼儿收集到了各种各样的萝卜,有红萝卜、白萝卜、青萝卜、胡萝卜等,教师将萝卜放置在美工区,提供给幼儿观察并作为各种"萝卜写生"的素材。

第三章 环境样态

"好大的胡萝卜"主题活动

材料	幼儿表现
写生材料一： 1.画纸 2.各色炫彩棒	
写生材料二： 1.泥工板 2.各色橡皮泥	
写生材料三： 1.国画颜料 2.毛笔或棉签	

3.按照幼儿兴趣动态调整

区域活动创设后,不是保持不变的。它会根据幼儿的兴趣、发展需要,或主题的行径需要,进行不断的调整、添加、减少,使区域的材料呈现动态的变化。

(1)幼儿自主调整

这里的自主调整指幼儿按照自己的能力与兴趣进行的动态调整。以中班角色区"我爱我家"主题活动为例。

中班开展"我爱我家"主题活动时,在建构区玩的贝壳对洋子说:"洋子,你当宝宝我来当妈妈好不好? 我们是一家人。"洋子说:"好哇,但是我们没有家呀!"贝壳说:"我用积木给你搭一个就好了。"洋子回答道:"可是这个家太小了,我太大了。"贝壳听后想了想说:"对呀,我们要一个大一点的家才行。"于是建构区旁的一角,孩子们开始了"家"的创设。

● **第一阶段:家里需要什么**

在这一阶段,幼儿联系生活关注家中已有事物,唤起经验。他们从家中、班级中找到了许多相关的游戏材料。

● **第二阶段:家里还缺什么**

在第一阶段,幼儿通过调查与讨论,丰富了对家的认识,不仅有家人,还有家具、家用电器,以及创设家庭环境需要经历的过程等。随着游戏的开展,他们开始动手制作需要的材料。

如原本放置在厨房的"冰箱"是一个简易的架子,大家发现这和家里的冰箱完全不一样,需要给"冰箱"进行二次加工。

幼儿自主创设家庭环境过程

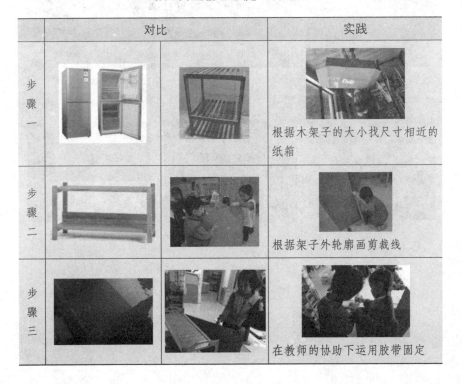

	对比		实践
步骤一			根据木架子的大小找尺寸相近的纸箱
步骤二			根据架子外轮廓画剪裁线
步骤三			在教师的协助下运用胶带固定

在游戏中,贝壳发现还需要一台电脑。对于电脑,孩子们接触得,大家不知道应该怎么做,贝壳提出回家和爸爸妈妈做一个带来幼儿园。与家长沟通后,贝壳和爸爸妈妈一起观察家里的电脑并开始制作。

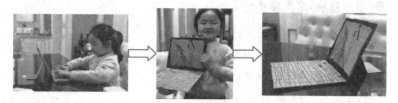

幼儿自己制作电脑

建构区旁的一角最终变成了属于中班孩子自己的娃娃家。

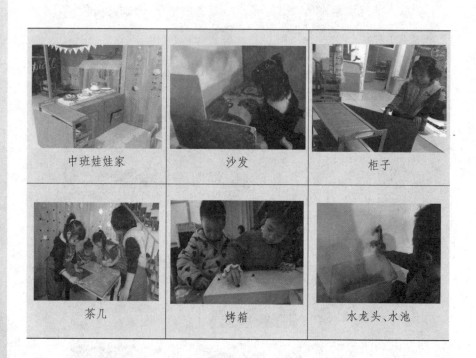

中班娃娃家	沙发	柜子
茶几	烤箱	水龙头、水池

（2）教师关注调整

教师关注幼儿各个维度的能力发展，追随幼儿的"最近发展区"及时调整游戏材料，促进幼儿的发展。以大班编织区为例。

编织是一种比较精细的操作活动，需要左右手灵活地配合操作。幼儿在编织中可以促进思维、审美等能力的发展，并养成耐心、专心的品质。教师在幼儿的游戏中不断调整，从"会"编到"绘"编。

第一阶段：编织融于生活，掌握多样技巧

结合生活中的编织物品，进行编织物品大收集、编织技巧小图示展示和部分编织技巧针对学习，拉近幼儿与编织的距离，使幼儿在编织中掌握一些基本的编织技巧。

上下翻转编织棒冰棍步骤图

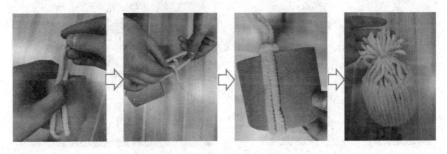

用云雀结编织小帽子步骤图

编织活动技巧及应用

作品	编织方式	此编织技巧的其他应用
小灯笼	利用幼儿口中的缠绕法编织小灯笼	
小新年帽	用云雀结在纸卷芯上编织而成	
中国结	利用幼儿口中的领带法编织中国结	
大新年帽	利用幼儿口中的绕翻法编织新年帽	

第二阶段：应用多种材料，丰富个性表达

编织活动想要有较丰富的内容，材料也是非常重要的一点，幼儿与教师收集、制作了多种功能的编织工具和颜色丰富的线。在编织活动区域，投放了多样的低结构材料，如织布机、各种形状大小的编织工具等。

运用多种材料编织

材料	作用	幼儿表达
织布机	可以自由地创编长方形的作品，并进行组合或者再创作	
圆环	可以编织圆形的编织作品	
支架	可以进行各种绳子的编织	

第三阶段：巧用编织材料，增强编织美感

在编织活动区域，有多种可用于编织名画的材料，如立方体、圆形等编织工具，幼儿利用这些工具对名画进行编织。

名画编织

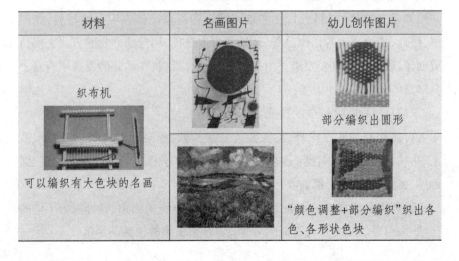

材料	名画图片	幼儿创作图片
织布机 可以编织有大色块的名画		部分编织出圆形
		"颜色调整+部分编织"织出各色、各形状色块

材料	名画图片	幼儿创作图片
环形有支柱编织工具 可以编织有环绕元素的名画		三色线一起织出混色的感觉 调整颜色织出渐变色
立方体支架 可以编织立方体元素的名画		色块组合

4.关注低结构材料的价值

《3—6岁儿童学习与发展指南》在"科学探究之目标1"的"教育建议"中倡导："给幼儿提供丰富的材料和适宜的工具，支持幼儿在游戏过程中探索并感知常见物质、材料的特性和物体的结构特点。提供丰富的材料，如图书、照片、绘画或者音乐作品等，让幼儿自主选择，用自己喜欢的方式去模仿或创作，成人不做过多要求。"由此可见，低结构材料在幼儿的发展中有着十分珍贵的价值。

（1）自然物在区域中的投放

自然物是幼儿在户外、幼儿园能随手捡到、收集到的材料，如叶子、沙土、小树枝、贝壳、木片等，这类材料为幼儿提供了极好的探究材质的机会，触感、视觉、创造力等都被唤起。

教师将自然物投放在美工区、建构区、科学区、植物角、娃娃家等不同的区域，来引发幼儿游戏与表征的可能。以小班玉米种植活动为例。

小班玉米种植活动

区域	材料投放	引发可能的行为
生活区	整根玉米、盘子、塑料刀具等	
种植区	 在土里与水里种植玉米和玉米棒	
美工区	整根玉米、半根玉米、颜料、太空泥、彩纸等	
更多有趣的表达	 玉米须像爷爷的头发　　脱下玉米的衣服	

（2）艺术材料在区域中的投放

艺术材料是深受幼儿喜爱的低结构材料之一，它本身的色彩冲击力就带给幼儿跃跃欲试的互动愿望，幼儿可以运用自己的方式来表达自己。这里以小班美工区为例。

有几个小朋友发现《点点点》这本绘本，他们发现里面有许许多多的圆组合成了各种各样有趣的图形，有苹果、红绿灯、气球……十分有趣。孩子们在白纸上涂涂画画，有了彩色圆的雏形。

美工区圆形材料投放

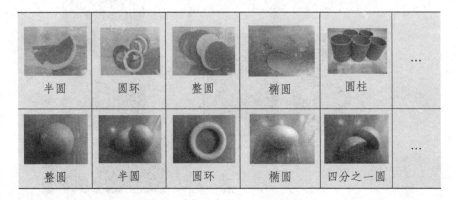

投放与"圆"有关的材料：

辅助材料：为了满足幼儿的创意表达，教师提供的辅助材料应多样化。除了常见的水彩笔、颜料外，生活中的一些材料如瓶盖、毛线、纸杯、吸管等物品都是制作手工的好材料。

美工区辅助材料

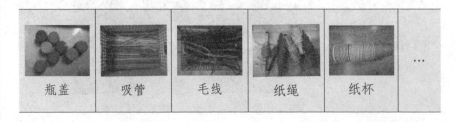

幼儿创意表达：

幼儿创意表达

幼儿在活动中创新思路,使用不同的圆形创作作品	幼儿灵活使用不同形状的圆,丰富自己的作品	幼儿通过圆环本身的造型进行创作,将圆环变成甜甜圈、蛋糕等作品	幼儿根据材料外形进行组合,将圆柱形的纸筒当作房子的身体,球当作房顶,制作了一个城堡

（3）生活材料在区域中的投放

生活材料是来自日常生活,真实、可触摸的物品。它容易获得,且幼儿对它有基本的经验认知。这些材料在游戏中常常被幼儿视为"可替代物",如纸盘、纸杯、牛奶罐、报纸、包装盒、纸筒、围巾、麻绳等,教师将其投放到区域材料之中。以中班建构区游戏为例。

中班建构区游戏

中班建构区游戏：疯狂马路					
游戏预设	目标： 1.能有意识地选择各种材料并进行综合运用。 2.能够根据主题,用平铺、搭建、围合等方法进行有目的的建构,提升空间想象能力、创造力。 3.根据建构材料,发挥想象,尝试拼搭出多种多样的结构形态和建筑物。 4.学会尊重同伴的观点和经验,培养初步的合作意识				
	环境创设： 投放各种材料：低结构材料（各种形状的积木、纸杯、垫板、养乐多瓶、纸筒、纸盒）,情境材料（小房子、自制汽车、马路）。 环境：创设"疯狂的马路场景",创意墙、问题墙以及作品墙				
	泡沫板	一次性杯子	养乐多瓶	纸盒	纸筒

中班建构区游戏：疯狂马路
幼儿的游戏 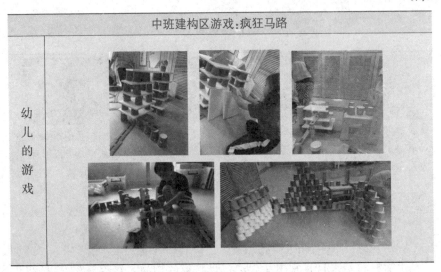

（三）表征留痕的墙面

除了幼儿与材料的互动、表征外，班级环境中所有的墙面也是给予幼儿表征留痕的场域。在这里，幼儿可以和教师一起把自己的作品、故事、话语等内容呈现在墙面上。无声的环境中，我们能用眼睛"聆听"到幼儿的"百种语言"。这些墙面包括主题墙、作品墙和故事墙等。

1. 主题墙

主题墙是主题活动预设与生成的催化剂。墙面主要展示主题活动的内容、发展脉络、相关信息资料等，这些内容均来自幼儿。主题墙是动态的，它随着幼儿在主题中的学习、活动需要而变化。它无声地与幼儿对话，记录幼儿在主题中的经历、引发幼儿探索、清晰主题脉络。

小班主题活动"颜色的秘密"

以绘本《我自己的颜色》为载体，通过对变色龙故事的理解，让幼儿对颜色有了更多的认识。故事中，变色龙的颜色变化以及变色龙去找相应颜色的实物，这些实物是幼儿生活中常见的，有一定的生活经验，因此在变色龙的故事中，我们有了简单的创造：变色龙还会去哪里呢？我们将幼儿的想法画下来，让幼儿来涂颜色并张贴，拓展幼儿的生活经验并呈现在主题墙中。

通过辅助绘本的引入以及与生活经验相结合,设置了一个亲子共同完成的调查表,包括"我喜欢的颜色"和"什么东西是这个颜色的"两个问题。引导

幼儿观察和寻找生活中的事物并张贴在主题墙上,同伴之间会有很多的探讨和交流,更深入地了解生活的颜色。

在主题"玩一玩"中,幼儿用不同的方式体验玩色,作品的展示有悬挂、张贴等,结合开展主题时的季节特点,走进大自然,我们将季节与色彩相结合,玩一玩多彩的树叶:采树叶、树叶喷画、画树叶精灵、给树叶宝宝穿花衣服等,将玩色主题和大自然的树叶融合在一起。呈现幼儿亲自采摘、亲身体验、实际操作和探索的过程。

2.作品墙

作品墙是在教学活动、区域活动中呈现幼儿作品的墙面,包括美术作品展示、建构作品展示、自制书籍展示。有些是教师为幼儿创设的自主摆放作品的区块,有些则是教师将幼儿的作品进行组合、装饰、加工后呈现出来的作品墙。

作品墙

3.故事墙

故事墙是各班教师在"童画童语"课程中,集中展示的幼儿课程故事的场域。以小主题或区域的形式开展,利用一块墙面来记录幼儿在其中与同伴、教师、父母发生的故事,通过图画、文字、照片等形式记录下来。

故事墙

特色故事墙

我和颜色宝宝做游戏

主要呈现了幼儿在主题下自主阅读一本主推绘本和三本重要绘本,呈现幼儿同爸爸妈妈一起运用吹画、滚画、印画、拓画的方式进行玩色的过程与成果,记录爸爸妈妈在家长会中体验特色主题时的游戏内容。

小黄和小蓝

主要呈现了绘本推荐及游戏的过程性。在墙面的下面展示了颜料水摇一摇,将教学活动渗透到环境当中,幼儿可以自行操作。魔法水晶球这个环境来源于变一变的成果,幼儿亲自做实验,观察水晶球的成长。

第四章　活动支持

——支持幼儿多元表达的核心系统

内涵、特征与架构

一、内涵

以幼儿为本位，通过"与书对话""与画对话""与乐对话"等多种互动，激发幼儿的自主表现，以作品为媒介，帮助每个幼儿将看到的、听到的、碰触到的转化为自身的经验，以自己的学习方式感受、表达、创意。通过幼儿的情绪情感、生活体验来想象和创造出多种多样的认识、交流的表现手法和表现形式，在不同层面交织、互动，所表现的是幼儿自己的意志想法与创意创想，从而获得愉快的审美感受，内化成属于自己的学习经验。

二、特征

我们捕捉对话教育的核心理念，渗透在我们的课程样态之中，有以下五个方面。

（一）双向对话

课程中的幼儿、教师、家长三者关系是平等的、双向的。这是课程样态的基础，是课程中师幼关系、家园互动建立的关键。在双向对话中，教师尝试了解幼儿的兴趣、家长的需求，幼儿尝试向成人主动表达意愿和想法，家长也作为课程的主体之一参与其中。双向交流互动中也包含了彼此间的互动、沟通与合作。

（二）多元包容

在课程实施中，教师、幼儿、家长都尝试接受不一致性。尊重幼儿在其中的表现和思维方式、游戏方式、说话方式，理解并认同幼儿与众不同的表达内容。在对话中打破封闭的状态、固有的思维，带着惊奇与惊喜发现幼儿身上的闪光点。

(三)领域融合

在课程内容的选择上，在顺应与支持的基础上，关注与幼儿生活相契合的经验获得，围绕《3—6岁儿童学习与发展指南》，根据儿童发展的五大领域——健康、语言、社会、科学和艺术——及其不同年段的发展参考指标，来设定课程内容与具体活动目标。

(四)亲历体验

体验是幼儿与世界对话的一种方式，在课程中，幼儿运用感官、身体、动作等在亲身经历中得到发展，生活、学习、游戏都是他们的体验通道，在其中获得大量的情绪情感信息，从而获得有质量的小步发展，在体验中激发幼儿的多元表达。

(五)深度探究

课程的出发点是幼儿的动机与兴趣，探索动机(好奇的倾向和实验的愿望)是开展课程的契机之一。我们的课程给予幼儿丰富的探索空间与教师支持，与幼儿的动机和兴趣对话，搭建幼儿主动学习的脚手架。如《好大的萝卜》绘本引发中班幼儿对萝卜的探究，荷兰画家蒙德里安的名画引发了大班幼儿对蒙德里安本人的深入探究。

三、"三话三共"理念与架构

基于对话内容与对话方法的课程样态的思考，聚焦对话内容，我们明确"三话"的通道通过三条路径进行，各条路径中使用适宜的通道与活动输出形式，达到"三共"(共情、共赏、共鸣)状态，支持幼儿的多元表达。

"三话"包含与画对话、与书对话、与乐对话三条通道，寻找适宜的名画、绘本以及自然素材，结合幼儿的不同年龄特点，借助不同的载体，打造特色活动，以主题活动、项目活动推进，支持幼儿的多元表达。

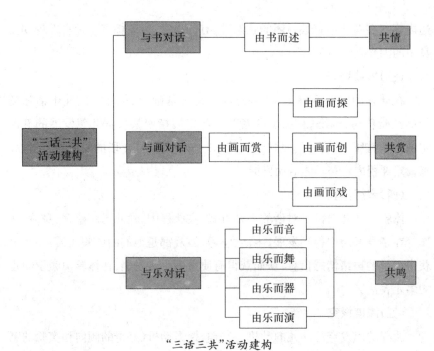

"三话三共"活动建构

与 书 对 话

《幼儿园教育指导纲要(试行)》提出:"引导幼儿接触优秀的儿童文学作品,使之感受语言的丰富和优美,并通过多种活动帮助幼儿加深对作品的体验和理解。"绘本作为幼儿的"人生第一书",被公认为幼儿早期教育的最佳读物。近年来,绘本阅读已经成为全世界儿童阅读的时尚。通过与孩子们一起分享绘本故事,能有效地促进幼儿的语言、肢体动作、人际交往、音乐、内省、自然观察等多元化表达的开发,全面帮助幼儿建构精神。

与书对话,就是教师利用多样化的手段,将绘本中多元化的教育思想与教育资源充分利用起来的过程,是发挥绘本多元化优势的一种途径,也是绘本在幼儿教育中发挥重要作用的形式。绘本本身是一个蕴含多元化教育资源的丰富宝库,因此以绘本为基础的绘本教学天然地具有多元化的教育资源。根据加纳德的理论,我们可以看到,人类的智能被划分为八个范畴,作为帮助幼儿智能发展的绘本及绘本教学,同样有着类似的多元化教育资源来辅助幼儿智能发育。对绘本的多元化教育资源做总结,可以将绘本教学的多元化教育资源分成五个领域:健康领域、语言领域、科学领域、社会领域和艺术领域。

一、书的精选

绘本教学中,要发挥绘本的多元化教育资源优势,充分利用绘本,首要的环节还是在于绘本的选择。绘本本身蕴含着多元化的教育资源,但在绘本教学中还是存在侧重点的。有的绘本教学着重于培养幼儿的语言能力,因此绘本教学中以讲述、让幼儿复述、互相描述等手段为主;有的绘本侧重于科学能力的培养,这样的绘本教学一般会采取实验演示,并让幼儿接触的形式来展示；以艺术领域为侧重点的绘本教学，一般采用的是手工、美术、音乐的形式，这样的绘本教学在培养学生的艺术感觉上具有良好的效果；对于侧重社会领域的绘本教学，一般较为广泛采用的都是游戏形式，组织幼儿合作游戏，可以培养他们的社会能力；涉及健康领域的绘本，在绘本教学的时候，一般都以培养幼儿的健康卫生习惯、体育游戏为主。

总之，教师在绘本教学的多元化中发挥着非常重要的作用，各个领域也是相互交错的，很多绘本可以用一个领域的内容来诠释，也可以用其他领域的内容来教学，绘本教学需要灵活机动地发掘其中的多元化教育资源。选择合适的绘本需要符合以下几项原则。

第一，和美性原则。我们以"和美"为标尺进行绘本甄选。和，即和谐，匹配儿童的发展经验，如幼儿的年龄特点、个性差异，发展速度等。美，即价值，从绘本中捕捉、发现符合幼儿发展水平的、富有教育意义的语言、艺术等多方面的学习经验和能力对绘本进行筛选。

第二，适宜性原则。绘本需要符合幼儿的年龄特征。小、中、大班应根据其逻辑思维程度选择适合的绘本。不同年龄的幼儿需要选择适合不同年龄阶段的绘本，事实上，很多绘本的作者在创作绘本的时候就已经指定了适应年龄。幼儿的逻辑思维能力是随年龄阶段性成长的，在绘本的选择上也应当尊重这一点，避免出现理解不了或者不以为然的状况。同时，绘本在内容上应具有一定的层次性，提供开发利用的深度，以利于课程的延伸。这里之所以这样提，针对的是幼儿园的绘本教学而不是绘本阅读。从教学的角度出发，一个绘本的内容需要有层次性，能够在不同阶段开展不同的教学内容；能够层层推进地开展教学，不断尝试不同层次的绘本教学，因此需要有一定层次性的绘本，不能过于浅显。

第三，全面性原则。全面性指的是绘本的内容、形式等力求丰富，如知识性的、情感性的、哲理性的、科学性的等，尽可能涵盖幼儿生活、成长的方方面面。绘本的内容不能够单一，单一的绘本内容不仅会影响幼儿学习兴趣的提高，同时也不利于幼儿情感的全面发展。因此，教师要掌握丰富、全面的绘本内容，让幼儿能够在绘本阅读中拥有更多的感受和收获，从而促进幼儿更加全面的情感发展。

第四，延展性原则。适合进行主题活动的绘本应尽可能涵盖五大领域，即语言、艺术、科学、社会和健康。这样在进行主题活动时，才能使幼儿全面发展。作为教学使用的绘本需要有很强的适应性，从某种程度而言，只有富含各类元素的绘本才能受到最大限度的欢迎，也就是说，选择内容丰富的绘本不仅能满足幼儿不同方面的需求，也有利于开展课程。

依据这些原则，我们将绘本按"情绪情感""创意变奏""品格养成""自然科普"四个板块进行分类，收集相关的绘本，由此打开幼儿阅读、游戏的天地。

"与书对话"绘本分类

与 书 对 话			
情绪情感	创想变奏	品格养成	自然科普
亲情	歌舞	换位思考	中国文化
我爸爸	跳舞吧，小雅	爱老爹	谁偷了包子？
友情	色彩	互助合作	四季如歌
不生一时	点	月亮的味道	轻敲魔法树 TAP the MAGIC TREE
生命	游戏	勇敢自信	自我认知
小弟弟要来了	胡写乱画	长颈鹿不会跳舞	我们身体里的"洞"
管理	想象	乐观感恩	保护自己
菜菜生气了 一个豆，爱你数你数	好大的胡萝卜	长鼻子饿了！	嘀嗒谁来了
...	...	...	...

情绪情感类绘本可以让幼儿在书中找到情感共鸣。小班的幼儿可以感受家庭成员和同伴的温暖；中、大班的幼儿则开始寻找自我情绪管理的秘密、生命的秘密，有了成长的认同与渴望。

创意变奏类绘本可以激发幼儿无限的想象。幼儿跟随绘本中有趣的情节大胆想象，幻化成语言、肢体动作、艺术创作的不同表达。

品格养成类绘本可以让幼儿在阅读中感受换位思考、互助合作，学习绘本中的角色榜样，让自己一小步一小步变得勇敢自信、乐观向上。在一个个看似平常的故事中体验乐趣、获得成长。

自然科普类绘本是幼儿与自然对话的一把钥匙。直观的画面、易懂的语言、生动的对话，把科学知识带给每一个幼儿。四季变化、文化演变、自我认知……承载着先人的智慧与结晶，激发幼儿对话世界的愿望。

二、由书而述

（一）导入式

导入的意思是教师借助一定的方法与手段引导和带领幼儿进入活动，让幼儿对学习产生浓厚的兴趣，主动而愉快地学习，从而把带领幼儿学变成幼儿自主探索。绘本的种类、涉及的内容非常宽泛，每一本绘本想要表达的意义各有不同，所以，绘本教学设计中导入的策略不应该是固定的、程式化的，而应该分析绘本价值、幼儿需求，确定目标，根据目标创造性地组织活动，设计出具有特色、符合幼儿学习特点及实际教学背景的导入策略。

1.经验导入

所谓经验导入就是从幼儿已有的生活经验出发，教师通过生动而富有感染力的讲解和提问等方式导入，如果绘本内容与幼儿的生活经验相关联，那么采用这种经验导入会使幼儿产生一种很亲切的感觉，引起幼儿的求知欲望。

例如，在小班主题活动"顽皮一夏"中，从生活经验"我知道的夏天"导入了绘本《水的旅行》。以绘本《水的旅行》为主线，开展一系列与水相关的游戏活动。开启绘本的前半部分，引出话题：水从哪里来？从观察发现生活中水的由来出发，通过"莲蓬头""宝宝爱洗澡""自来水管""神奇的水流"等游戏,初步感知生活中水的流动,帮助幼儿梳理经验;借助视频《水从哪里来》,开展"小水滴旅行记""小小雨点""下雨了""大雨小雨"等活动,进一步感知自然中的水是从哪里来的。接着运用绘本《水的旅行》后半部分,引出话题:水到哪里去了?通过游戏"水不见了"等初步感知水不见的自然现象。我们通过感知、探索、体验三条通道,步步增趣,带给孩子不一样的体验。

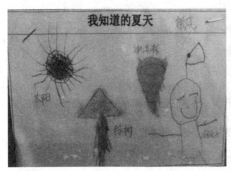

"我知道的夏天"幼儿画

　　幼儿在寻找凉快的方法时,令他们感兴趣的是玩水和游戏。喜欢玩水是幼儿的天性,基于幼儿的兴趣和年龄特点,我们开启了有关水的主题活动,体验了一系列水的游戏。我们通过两条通道,让幼儿探索和体验水的特征。

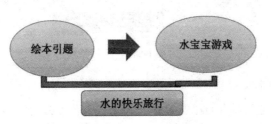

探索和体验"水的特征"两条通道

　　幼儿在绘本中发现了很多有关水的秘密,太奇妙了!
　　小水滴到处旅行,我们与幼儿进行了一场"小水滴旅行"大讨论。

"小水滴旅行"大讨论

幼儿有许许多多和水宝宝玩游戏的方式，我们也预设了一系列的集体活动与户外游戏，让幼儿与水宝宝再次近距离接触，感受和水宝宝一起做游戏的快乐。随着主题的推进，幼儿开始和水宝宝一起做游戏。我们结合室内、室外的游戏，让幼儿感受和水宝宝不同的游戏方式，引导幼儿表达和水宝宝玩游戏的过程中自己的想法。

"小水滴旅行"的游戏

2.故事导入

绘本不是让幼儿自己看的书，教师应先为孩子读故事，再用比较戏剧化的方式来呈现整个作品。在绘本阅读教学中，教师带着感情用自己的声音读出绘本故事，用动作、神态辅助语言来"演"故事，用生动、夸张的手法来呈现故事，阅读的快乐、喜悦和美感才会淋漓尽致地发挥出来，留在幼儿的记忆当中。

例如，在中班主题活动"萝卜展览会"中，前期我们从探究入手，开展多种形式的活动，让幼儿发现萝卜的秘密，包括颜色的秘密、形状的秘密、花纹的秘密和身体结构的秘密等。

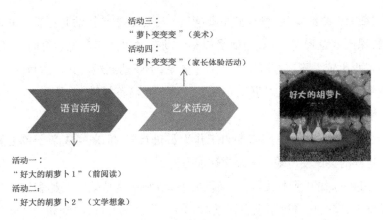

活动三：
"萝卜变变变"（美术）
活动四：
"萝卜变变变"（家长体验活动）

语言活动 → 艺术活动

活动一：
"好大的胡萝卜1"（前阅读）
活动二：
"好大的胡萝卜2"（文学想象）

"萝卜"主题活动

　　活动过程中出现了一本核心绘本《好大的胡萝卜》，我们围绕绘本开展系列活动。绘本激发了孩子们的想象，他们笔下的胡萝卜故事千奇百怪、生动有趣。在"萝卜展览会"开展过程中，教师围绕萝卜展览会开展的情境，在三张线索单的助推下开展活动，一个环节一个环节地层层递进，萝卜展览会逐渐推向高潮。

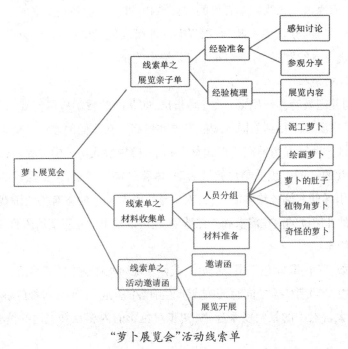

"萝卜展览会"活动线索单

"纸上得来终觉浅，绝知此事要躬行。"一张线索单让幼儿更有目的地去探索，深入展览现场，直观地感受展览的动态过程。在参观展览时，大家发现的东西比较零碎且有所不同。通过分享，不仅达到经验共享的目的，而且在教师的帮助下，幼儿对展览布局、展览内容、展览规则、人员职责、展览后的心情分别进行了梳理。

在参观展览中，他们需要与工作人员进行互动，来完成亲子单上的内容。这样的尝试使得幼儿人际交往能力得到提升。

经过一周的"萝卜展览会"活动实践，教师在遵从幼儿兴趣和游戏规则的基础上，有效地推进了项目活动"萝卜展览会"的开展，教师和幼儿间的情感在活动中也得到了提升。"萝卜展览会"活动，对于幼儿来讲是一路的"初体验"，这都是幼儿成长的点滴。经过前面的一些分享活动，在展览会这个特定的情境中，幼儿从家长引导记录到自己主动记录，从单纯的图画表达到加入了符号，丰富了表达经验，并且在书面表达后，能够将自己表达的东西用起来，达到为自己的语言表达提供支撑的目的。幼儿对这项活动充满了兴趣，他们通过三张线索单有目的、有计划地进行探索并坚持完成。在快乐的探索中，有时候需要不断尝试，提升幼儿解决问题的能力，能通过自发的实践促进自身的发展，对于幼儿来讲是快乐的收获。

3. 游戏导入

《幼儿园教育指导纲要（试行）》指出，幼儿园的教学应以游戏为主要向导，孩子在游戏中得到不同程度的发展和提高。在我们的教学活动中，将教学与游戏这两种互为补充的形式整合起来，模糊游戏与教学的界限，让幼儿能在游戏的氛围中积极参与教学活动，体验愉快的情绪、自主探索的趣味。所以在引导幼儿阅读绘本时，有针对性地设计与阅读绘本有关的游戏情境，能调动幼儿阅读的内在需求和探究欲望，还可以给予幼儿真实的体验，帮助幼儿理解绘本。

例如，在小班"玩色王国"活动中，我们发现幼儿将绘本阅读热情迁移到玩色游戏中，在欣赏绘本的同时，也能够产生有趣的玩色活动，使各种色彩与五彩缤纷的大自然中的景物联系起来，初步对色彩的内涵及其表达的情感有所了解。

案例 **涂鸦兴趣萌芽**

在区域活动中,高高小朋友在阅读吧看书,她选了一本《变变变》很认真地看。她一边翻着书,一边念着"变变变,变成红色;变变变,变成绿色……"同时手还握成拳头在地垫上边说边做出印画的动作。

从这个活动中发现,小朋友在阅读绘本的过程中对涂鸦有了兴趣,出现了把绘本上的内容迁移到玩色活动中的动作。

案例 **变变变,变出小花朵**

区域活动开始,教师在绘画区桌面上放了很多作画材料,如颜料、各种拓印工具、笔、棉签等,还有画有树干的纸张。教师告诉小朋友今天玩色区的主题是"春天来了",引导小朋友让树干开出漂亮的小花。心怡小朋友没有用老师提供的工具,而是用手指点点点,在色彩的选择上不再只选择单一色,有两种颜色混合在一起,让树干开出了漂亮的小花。

在这次活动中,教师为幼儿提供了各种各样的工具和材料,供幼儿自由选择,但是因为幼儿有了自己的想法与需要,积极地从绘本中寻求色彩元素以及作画方式,自主进行创作,不再跟着教师的思路活动。

教师将绘本引入玩色游戏中,开展多种形式的玩色游戏,将幼儿的绘本阅读热情迁移到玩色活动中,在欣赏绘本的同时,也能够产生有趣的玩色游戏,通过绘本的情境激发幼儿的创作兴趣,结合绘本的内容使幼儿的作品更有美感、更丰富,同时也能进一步加深幼儿对绘本的理解。绘本中的内容多种多样,幼儿能够从绘本中挖掘自己喜爱的内容、玩色方式、色彩等进行创作,增加了对玩色游戏的兴趣;在玩色游戏中加入绘本的情境铺垫,能够激发幼儿的创作欲望;有效地利用绘本资源,将幼儿看到的素材通过玩色游戏表现出来,能够使幼儿的作品更有美感、更丰富。

在绘本支持下,幼儿的作品不再是单一的、没有目的的涂鸦,而是有想法、有意义、有故事的创作。从一开始幼儿对绘本的初步体验到玩色的体验(用艺术的形式表现出来),最后进一步理解绘本。

案例　西西小朋友的作品比对

常规玩色	绘本支撑	绘本情境支撑
单一的方式涂鸦	绘本《颜色的秘密》的玩色活动:有目的地观察黄、蓝、红混合在一起的颜色变化	绘本《变色龙走啊走》的玩色活动:有目的地续编故事内容

西西小朋友之前的作品单一,表述不明白,原本是随意涂鸦。而在绘本支撑下的玩色活动所呈现的作品画面更丰富,孩子不再是无目的地随意涂鸦,而是有目的地探索颜色的秘密,并且能清楚地介绍自己的作品,延续了绘本故事的内容。

由此我们感受到,幼儿表现美的形式是多样的,欣赏美的方式也是多角度的。在玩色游戏过程中,我们注重的不是结果而是创作的过程。当一幅幅充满着奇妙想象的绘画作品展示在眼前时,我们仿佛看见了一个个小毕加索。孩子们自主而快乐地玩,绽放出开心的笑容。在绘本的浸润下,孩子们玩色更为大胆;在玩色的创新中,对绘本的理解也更为深入。

4.情境导入

《幼儿园教育指导纲要(试行)》明确指出:"发展幼儿语言的关键是创设一个能使他们想说、敢说、喜欢说、有机会说并能得到积极应答的环境。"创设让幼儿有话可说的教学情境,是语言教学活动的关键之一。在绘本教学实践中,我们可以有意识地通过直观教具、角色扮演、音乐渲染及多媒体手段等引导幼儿将情境与绘本内容相结合,在情绪上感染幼儿,使幼儿对绘本产生想读、会读、喜欢读的情感。

幼儿年龄小,其认知发展水平有限,游戏、趣味、具体形象的情境容易被他们接受,游戏情境化的活动背景对他们就太合适了。

● 运用绘本营造情境的游戏性

我们往往会选用绘本作为情境建设的最大支架。绘本是幼儿生活中不可分割的一部分,现在的家长越来越注重幼儿亲子阅读,因此幼儿已经有了自己熟悉、固定的绘本。这样的选择比较能引起他们的共鸣,能在最短时间内让他们专注于活动中,赋予幼儿无限的遐想空间。同时,绘本本身就是一部完整的作品,标志着它的成熟度,在使用时也能较好地营造氛围。绘本情境与普通情境不一样的地方在于,它是选用幼儿熟悉、能接受、容易被喜欢的绘本或角色而建立的情境。

绝大多数绘本在用色、构图上已经是一件艺术品,在使用的过程中,除了带给幼儿情境外,更带给他们艺术般美的享受。这也是一种视觉体验。

例如,小班印画活动"苹果丰收了"就是选用小班孩子熟悉的《想吃苹果的鼠小弟》这本绘本作为活动情境的。活动以一只爱吃苹果的鼠小弟开场,来到苹果树下,苹果不够吃怎么办? 作为活动开展的线索,引发幼儿开展印画活动的兴趣与愿望。

● 角色代入增加情境的连贯性

有了有趣的绘本情境，教师的角色代入会增强氛围及提升整个活动的连贯性，幼儿在情境中时时与角色进行对话，边玩边体验，边游戏边感知。将传统生硬的教学模式柔软化、趣味化，让幼儿从被动学习向主动学习转变。我们从小班印画活动"苹果丰收了"教案中就可以看出，教师自始至终都是以鼠小弟的角色口吻进行有效的提问设计，与幼儿进行互动。

小班美术活动"苹果丰收了"活动过程案例简录

1. 你好，鼠小弟。

师：这是谁？鼠小弟，你好吗？

2. 鼠小弟怎么了。

师：鼠小弟看见了什么？鼠小弟要去苹果园吃苹果。

3. 好吃的苹果印出来。

师：我最喜欢吃苹果了，只有两个不够吃。你能帮帮我吗？(教师示范，个别幼儿尝试)

4. 好吃的苹果长出来。

师：你们帮我长出了这么多苹果，我太喜欢了，快搬过来送给我吧。

师：哇，好大的苹果树哇！谁印了红色的小苹果？谁印了绿色的大苹果？(教师边问边分苹果)

5. 吃苹果去了。

师：鼠小弟摘了许多苹果送给大家吃。我们把小手洗干净，苹果洗干净，一起吃苹果去吧。

从案例中可以看出，教师从第一部分到最后一部分一直以鼠小弟的角色代入与幼儿互动，小班幼儿对这种方式十分感兴趣，当他们知道可以帮助鼠小弟时纷纷踊跃参与，活动的积极性一下子提高了。

●连接生活扩展情境的内涵

在使用绘本情境的时候还会出现一种情况，就是直接将绘本拿来使用，没有联系幼儿原有经验和实际情况。我们在使用绘本情境时要注重绘本与幼儿之间的联系，合理地使用。

再以小班印画活动"苹果丰收了"为例，我们将小班幼儿在生活中对苹果的认识经验相连接，主要在欣赏感知部分和评价延伸部分进行了调整。

绘本在"苹果丰收了"活动中的运用

	内容	说明
欣赏感知	想吃苹果的鼠小弟 替换 →	在欣赏部分，我们用真实苹果图片替换原有绘本中的苹果形象。让幼儿的感知更具真实性，提升幼儿的认知水平
评价延伸	将幼儿作品组合起来，一起欣赏。 师：哇，好大的苹果树哇！谁印了红色的小苹果？谁印了绿色的大苹果？（教师边问边分苹果）	在评价环节，我们围绕美术活动感知重点如大小、颜色来与幼儿进行情境性互动。在互动中，我们拿出苹果送给幼儿。幼儿在接到苹果时主动辨认颜色，以及与同伴比较手中苹果的大小。幼儿的感知体验在绘本情境中得到提升

幼儿对艺术的表现往往是出于本能，它是幼儿情绪和心理最直接的反映。特别对于直观形象思维的小班幼儿来说，创设具体形象的游戏化玩色活动提供给他们自由创造的舞台。稚嫩、懵懂的小班幼儿在这个玩色世界中大胆地去触摸、选择、创作，借用活动表达自己的生活、兴趣爱好、情感诉求，激发了他们渴求表达的意愿，并提供了表达的方式。同时他们在活动中得到快乐，促使他们形成自信、积极、敢于展示自我、表达自我、创造自我的个性，构建出一个健康平和的内心世界。

儿童美术就是儿童自我表达"一百种语言"中的一种语言，可以使他们把自己的想象、愿望变成可见的作品呈现出来。幼儿根据自己的生活经验和年龄特点进行具体创作联想，而这种联想便转化为一种符号出现在艺术创作中。

（二）助推式

绘本以其有趣的童话情境、直观的画面和简洁的语言深受幼儿的喜爱。其内容往往贴近幼儿的生活，具有艺术性、文学性等特点。绘本的特点与幼儿的心理特点相契合，因此能唤起幼儿阅读的欲望，而绘本不仅仅局限于早期阅读中，还可以运用于主题活动、游戏活动和生活活动中。在实际教学中，教师应将绘本教学与现有的活动进行整合，拓展绘本在教学中的运用价值，从而发掘绘本教学的更大作用，以助推游戏活动、主题活动和生活活动。

1.游戏活动助推

跳房子游戏是幼儿喜欢的一种体育游戏，幼儿可以从中锻炼单双脚交替跳、平衡和投掷能力。但是，随着游戏的反复进行，幼儿逐渐降低了对于跳房子游戏的兴趣。这时，教师可以从三个方面做出改变：寻求开放，跳出多变材料；寻求改变，跳出多样玩法；寻求奇幻，跳出创意空间。这三者结合共同促进幼儿在健康、美术、数学等方面的多元发展，逐渐形成了一个新跳房子游戏。以绘本作为重要助推手段，跳出创意空间。跳房子游戏不仅仅是一个简单的体育游戏，在绘本《跳房子》的辅助下，跳房子跳出了真实的世界，在小朋友富有奇幻色彩的幻想中产生了一些奇妙的故事。

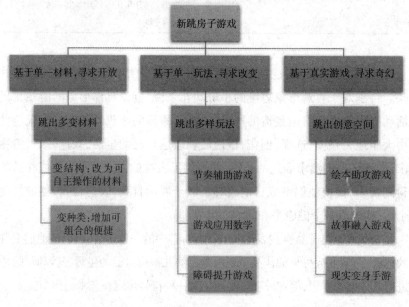

新跳房子游戏的架构

《跳房子》绘本中,浇浇在跳房子时发生的神奇故事,刺激了幼儿已有的游戏经验,丰富了幼儿对于跳房子游戏的想象。

绘本《跳房子》

午饭后,卡卡拿出了绘本《跳房子》与大家分享。卡卡说:"我妈妈给我买了一套绘本,都是讲游戏的,里面就有跳房子游戏。"希希说:"这里面跳房子游戏好神奇呀,浇浇跳到了'爱丽丝梦游仙境'的故事里面。"大为:"还有红桃皇后。"

绘本《跳房子》是保冬妮中国风绘本游戏篇中的一本。浇浇在跳房子时一只脚跳进了格子里,没想到掉进了"爱丽丝梦游仙境"的世界,这个奇幻的情节让幼儿产生了莫大的兴趣。那么,幼儿的跳房子游戏能不能在绘本的辅助下产生奇幻的改变呢? 教师与孩子们分享了这本绘本。

嘉律在语言区时,跟嘟嘟分享他创编的跳房子故事。他说:"我玩了跳房子游戏,我也跳到了'爱丽丝梦游仙境'的故事里,我还收到了扑克牌士兵送我的花呢。"

绘本的加入让幼儿对跳房子游戏有了更多的想象,跳房子的故事在创编中越来越丰富。跳房子游戏在他们心中也不仅仅是一个体育游戏了,充满了奇幻色彩,知道跳房子游戏也可以这样富有故事情境。同时在这个绘本感受的过程中,大大地增加了幼儿对于跳房子游戏的兴趣,提高了幼儿的想象力和表达能力。

教师通过绘本《跳房子》,丰富、激发了幼儿对于跳房子游戏的想象,幼儿不满足于只是用语言来表达这个想象,而是想将故事放到真实的跳房子游戏中。

第四章 活动支持

案例 我的仙境故事

　　区域游戏时间，豆芽从老师那儿拿了一张纸，在纸上绘制她的仙境故事："我跳到仙境里，看到一个扑克牌人在打蘑菇，但是蘑菇越长越大，扑克牌人拿枪打也打不死。"其他小朋友也开始模仿。

幼儿创编的跳房子故事画

　　他们不满足于用语言表达自己的想象，同时运用绘画的方式进行创编。那么，这样的奇幻创编是否可以应用到跳房子游戏中，与跳房子游戏相结合呢？教师与幼儿一起以"有故事的跳房子"为题展开了活动。

"有故事的跳房子"游戏案例

图片记录	案例描述
	把沙包——扔到小树的格子里，她单双脚跳过去，做了个摇小树的动作，然后拿起沙包跳回来。再一次，她把沙包——扔到了房子的格子里，将手放到了头上，在房子里躲雨。第三次把沙包扔在了椰子树的格子里，她摇了摇椰子树，想要把椰子摇下来
	图图把沙包扔到了小花的格子里，他单双脚跳过去，把小花拿起来，鼻子凑过去闻了闻，然后拿起沙包跳回来

有了故事情境的设置，幼儿的游戏过程变成了可变的、无法预知的，每次把沙包扔到不同的格子里，就可能发生不一样的故事，非常多变，这使得幼儿的跳房子游戏更富有魅力。

幼儿将故事放到了真实的跳房子游戏中，这是非常有趣的。但是幼儿不满足于只能在较大的空地进行跳房子游戏，于是将跳房子游戏设置成了用手操作的方式。

区域游戏时间，嘟嘟在建构区搭房子，嘟嘟跟乐乐说："要是跳房子游戏也能在教室玩就好了。"

跳棋是幼儿喜欢的一个游戏材料，有促进幼儿思维能力的作用。跳房子游戏因为受到空间的限制，不能在教室里进行。那么，跳房子游戏是否可以缩小？是否可以在区域内任意进行游戏？教师与幼儿一起在纸上围绕一个主题设计房子，运用小人进行跳房子游戏。

幼儿创作跳房子游戏规则案例

图片记录	游戏规则
	遇到王子往前跳2格，遇到雪宝往前跳2格，遇到安娜往前跳1格，遇到爱莎往前跳2格，看谁先到最后一格屋顶，就可以得到一套装备，有皇冠、裙子、项链
	遇到剑龙可以前进2格，遇到吃肉的霸王龙会吃你，要后退1格，遇到圆圈可以获得一根草，速度快的小朋友到达屋顶时，谁的草多谁赢
	跳到剑龙的格子里可以前进2格，跳到霸王龙的格子里可以获得一只鸡腿。遇到偷蛋龙要退2格，但是可以获得一个蛋，速度快的小朋友到达屋顶时，谁的鸡腿和鸡蛋多谁赢

超越了空间的限制，产生了在教室就可以用手玩的跳房子游戏。在游戏中，幼儿需要点数前进的步数，点数获得的物品，并在游戏结束时进行比拼，有效地促进了幼儿手眼协调、点数和比大小的能力。

跳房子游戏本身能够促进幼儿单双脚跳、投掷这些运动能力的发展。在此基础上，跳房子游戏通过与节奏、数学和绘本等内容相结合，生成了"有规律的跳房子""有情境的跳房子"等新跳房子游戏，这些游戏促进了幼儿想象力、语言表达能力等其他领域的发展。

2. 主题活动助推

绘本主题活动就是以绘本作为媒介载体，根据幼儿的行为特征，选择适合的绘本，在此基础上制订出合理的教学活动方案，组织幼儿阅读绘本、进行角色扮演等各种形式的教育活动。幼儿在阅读绘本的过程中，会从中模仿故事人物的语言和行为方式，从而起到干预幼儿的思维和行为的预期作用，引导幼儿进行多元表达。

申花实验幼儿园尝试根据幼儿的已有经验出发，根据绘本为幼儿经验获得的内容、媒介和支架，对绘本资源进行梳理、分析，结合幼儿的年龄特点和已有经验，捕捉提升幼儿经验的资源线索，帮助幼儿获得新经验的新主题活动。申花实验幼儿园拥有充足的绘本资源，教师喜欢绘本，幼儿喜爱绘本，家长欣赏绘本。因此，依托绘本资源开发的线索式主题活动，是幼儿成长、教师成长、园所成长的助推器。所谓线索式主题活动，特指利用绘本内容、画面、语言文字等能促进幼儿学习与发展的优质资源，寻找绘本中符合幼儿经验增长点的要素，以儿童的兴趣和经验发展为线索，以促进幼儿在语言、艺术等方面获得有效发展的主题活动。如"好大的胡萝卜""长长的……""小青花"等主题活动。

"起"之线索：主题活动开展的第一步，基于经验。关注幼儿原有经验，以幼儿的原有经验为起点，对幼儿的年龄特点、发展需要进行分析，在此基础上进行有针对性的活动设计和跟进。

"承"之线索：主题活动开展的第二步，丰富经验。关注经验提升的方法，为帮助幼儿提升原有经验，通过多种相关的活动来帮助幼儿丰富原有经验。如对于绘本中某一类语汇经验的感知、理解与运用，教师通过相关的集体教学活动、专项活动等来帮助幼儿获得新经验。

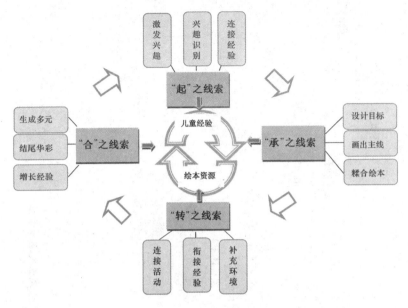

依托绘本资源开发线索式主题活动的路径

"转"之线索：主题活动开展的第三步，巩固经验。关注经验稳定的方式，在丰富的基础上，要给予幼儿进一步理解、掌握和运用新经验的机会，因此在主题活动的设计中，经验线索不仅是集中在集体教学活动中，也渗透在幼儿的游戏、日常活动当中，从而为幼儿巩固经验提升实践场。

"合"之线索：主题活动开展的第四步，形成新经验，关注经验的有效增长。

在线索式主题活动的构建中，每一个活动并不是单独存在的，即主题当中的集体教学、游戏、活动，都是基于主线索下的关联活动。主线索即以某一有益经验为核心的发展线索。而这些关联都是基于幼儿某种有益经验生成与发展的。这些关联的预设起到的作用：一是巩固经验。孩子的学习和发展并不一直是线性向上的，因此需要活动的关联性铺陈来巩固孩子的学习，保证主题实施质量的有效性。二是持续发展，即学习的深化和运用。下面是线索式主题活动"好大的胡萝卜"儿童经验发展线索图。

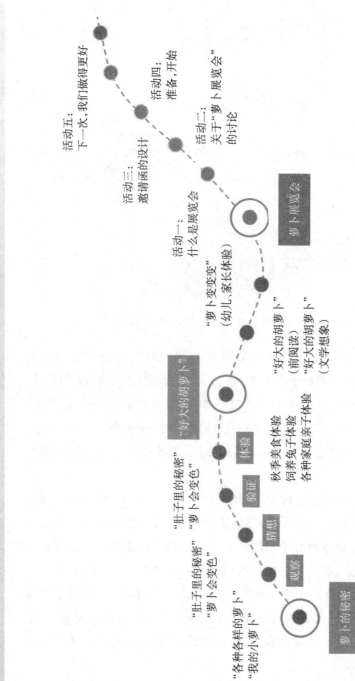

线索式主题活动"好大的胡萝卜"儿童经验发展线索图

活动五：
下一次，我们做得更好

活动四：
准备，开始

活动三：
邀请函的设计

活动二：
关于"萝卜展览会"
的讨论

活动一：
什么是展览会

萝卜展览会

"萝卜变变变"
（幼儿、家长体验）

"好大的胡萝卜"

"好大的胡萝卜"
（前阅读）

"好大的胡萝卜"
（文学想象）

"肚子里的秘密"
"萝卜会变色"

体验

验证

秋季美食体验
饲养兔子体验
各种家庭亲子体验

"肚子里的秘密"
"萝卜会变色"

猜想

观察

"各种各样的萝卜"
"我的小萝卜"

萝卜的秘密

116

线索式主题的开展使幼儿的思维越来越活跃,表现欲望强烈,同时他们的感知能力、审美表现能力、创造能力都有了不同层次的提高,时时迸发出奇思妙想,创造属于自己的作品。更重要的是,他们在不断地自主建构技能,如在"小青花"主题活动中,孩子们第一次绘制的小青花和之后创造性表现的小青花图案,不仅花纹有了更多的变化,如人纹、景纹,甚至还有他们所理解的"相亲相爱"的纹路。在自由、快乐的环境和气氛中,幼儿的创造意识得到了充分发挥。

幼儿的青花瓷作品

3.生活活动助推

申花实验幼儿园将生活活动融入课程之中,将"与书对话"渗透到一日生活的方方面面。书中的角色所带来的好习惯、好品质、礼貌对话,都是被教师敏感捕捉,融入幼儿的生活之中的。

点名环节易变成单一、枯燥的活动。因此需要教师结合班级幼儿的兴趣点搭建支架设计点名游戏,使幼儿在游戏中自发地想要参与点名、愿意表现自己。同时在主题活动中,通过一系列纵向的主题路径,会让幼儿由浅入深地对主题内容有一定了解,教师通过主题下的多形式点名游戏,使幼儿与主题知识进行互动,促进幼儿对于主题的某一内容的认知,感受到主题内容的丰富多彩,促进幼儿想象力及创造力的发展。在游戏中,幼儿依照教师的提问进行回答,首先需要幼儿能听清并理解教师所要求的点名游戏规则,培养、巩固幼儿的倾听习惯,同时在教师的鼓励支持下幼儿愿意在同伴面前表达自己的想法,并在点名游戏中辅以手势动作进行表述。具体展开方式如下图所示。

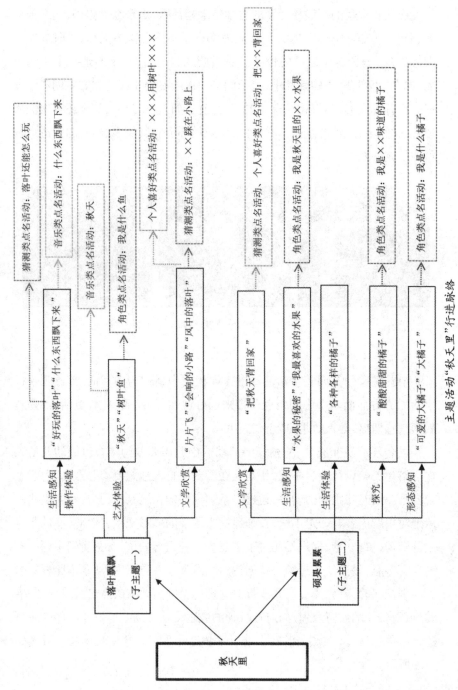

主题活动"秋天里"行进脉络

"秋天里"主题活动网络图中所使用的点名游戏类型及对应语言发展价值点概述如下。

"秋天里"主题活动点名游戏及对应语言发展价值点

类型	对应语言经验的价值点	师幼互动的方式
1.猜测类	结合生活经验及谜面中所提及的某些特征,表述自己所认知的事物	教师说谜面,幼儿依据谜面自由猜测谜底
2.音乐类	愿意在同伴面前大胆且清晰地表达自己的想法	教师引导幼儿开展男女生分组演唱、师幼对唱等形式游戏
3.个人喜好	以自己在主题下的兴趣点作为主体,愿意在同伴面前大胆且清晰地表达自己的想法	教师通过幼儿对主题活动内容的兴趣点开展点名活动,幼儿依次说出自己的爱好
4.角色类	以了解的知识点作为主体,愿意在同伴面前大胆且清晰地表达自己的想法	教师请幼儿根据自己的作品进行描述,幼儿观察作品后依次说出

幼儿在园的一日生活皆有意义,各个环节各有作用,点名活动虽小、较碎片化,但它也较为灵活,其中的主题内容包罗万象,所表现的形式不只局限于活动前、活动中及活动后,还有每日的晨谈、离园准备等环节均可使用。通过不同时间段的使用,加深幼儿对于主题的认识,为之后的主题活动做铺垫,缓解幼儿的焦虑,丰富幼儿对于主题内容的了解,让教师了解到幼儿对主题内容的消化程度并在区域活动、晨谈、餐前活动中针对幼儿所不理解的内容做细化的沟通。

（三）转换式

在"与书对话"活动中，绘本资源在幼儿教育中发挥了重要的作用，利用绘本在教学过程中展开延伸转换活动，能够促进幼儿各项能力的提升，对幼儿身心健康发展起到重要作用。在"与书对话"活动中，教师在延伸转换设计中采用了多种方式，以开启幼儿的多元智能。主要有主题转换、游戏体验、写绘拓展和艺术表演等。

1.主题转换

主题转换是在主题应用中从上一主题出发，将绘本的运用转换至下一主题。这类绘本有些是基于幼儿对绘本的兴趣，有些是前经验可以在后一主题中迁移，有些则是作为两个主题之间的串联的内容。这种方式要根据绘本内容进行选择，只有依据绘本，符合绘本内容，才能实现延伸活动对绘本主题的拓展。因此教师在开展延伸转换活动之前，需要依据绘本内容选择合适的转换形式。例如：

中班主题活动"动物乐园"与"我爱我家"

基于幼儿前一主题"动物乐园"经验延续，幼儿已初步感知动物妈妈和动物宝宝之间浓浓的爱，具备对相关内容的互动经验。在此基础上，教师借由"我爱我家"来扩大幼儿原有经验，让幼儿从中得到情感上的升华，满足幼儿内在需求，萌发热爱家的情感。

在"动物乐园"主题活动的中后期，教师投放了绘本《我家是动物园》，在这本书中，每个人都是各具特色的"动物"，都有自己的习性。让幼儿看到了"家"是快乐的地方，引导孩子在动物主题背景下观察思索自己与家长的外形、个性等，建立家与动物的联系。

这一绘本被教师继续沿用在后一主题活动"我爱我家"的第一个子主题之中。

中班主题活动"我爱我家"中绘本在第一个子主题中的运用

子主题一：我和我的家人			
活动名称	重点领域	子主题脉络：	资源
我妈妈	语言	第一阶段的活动开启，围绕"我和我的家人"展开，通过调查发现中班幼儿的原有经验——爸爸妈妈的喜好，如生活习惯、穿衣打扮等，从而增进幼儿对爸爸妈妈的了解。用语言、艺术等方式渲染和提升幼儿与爸爸妈妈之间爱的情感。同时引发与其他家人的深入互动。最后以《我家是动物园》中人物描写为范例，对家人的特质进行细致表述，与前一主题活动中的经验既有挂钩又有拓展	无
我喜欢	语言		
漂亮妈妈	艺术（美术）		
我爸爸	语言		
我的爸爸本领大	艺术（音乐）		
跟着爸爸学本领	社会		爸爸助教
我的超级爷爷奶奶	语言		绘本《我的超级爷爷》《我的超级奶奶》
汤姆的小妹妹	社会		绘本
我家是动物园（一）	语言		绘本
我家是动物园（二）	语言		
家庭树	艺术（美术）		

2.游戏体验

幼儿天生爱游戏,以游戏为教育手段,可以激发幼儿参与绘本教学活动的愿望与需求,能够增强绘本教学的趣味性,提升幼儿的学习兴趣,有助于促进幼儿的语言能力、认知水平的发展,并能满足其情感的需要。"与书对话"向游戏转换的目的在于调动幼儿的学习兴趣,吸引幼儿的注意力,使幼儿在游戏中产生体验,能够更充分地了解书的内涵,从而在游戏中实现与书的对话,以达到更高的教育效果,那么游戏环节的设计尤为重要。我们来看看由一本书引发的"圆圈游戏",由书而引,借书而转。

有一次,我们全班去绘本馆里看书,有几个小朋友发现《点点点》这本绘本,他们发现里面有许许多多的圆组合成各种各样有趣的图形,有苹果、红绿灯、气球⋯⋯十分有趣!回到教室后教师分享了这本绘本,班级大部分幼儿都十分喜欢。正好我们班的美工区里有很多圆形材料,《点点点》中的一些元素,在幼儿的摆弄中也进入了班级的美工区……

以幼儿生活中、游戏中最常见的材料圆圈为载体,运用材料、情境、经验等多维的策略来支持幼儿的表达,包括幼儿的情绪、表情、动作、艺术等方式表述自己的观点、想法、感受、思想情感等多方面的表达。圆圈游戏从材料、情境、经验三个方面出发,让圆圈游戏从生活中来,给予幼儿不同的游戏体验,激发幼儿想象力、创造力,发展幼儿的创意表达。

给予幼儿一个情境能激发幼儿创作的兴趣,幼儿在情境中想象力和创作力得到了发展。情境立足于绘本,幼儿从绘本和名画的情境中进行创作。情境多元化是从幼儿的年龄特点和经验出发,有目的地引入或创设有利于激发幼儿创造兴趣和创造性思维的情境。让幼儿用美术语言表达生活中的事物和发生的事情,创作具有新颖性和独特性的美术作品。

圆圈游戏选用的绘本及理由

立足的绘本	内容	选择理由
《小蓝小黄》		幼儿很喜欢交朋友,绘本中小蓝小黄交朋友的情节合乎幼儿喜欢交朋友的想法。小蓝小黄正好是圆圈的形象,幼儿在圆圈朋友的情境下想象圆圈组合在一起会变成什么
《点点点》		绘本中的圆圈变成了各种各样的东西,有小狗身上的斑点、豌豆、甜筒冰激凌球……圆圈的创意组合变成了幼儿生活中常见的东西。既满足了幼儿的兴趣,又激发了幼儿的想象

随着圆圈游戏的展开,幼儿创意表达能力得到了提升。他们所创作的作品不再大同小异,不再呈现出统一化、模式化、概念化的情况。幼儿更多的是根据自己的意愿和想法创作属于自己的作品。幼儿所展现的作品内容越来越丰富,形式越来越多样。在游戏中以幼儿为主体,发挥幼儿主体能动性,以绘本的游戏转换等多种形式进行美术创作,幼儿的想象力、创造力、表现力、组合能力得到了发展。

3. 写绘拓展

这种方式是教师经常使用的延伸转换方式。低年龄段幼儿由于识字量有限,且主要通过模仿、想象或游戏来认知世界,通常选择绘画的形式。中高年龄段幼儿已具有一定的逻辑思维及认识事物内在联系的能力,可采用改编、续写、写读后感等方式,读写绘相结合并适时地提供包括绘本的多元化素材,促进幼儿的多元表达。

以大班前书写培养为例。大班幼儿正是发展前书写能力的最佳阶段,他们会在日常生活中或区域活动中萌发前书写的兴趣。

感知方块字外形的特征,并愿意尝试认读。宁宁翻开《你看起来好像很好吃》绘本,并一个字一个字地念出了故事的名称。

无论是什么年龄段的幼儿,都喜欢进行简单的阅读,幼儿可以从画面中感知故事内容。对于大班的幼儿来说,他们会对各种字充满好奇,并愿意去尝试着点读。教师提供多元化的素材如绘本《点点和多咪的信》,让幼儿学习创意书写表达的经验。

幼儿阅读绘本《你看起来好像很好吃》

《点点和多咪的信》里富含前书写方面的信息,而这些信息正好符合大班幼儿的年龄特点,同时也为进入小学打下良好的基础。而前书写信息中也蕴含了关于书信书写方面的正确方式,运用了比较艺术化和童趣化的方式,让幼儿能更加直观地感知和了解。

首先利用教学活动,感知绘本中的各种符号。

幼儿解读绘本中的前书写符号

绘本中的痕迹	痕迹中的解读	绘本中的痕迹	痕迹中的解读
	1.信中的书写方式，寄信人和收信人的书写位置。 2.信中的信息主要是对事情的描述（时间、地点、人物、所做的事情）	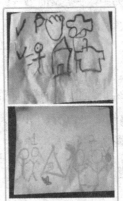	1.有别于事件类书信，是情感类的书信表达。 2.幼儿的解读多种多样（我生病了、我想你了、我快死了等）

　　随后开展教学活动对绘本元素进行剖析，并在教学活动后支持幼儿的创意性书写表达。

幼儿的创意性书写表达

　　通过教学活动的开展，幼儿发现、了解绘本中的元素所表达的意义以后，慢慢地产生对于一种符号记录方式的独特见解——轮廓式记录。对于他们来说，符号最为简单、方便而又能快速记录。同时在幼儿的讨论中，也发现了许多符号的共同点，对于这些公共性符号，教师进行了一定的改变和设计，并作为班级的公共性符号。

4.艺术表演

以艺术表演的方式进行延伸转换,不但有利于幼儿深刻感受书的意境,更能提升幼儿的艺术欣赏能力、语言表达能力和社会交往能力等。中班的"躲猫猫"表演游戏少不了幼儿的讲述,在讲述过程中常常会出现一些有趣的话语和动作。首先,我们创设有趣的情境,延展幼儿对叙事性讲述的兴趣;其次,我们通过绘本拓展多元素语境,加固幼儿学习核心经验的支架;最后,我们拓展情境迁移平台,促进幼儿内化核心经验,有效地提升了幼儿叙事性讲述的核心经验。

对绘本这一文学作品中故事的内容叙事,能够支持幼儿学习讲述主题下的相关事件,学习围绕主题的完整构思,并为幼儿提供不同句式的经验。同时,我们也发现,绘本所提供的支架中,对于连接词的使用和借助表情表述这两个核心经验比较缺失,通过"故事排图"和"表情放大镜"来进一步拓展幼儿核心经验积累语境。

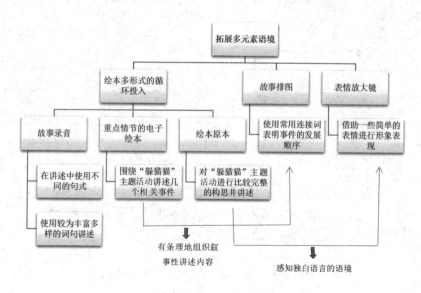

拓展幼儿核心经验积累语境的方式

从绘本的选择、绘本投入过程及幼儿叙述的记录三个方面设计入手,以多种形式循环投入支持幼儿讲述经验获得。

"躲猫猫"主题活动中绘本择选

叙事性讲述经验的提升点	所选绘本的特点
在讲述中使用几种不同的句式	绘本中的对话体现了多种句式，有疑问句、感叹句、陈述句等
围绕"躲猫猫"主题活动讲述几个事件	绘本故事由多个事件组成
对"躲猫猫"主题活动进行比较完整的构思并讲述	绘本有比较完整、简明的故事性

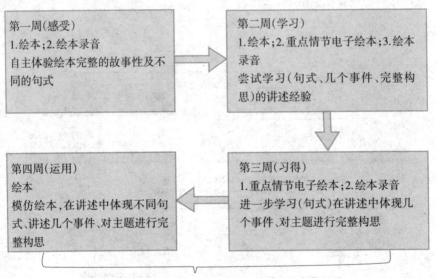

第一周(感受)
1.绘本；2.绘本录音
自主体验绘本完整的故事性及不同的句式

第二周(学习)
1.绘本；2.重点情节电子绘本；3.绘本录音
尝试学习(句式、几个事件、完整构思)的讲述经验

第四周(运用)
绘本
模仿绘本，在讲述中体现不同句式、讲述几个事件、对主题进行完整构思

第三周(习得)
1.重点情节电子绘本；2.绘本录音
进一步学习(句式)在讲述中体现几个事件、对主题进行完整构思

幼儿对"躲猫猫"主题活动完整构思并讲述的变化记录

"躲猫猫"主题活动构思

"躲猫猫"主题活动中幼儿叙事性讲述核心经验发展

	记录一	记录二	记录三
讲述变化	惠子在找躲猫猫大王,然后和小动物捉迷藏	惠子找不到哥哥了,钻过树丛,遇到了躲猫猫大王,然后和小动物捉迷藏	惠子跑得很慢,找不到哥哥,钻过树丛,遇到了躲猫猫大王,他们一起和小动物玩捉迷藏,惠子最后找到了哥哥
讲述经验的提升点	能够讲述绘本中惠子和动物"躲猫猫"	能够围绕"躲猫猫"主题进行讲述	能够基本完整地讲出绘本中的主要情节

　　幼儿的叙事性讲述经验有了稳步提升,这和绘本的投入以及相应的投入方法有莫大的联系。重点情节电子绘本的使用更加明确了绘本中各个事件的先后联系,甚至因果关系。绘本录音给幼儿起到了很好的讲述示范作用,幼儿对不同句式的体验更加深入,同时也为幼儿在表演讲述的过程中起到了很好的提示作用。而最后回归到只有绘本的投入,也是在幼儿有了经验提升之后,减少幼儿对过多凭借物的依赖,对"躲猫猫"主题活动有完整的构思并在众多小朋友面前讲述。

(四)贯穿式

　　贯穿式,顾名思义,就是以一本或者多本绘本为核心,围绕绘本主题创设一系列的活动,推进幼儿在与书对话中的多元表达。我们以中班"中国风"艺术体验式主题活动设计为例。

　　对于中班幼儿来说,古韵青花是陌生的,也是熟悉的。不同的青花带给幼儿不同的艺术体验,同时也迎合中班幼儿兴趣多变的需求。教师可以依循幼儿的游戏经验和兴趣特点,梳理幼儿艺术体验的经验。设计思路如下。

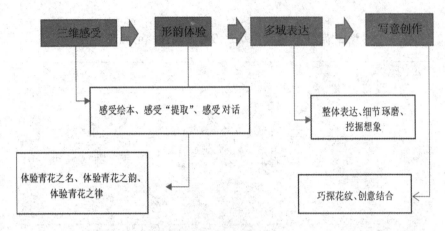

"青花瓷"主题活动的设计思路

三维感受：指向感受青花瓷盘的花纹及其独特的色彩搭配，我们通过绘本《小青花》和"景德镇的瓷器"这一社会活动，利用图片、视频引导幼儿观赏景德镇中青花的来源，体验青花繁复美丽的花纹，在探寻的过程中让幼儿进一步了解青花瓷的艺术之美。形韵体验：指向挖掘青花内涵，丰富幼儿对青花的体验，我们通过"寻找身边的青花瓷"这一活动欣赏身边的青花瓷器，初步了解青花的纹样特点，连接幼儿游戏与生活经验。多域表达：指向整合不同领域的活动，多角度表达青花的意韵和神韵，我们通过一系列的表达活动，展开对青花的进一步探究。写意创作：指向探索青花的寓意，引导幼儿创作和青花相结合之写意，我们通过连接幼儿情感体验与青花元素，促使幼儿在感受、体验、表达的基础上进行写意创作。

感受绘本——感受故事情境中的"小青花"元素。利用《小青花》这一绘本，给幼儿感受青花提供平台，通过"小青猫"和"小花猫"之间的情感脉络，引导幼儿初步感受青花的魅力。绘本中并没有关于小猫的过多介绍，但是无须语言，这幅充满生命力的图片就可以揭开故事的开端。

《小青花》——绘本载体下的自发感受

活动目的:通过感受绘本画面,引发幼儿对于青花的初步感受。

背景:我们在集体活动中一起感受了这本美丽的绘本,看到绘本的第一页,并没有显示出特色的青花,而是一只小猫,这引发了幼儿的讨论。

游戏实录:有的小朋友说"小猫是要去找妈妈";有的小朋友则说"小猫也许是太孤独了,想去找一个朋友玩一玩"。

中班幼儿已经有一定的想象力,通常能连续说两到三件事情,但是每个孩子的能力不同,想象力也有所不同,而绘本中有许许多多的细节暗藏着青花,可以满足不同孩子的想象力;房间中的架子上放着的玩具每个都不同,孩子们有的说这是青花兔子,有的说这是青花娃娃,更多的孩子说是青花瓷器、娃娃、挂饰等。孩子们从这些具体的形象出发,想象出不同的故事情节。

多元提取——感受景德镇青花瓷器的艺术变化。绘本从景德镇开始,而小青猫和小花猫真正的寻找之旅也才开始,跟着绘本中不同的制作过程,幼儿可以和小青猫一起了解青花瓷的制作过程,通过真实的制作者的描绘走进青花瓷、走进景德镇。我们也跟着两只小猫的脚步,设计了新的活动——"景德镇的瓷器",在这个活动中详细展示了景德镇的美景和制作瓷器的方式,与绘本中老爷爷制作瓷器的画面进行对比,引导幼儿发现青花瓷制作的秘密。

对话聚焦——感受青花花纹的审美艺术。绘本中的小青花身上有各式各样的花纹,在"景德镇的瓷器"和"身边的青花瓷"这两个活动中也呈现了青花花纹,幼儿在活动中说出了两者都有青花花纹这一共同特点,在活动中捕捉到幼儿感受的经验,此时幼儿的感受是零散的,但有了初步的兴趣。

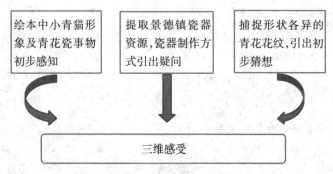

| 绘本中小青猫形象及青花瓷事物初步感知 | 提取景德镇瓷器资源,瓷器制作方式引出疑问 | 捕捉形状各异的青花花纹,引出初步猜想 |

三维感受

"三维感受"开展路径

跟着绘本中不同的制作过程,幼儿们可以和小青猫一起感受青花瓷的诞生过程,通过制作者的描绘走进青花瓷、走进景德镇,从而也引出我们探究的第二层——体验。通过追问青花之名——丰富幼儿生活经验、追问青花之形——连接生活经验、追问青花之律——感悟韵律之美三大体验活动,幼儿对青花的花纹有了欣赏、了解,开始自己的表达,在表达的过程中幼儿会在不知不觉中了解青花瓷、接受青花瓷,并创造青花瓷的花纹。

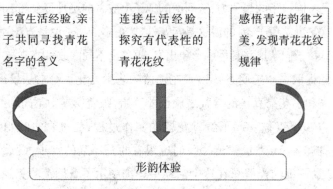

| 丰富生活经验,亲子共同寻找青花名字的含义 | 连接生活经验,探究有代表性的青花花纹 | 感悟青花韵律之美,发现青花花纹规律 |

形韵体验

"形韵体验"开展路径

进一步引导幼儿多域表达,多角度表达青花的意韵和神韵,在多维度的表达上,我们打破青花瓷表达中画和线条的一维维度,利用音乐、舞蹈等不同维度和感官的活动,鼓励幼儿表达自己对于青花的了解。让幼儿体验不同游戏背景、角色下的快乐,有效引出幼儿的游戏兴趣,重视幼儿在游戏中的情感表达。

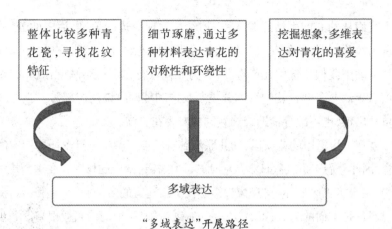

在一系列教学活动、区域活动、实践活动中,幼儿对于纹路有了新的发现,从一开始的"按规则"画花纹到提取生活经验,设计自己感兴趣的花纹。在活动中,幼儿已经对花纹有了许多的游戏经验,通过了解青花瓷的花纹含义,我们从青花花纹入手,开展关于花纹的多个创造活动。

关于花纹的活动实施

活动	创作花纹	维度	含义	创作
我的房子纹	房子纹	家庭	和爸爸妈妈、弟弟在一起	
"鱼"	鱼纹	友情	想和好朋友一起做游戏	
相亲相爱纹	组合花纹	提升	和爸爸妈妈、好朋友永远相亲相爱	

我们从幼儿的生活经验入手,请幼儿发现身边的美、生活中的美,从而提炼出经验,创作新的花纹。幼儿发现青花的花纹通常代表它的含义,而在教学活动中我们多选用元代青花,因为元代青花在创作时侧重花纹的"意",从而引导幼儿了解青花的纹饰分主题纹饰和辅助纹饰两个部分。主题纹饰可单独出现,也可配合辅助纹饰共同构成青花装饰。

发现了生活中的花纹后,幼儿联想到曾经在春游中见过伞博物馆中的青花瓷,因此开展了班级假日小队活动,共同去探讨伞中的秘密。在这个特色活动中,结合美工区的环境与材料,给予孩子最适宜的活动空间。一开始,提供的材料都是平面的,如白纸、宣纸、手帕、纸盘等,孩子们的兴趣很高。一步步增加难度,加入一些立体的材料。例如瓶子、纸筒、线绳等,这对幼儿的手部精细动作来说也有了初步的挑战,既要控制物体又要操作,孩子们很有耐心,并且尝试制作一些其他区域可以操作的材料。

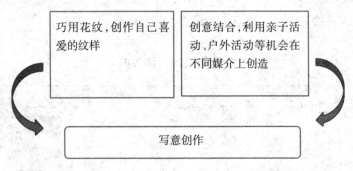

"写意创作"开展路径

随着主题活动的推进,幼儿从青花瓷起源的故事、制作的过程、花纹的样式中发现问题、解决问题、自主生成活动,在创作的活动中发现青花花纹的分布是有规律的,通过讨论和查资料找到规律,并进一步了解青花花纹在不同部位有不同的寓意。在主题活动中,每个步骤都是围绕幼儿展开的同时关注幼儿真实的学习经验和学习兴趣共同生成,在活动中引导幼儿有效连接生活经验,创作作品。

与 画 对 话

在幼儿园开展美术欣赏,特别是名画欣赏,能很好地提高幼儿对美的理解力、想象力和创造力。名画欣赏如今在幼儿园教学活动中被广泛运用,借助名画欣赏能够帮助幼儿获得美的体验,培养幼儿的审美情感。

幼儿在艺术教育活动中获得的经验不等同于生活经验。杜威在《艺术即经验》一书中详细阐述了经验在艺术中的发展过程:从"日常经验"到"一个经验"再到"审美经验"。幼儿在与美的交往中得到了实践经验,产生出一种愉悦的心理体验。《3—6岁儿童学习与发展指南》中提出欣赏的教育建议:创造条件让幼儿接触多种艺术形式和作品,理解和尊重幼儿在欣赏艺术作品时的行为。

因而,我们为幼儿提供与名画对话的契机,与幼儿共赏名画,通过欣赏同一大师的系列作品或相似内容(绘画风格、呈现内容等)的系列作品,充分调动幼儿的感知、想象、情感、思维等,多领域交互体验深度感受作品色彩、造型、构图等艺术手法及情感表现,从而唤起幼儿内心深处的审美体验,发展其审美情感及其所带来的一系列创造性表达活动。我们的对话路径从"赏"出发,将创作、探索等不同的互动渗透其中,形成"由画而探""由画而创"两条实践通道来促进幼儿的多元表达。

一、画的妙择

画的妙择经历了三个阶段:首先是基于西洋画派的筛选;其次是基于初期筛选的将名画以主题的方式进行再分类与识别,与活动开展指向匹配;最后与幼儿的年龄特点相连接。一步步将名画融入幼儿的世界。

（一）基于西洋画派的筛选

我们根据西洋画的流派，择取适宜幼儿欣赏的画作并做初步梳理。

在各画派中选取适宜的名画

画派	名画举例		
古典主义：偏重理性，注意形式的完美，重视线条的清晰和严整	达·芬奇《蒙娜丽莎的微笑》	弗雷德里克·莱顿《顶果篮的女孩》	达·芬奇《戴珍珠耳环的少女》
浪漫主义：注重艺术家的主观性和自我表现	欧仁·德拉克洛瓦《自由引导人民》	欧仁·德拉克洛瓦《但丁的渡舟》	泰奥多尔·籍里柯《梅杜萨之筏》
抽象主义：尝试打破绘画必须模仿自然的传统观念	杰克逊·波洛克《第31号》	马列维奇《至上主义构图》	蒙德里安《红黄蓝的构成》
印象主义：以粗放笔法作画，是一种对笔法较草率的画法	莫奈《日出印象》	莫奈《干草垛》	梵·高《星月夜》
立体主义：创造一个新的绘画空间，从感官视觉过渡到观念视觉	毕加索《镜前的少女》	乔治·布拉克《埃思塔克的房子》	毕加索《哭泣的女人》

画派	名画举例		
超现实主义：把生与死、梦境与现实统一，具有神秘、怪诞的特点	胡安·米罗《浮华翅膀的微笑》	萨尔瓦多·达利《记忆的永恒》	胡安·米罗《安全梯》

(二)画派主题的识别

从幼儿视角出发，打破派别的局限。我们将画面所呈现的内容进行重整，连接幼儿生活经验，做以下内容结构的梳理与整合，将各流派的画作融入以下分类体系当中，同时也是活动的不同内容指向。

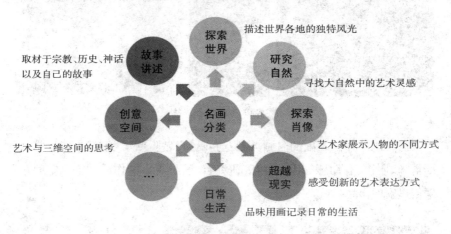

名画活动内容指向分类

(三)儿童特征的连接

基于小、中、大班各年龄段幼儿的表现与欣赏特点，从上述分类中寻找与之相匹配的不同类型的系列名画，进行相应的名画欣赏主题活动。

与小班幼儿相匹配的名画类型：欣赏一些构图方式较为简单、色彩较为鲜明，有利于幼儿自我表现的名画作品。如"超越现实"下波洛克的绘画作品、"创意空间"下草间弥生的作品。

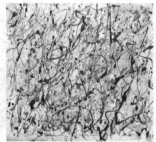
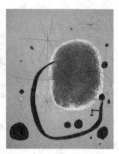

适宜小班的名画择选

与中班幼儿相匹配的名画类型：色彩对比强烈、线条明晰、结构关系简明清晰、意义比较单纯、能唤起幼儿生活经验的作品。如"研究自然"下凡·高的作品。

适宜中班的名画择选

与大班幼儿相匹配的名画类型：与自己日常生活、性格特点接近的，画面清晰、明快、有动感的作品。如"研究自然"下莫奈的作品、"创意空间"下蒙德里安的作品。

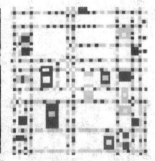

适宜大班的名画择选

二、由画及意

(一)第一阶段:由画而赏

"与画对话"的第一阶段,通过不同的形式将大师的作品带入幼儿的世界,与幼儿进行第一次对话。在这一阶段,连接幼儿的审美经验、生活经验与兴趣,聚焦于名画中的构图、色彩、线条、技法等,通过教学活动、游戏活动等来对话画中的美术符号。

1.直抒式欣赏

我们拿"探究自然""探究肖像""日常生活"等名画分类维度下的画作与幼儿对话时,画家在画中表达的内容相对具象,贴近幼儿生活,孩子能直接用肉眼去欣赏、解读自己对画的理解,教师给予一定的支持为幼儿搭建欣赏的平台。

● 以大班"莫奈系列画作"的欣赏为例

大班幼儿对物象和图形有一定的观察能力,喜欢各种有色彩的物件,喜欢看各种图形的美术作品,能够识别各种颜色,能够清晰地表达自己对作品的想法和感受,幼儿观察是感性的、直觉的,源于生活经验。大师的作品依据眼睛观察和现场直感作画,把对自然清新生动的观感放到首位,能引起幼儿的共鸣。结合大班幼儿的年龄特点,与幼儿共同走进莫奈的世界。

名画的欣赏价值点分析如下。

所选莫奈名画及价值点分析

莫奈名画	名画特征	大班幼儿欣赏价值点
《原野和风车》	从这幅名画中可以看到荷兰乡村的风光,画面中的细节很清楚地看出阴影的方向。在晴朗的天空下,烘托得郁金香更加美丽,给人一种意境美	幼儿喜欢明亮鲜艳的色彩,可以根据画面中的色彩对比、构图、光影等方面,引导幼儿观察画面

童画童语：对话教育理念下支持幼儿多元表达的申花样态

莫奈名画	名画特征	大班幼儿欣赏价值点
《干草垛》	《干草垛》是莫奈19世纪90年代的作品，是将同一场景置于不同角度、不同时刻、不同光线下，通过草垛所呈现的色彩的微妙变化，表达了对光与影的完美诠释，创造了梦幻般的色彩传奇	观察相同的物体在不同时间段显现的变化，让幼儿观察和体会自然光线的变化，感受光线给万物带来的奇妙变幻。大班幼儿正处于图示期和写实期，可以通过写实的方式观察光影的变化，促使幼儿在思维和视觉上不断进步
《日出·印象》	《日出·印象》具有典型的印象派特点，特别是影子的表达，以纯青色取代了早期闷重的黑青色，将光影那种瞬间印象赫然映入人们的脑海中	大班幼儿有着独特的视角、天马行空的想象力。幼儿对剪影的兴趣非常浓厚，可以抓住这个特点，通过画面中光影神奇的变化去感受美、欣赏美、表达美

以作品《原野和风车》为例的欣赏策略

　　大部分幼儿喜欢来源于生活场景或自己熟悉的景色，比如，《船》像幼儿常去的西湖里的船，《风车》景色优美，很像花圃。大班幼儿的绘画作品能在周围环境中抓住事物的主要特征，并运用线条和几何图形将事物绘画出来。大班幼儿更喜欢贴近生活中美的事物，基于这一点，根据幼儿的兴趣，选择《风车》这幅名画来提高幼儿的欣赏力。

莫奈《原野和风车》

　　▷ 策略一：读画面

　　第一，融入音乐，感受意境美的变化。

　　艺术作品是相通的，配上音乐作品，如钢琴曲《瞬间的永恒》，将美术作品中透露的美感和音乐相结合，给幼儿以视觉和听觉的冲击力。在教师有意识的引导提问下，使幼儿在整个过程中与作品产生共鸣，有效地激发幼儿的感情,感受画面的意境。

在教学活动中,准备了两首曲风不同的音乐:一段优美抒情的音乐,一段伤感凄凉的音乐。幼儿在欣赏名画《原野和风车》的同时,播放不同曲风的音乐,让幼儿说一说:"哪段音乐更适合这幅名画作品? 为什么?"让幼儿去寻找答案,初步理解画面中的意境美。在播放第一段音乐时,有的说:"风景很美,有风吹过的感觉。""啊,我闻到了花香。"在播放第二段音乐时,有的说:"下雨了,花儿都哭了。""感觉不漂亮了。"

从案例上看,合适的音乐能够更好地烘托艺术作品,增强情趣,让幼儿更好地感受名画作品中所传递的意境美。

第二,通过问答,加深对色彩的感知。

前期运用音乐对名画有了初步的感受,我们以引导的方式,让幼儿从色彩等方面欣赏,初步感受画面所营造的氛围,从而让幼儿能更好地理解作品内容。

幼儿对《原野和风车》的语言表达

幼儿的表达(教师引导)
师:仔细看一看,画面上都画了些什么?
幼1:我看到了许多花,还有房子。
幼2:看到了风车、小草。
幼3:天上的云朵。
师:都用了哪些颜色?
幼1:有红色、黄色、绿色、紫色、橘色,好多颜色。
幼2:天空用了蓝色和白色。
幼3:我看到风车是灰色、黄色的。
师:这些颜色是鲜艳的还是灰暗的?
幼1:鲜艳的。
幼2:我看到风车和房子颜色灰暗。
幼3:花很鲜艳。
师:它们在一起对比强烈吗? 你有什么感觉?
幼1:嗯嗯,风车和房子离我们很远。
幼2:强烈的,风车和房子这里黑黑的,不太看得清楚。
师:为什么会黑黑的呢?
幼1:它们本来就是黑色的。
幼2:有可能是它们的影子。

从幼儿的讨论中可以看出，《原野和风车》这部作品有近大远小的空间感，莫奈在绘画的过程中对色彩的运用也十分细腻。幼儿通过欣赏《原野和风车》这部作品，观察发现了灰暗与鲜艳颜色的对比变化，发现在阳光下所呈现出来的灰暗面是影子。教师围绕色彩的对比与笔触的安排，使幼儿进一步体验作品的主题，感受到风车和花在阳光下的美景，提升了对作品的认识。

▷ 策略二：说画面——对比画面，了解不同光线下的作品

前期幼儿对莫奈的《原野和风车》这幅画有了初步了解，我们又拿出莫奈在不同时间、光线、角度下画的另两幅《风车》，通过对话形式提出一些扩散性思维的问题，引导幼儿对名画中的光影、色彩进行分析、描述，从而更好地了解名画作品中的内容。

欣赏"风车"系列作品时幼儿的表达

名画《风车》对比	欣赏"风车"系列作品时的提问及幼儿回答
	（出示《原野和风车》） 师：你感觉这幅画画的是什么季节？天气怎么样？你是从哪里看出来的？ 幼1：春天才有漂亮的花，是春天…… 幼2：天空很蓝，有云，太阳就在云边上。 师：色彩上有什么变化？看这幅画有什么感觉？ 幼1：有好多种颜色，感觉风车在动，花儿就在我面前。 幼2：红色花最多，太阳照到的地方亮点，太阳照不到的地方房子边上有点暗。 师：莫奈除了画《原野和风车》这幅作品外，还画了许多关于"风车"的作品，我们一起来看一看吧！ （出示两幅《风车》名画） 师：这三幅画都有同一特征，画的都是"风车"。你觉得另外两幅有什么不同？是什么时间画的？ 幼1：风车的位置不一样，一个风车在前面，一个风车在后面。 幼2：还有河，有花、草，画的是春天，在不同的地方画的。 师：再仔细看看，还有哪些色彩有变化？ 幼1：中间一张花儿颜色都很亮，天气也好，只有小树边上有一点点阴影。 幼2：最后一张画颜色没有前面漂亮，好像有大风，要下雨的感觉。

在欣赏《原野和风车》时,教师围绕光和影的角度进行提问,引导幼儿观察画面中色彩的变化,光从哪里来? 太阳在天空中的什么地方? 产生对光影的兴趣,幼儿发现有影子的地方会比较灰暗,也让幼儿知道在不同的时间段,物体影子的方向也会有所变化。

▷ 策略三:画画面——模仿,对构图、色彩的实践

通过谈话的方式引导幼儿对名画进行剖析,幼儿对《原野和风车》有了一定了解之后,也想尝试模仿画家的笔触和色调来画一画风车,对名画中色彩的运用以及近大远小空间感的处理,采用水粉画与蜡笔相结合的方式进行绘画,先用蜡笔在纸上画上各种颜色的郁金香和风车,最后用浅蓝色水粉刷在纸上当背景,使画面有整体感。

幼儿欣赏了莫奈的《原野和风车》后,能够大胆地将不同色块、形状组合在画面上,画面色彩显得醒目和漂亮,画面线条布局也较合理。幼儿有丰富的想象力、创作力,将三维空间、想象表现在二维画面上,需要通过光影、远近、冷暖色调等表现出来。

2. 渐入式欣赏

我们拿"超越现实"和"创意空间"分类中的名画与幼儿对话,这里的作品的构图、表达形式与幼儿的已有认知存在差异,因此我们针对幼儿的审美经验,从幼儿熟悉的欣赏角度出发,循序渐进地引导幼儿欣赏。

●以中班米罗《人、鸟、星星》的欣赏为例

米罗《人、鸟、星星》的作品元素分解

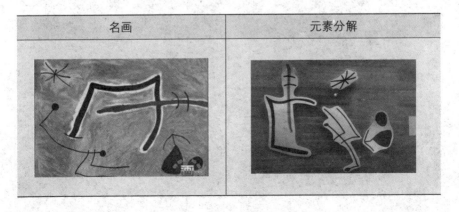

名画	元素分解

在欣赏《人、鸟、星星》作品时,教师将其中的四个符号提取出来,让幼儿说说对这四个符号的解读。

"大大的符号像火箭,像水龙头,也像轮船的底部!"

"这个小符号像朵花耶!""让我来说,这个不像花,像一个人。"

"你们看,这个符号像不像米,也很像天空里亮亮的星星。"

"我觉得这个符号肯定放反了,这明明就是一把剑嘛!"

幼儿用"画"的方式来表达自己对符号的解读。

幼儿对元素的解读与创作

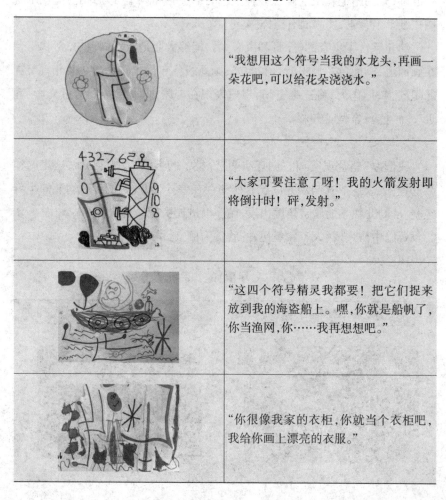

	"我想用这个符号当我的水龙头,再画一朵花吧,可以给花朵浇浇水。"
	"大家可要注意了呀! 我的火箭发射即将倒计时! 砰,发射。"
	"这四个符号精灵我都要! 把它们捉来放到我的海盗船上。嘿,你就是船帆了,你当渔网,你……我再想想吧。"
	"你很像我家的衣柜,你就当个衣柜吧,我给你画上漂亮的衣服。"

利用周末时间，让中班的幼儿和爸爸妈妈一起查阅书籍与资料，知道了这幅画原来是一位名字叫米罗的人画的，画的名字叫《人、鸟、星星》，那个像葡萄一样的符号是一个人，像弓箭一样的符号是一只小鸟，那个"米"字是一颗星星。听说米罗从小就很爱画画，而且孩子们还发现米罗的画非常特别，跟他们自己画的画有点像。

●以大班《红黄蓝的构成》欣赏为例

在与《红黄蓝的构成》对话时，幼儿对这幅特别的画产生了好奇，最多的疑问是：为什么画家要用正方形画画？为什么有些格子不涂颜色？为什么只用红、黄、蓝这三种颜色？这些好奇都来自他们对抽象风格的不了解。如何让《红黄蓝的构成》这样的视觉抽象画作引起幼儿的欣赏共鸣呢？这里出现了常见"具象"与少见"抽象"这一组幼儿审美的矛盾，这是打开蒙德里安"几何抽象密码"的关键线索，也是为幼儿与名画对话提供关键支架的第一步，是助推幼儿欣赏的根基。

活动从"三赏"出发，首先欣赏大班幼儿写生的《树》、多幅蒙德里安早期具象作品《树》系列，延伸至近似几何抽象作品，探寻几何抽象画作的欣赏密码；接着引出抽象画作《红黄蓝的构成》，感受画面的色彩、线条与构图关系；最后由"整体构图"与"元素解构"两种方式延伸，引发幼儿与几何抽象画作的"初对话体验"。

名画《红黄蓝的构成》欣赏路径

因为蒙德里安的作品由繁（具象）至简（抽象）的转变顺应着他一生艺术发展的轨迹，所以教师带着幼儿沿着静物画《树》的踪迹，观察树的枝丫演变，进入了抽象的世界中。在这些线条与简单色彩交织的空间中，他们找到了欣赏几何抽象作品的特殊的线条密码。

名画《红黄蓝的构成》欣赏中幼儿的表达

		比较	幼儿感受	小结
赏静物画（往几何抽象延伸）			• 蒙德里安画的树像真的 • 就和我看到的松树一样	你们一看就知道蒙德里安画的是树，他画出了像照片的风景画
			• 树枝变成一个半月形的线，不太像树了 • 树怎么会变成灰色的？好奇怪	画家用长长弯弯的线条，相互交织成树干和树枝来表现一棵大树
赏近似几何抽象画			• 一个迷宫 • 这是高楼大厦的俯视图	
赏《红黄蓝的构成》			• 我觉得它是一条小金鱼，我要给它画上眼睛和嘴巴 • 它有窗户、有门，是一幢两层楼的大房子	每个人看到的格子画都有不同的内容

幼儿一同模仿大师的画作，感受构图空间的平衡感与线条包围的几何构成。有的幼儿愿意与大师创作相似的画作；有的幼儿开始留意到"白"也是其中一个方格，画面中出现了部分留白；还有的幼儿玩出新意，将规律感、疏密感体现在画作中，以下是他们笔下《红黄蓝的构成》的雏形。

在进一步与作品对话时,教师提取了"整体构图"与"元素解构"两种方式,进行了创意表达两部曲尝试。这也是幼儿在观察格子画时视觉与思维最直接的投射方式,用不同的方式延伸赏读格子画。

●"整体构图":不同格子画的整体构图元素——活动《变形记》。

●"元素解构":格子画中红、黄、蓝三种方格元素。

解构元素开展系列活动及幼儿表达

活动内容	要点	取材	解构	幼儿表现
格子 变变变	将红、黄、蓝三色方形格子进行拼贴组合与创作			

活动内容	要点	取材	解构	幼儿表现
动物GOGOGO	将动物变成抽象格子的画风	…	…	
立体书DIY	动动手，让格子画站起来，打造特殊的故事场景			

3.零整式欣赏

有些名画作品的局部值得被幼儿欣赏，局部可以是色彩、线条、构图中的某一内容等，教师将其予以放大，让幼儿的欣赏得以聚焦。

●以中班《星月夜》欣赏为例

对于第一次接触名画的幼儿来说，他们会在这样的名画面前胆怯，所以教师应尝试把审美变得简单，而体验是最基本的方法。这样的体验方式不需要幼儿有任何操作经验和操作技巧，只要教师准备好素材，采取作品的局部渗透和整体审美，让幼儿在玩中学、学中玩。

基于名画本身的欣赏策略。

《星月夜》整体共鸣与局部共鸣

教师以凡·高的《星月夜》为载体，鼓励幼儿与作品对话。在孩子与作品互相交流的过程中，既提供机会让孩子的情感得到抒发，满足孩子表达的欲望，又有助于提高孩子语言表达能力，促进审美表达形成。

幼儿对《星月夜》整体欣赏对话的表达

凡·高《星月夜》幼儿个人整体欣赏对话初印象表达记录

乐乐：我看到了以后会忍不住跟着旋涡旋转，好想飞到天上去和月亮姐姐跳舞！

昊昊：星空好大好亮，把整个村庄都照亮了，大家晚上出门都不用手电筒了，有星星为大家指路！

彬彬：我喜欢这棵树，因为树都是直直的，但是这棵树不知道为什么会和星空一样转圈圈，感觉在扭来扭去跳舞！

西西：如果我住在这里就好了，黄黄的星星可以陪我睡觉，感觉自己睡在弯弯的月亮船上，就像摇篮一样，好像妈妈抱着我。

续表

凡·高《星月夜》幼儿个人局部欣赏对话初印象表达记录		

小雨：星空转得好快呀，就像龙卷风一样。 喵喵：这个有时候我觉得像海浪飞起来，有时候像风吹过来，好凉快	彬焱：我见过晚上的树，天很黑，所以树也被黑色包起来了。 小樱桃：我觉得这是海草，树是很坚定地站在那里的	糖糖：月亮被黄色的光围着，好像躲在妈妈的肚子里睡觉呢！ 阿硕：月亮很幸福，星星都跟它做朋友，你们看，它们还一起做游戏、转圈圈

幼儿审美印象的表现与其直接感知的画面内容息息相关，因此我们根据幼儿的个体差异，有针对性地选择作品及与幼儿审美合拍的局部画面，促使幼儿能够在最近发展区内与作品进行对话，产生共鸣。

幼儿对《星月夜》局部欣赏对话的深入表达

凡·高《星月夜》幼儿个人局部欣赏对话深入表达记录	
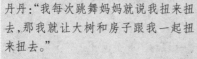	
丹丹："我每次跳舞妈妈就说我扭来扭去，那我就让大树和房子跟我一起扭来扭去。" 孩子从生活经验上感知到扭动的形态，并用弯曲的线条来表示扭动，线条越密的地方表示扭得越厉害，相对较疏的地方就显得柔和一些	小雨："作者为什么不把树木画在中间呢？" 禾禾："树这么大，在中间就把房子都挡住了，而且树是离我们最近的，近的东西会大一点！" 从对话中我们可以发现，孩子已经把自己融入画面中，留给自己可以欣赏整体的位置，并结合生活实际，发现事物远近之间的关系，越远的地方事物越小

融入基于生活经验的欣赏表达：

幼儿作品的展现方式是多元化的，各有不同的表现风格。幼儿交流的过程也是自主学习的一种方式。在互动中表达自己真实的生活经验，交流自己审美后的感受及作品内涵，体现幼儿在审美活动中的能动性。

案例　特别的星空

"哇，你的星空为什么是黄色的？我们都是很黑很黑的，这样才能看到亮亮的星星，你的已经这么亮了，还看得到星星吗？难道这是火星的星空吗？"禾禾看到昊昊的《星月夜》，睁大了眼睛，惊讶得连问了好多问题。

昊昊说："你看过西藏晚上的星空吗？我去西藏旅游的时候，看到晚上的星空可亮可亮啦，就像白天一样！"

从幼儿的交流中可以发现，他们对于色彩明丽的事物非常感兴趣。而《星月夜》中明亮的星空与幼儿产生了共鸣，因此幼儿将直觉印象与现实生活相结合，通过自己的体验发现了不同地方的星空是不一样的，有的晚上也像白天一样，因此创作出属于自己的《星月夜》。幼儿在创作时链接了自己的生活经验，并把自己的体验与作品进行多元整合，融入了自己的思想。所有的活动都离不开幼儿的最近发展区，在后期活动中可多连接幼儿的生活经验，与作品元素相融合，提高审美能力及直接感官力。

和大师们一样，幼儿的名画审美活动也是过程性的，对幼儿感官的辨识度、对作品色彩构图的艺术符号的理解，都是他们独特的艺术语言。幼儿利用自己特有的感知力，将所感知到的艺术形象，比如，用什么样的色彩表达自己的心情、用什么样的构图使画面看起来更和谐，通过审美活动对自己脑海中的原有经验进行重组和梳理，通过印象的体验留住自己的印迹。

幼儿的《星月夜》作品

（二）第二阶段：由画而创　由画而探　由画而戏

在第一阶段，幼儿对作品有了初步的欣赏感知后，我们继续从画出发，摸索画与幼儿对话的深层互动、表达方式。

1.由画而创

由画而创是指幼儿通过第一阶段名画欣赏，累积欣赏经验后，以创意表达的方式进行自我解读、生活运用以及游戏体验，以"我是小小艺术家"的身份开启各种活动。

● 以小班《1948年第五号》创意表达为例

波洛克大师的作品展示与解析是关于色彩的知识性教育的重要环节，又因为其独特的艺术风格，这些著名画作的知识性以线条等易于传授的方式呈现。当我们走进课堂了解波洛克大师的生平，发现波洛克的绘画没有中心、没有边际、没有起点，有的只是随意交织在一起的线条和色彩，这些线条或密布，或稀疏，充满节奏感。

幼儿对《1948年第五号》的欣赏与表达

波洛克《1948年第五号》	幼儿欣赏表达	大师的创意绘画
	● 啊！这个很像我在区域里用弹珠滚出来的画 ● 我感觉波洛克画画的时候肯定喝酒了，乱乱的感觉 ● 波洛克这个地方画出来的画像笔的颜料甩过去一样 ● 这幅画有点点，我猜肯定是不小心滴在上面的	幼儿在玩色区域大胆使用各种材料创作出来的作品和波洛克《1948年第五号》名画有很多相似之处。在幼儿欣赏名画并分析绘画的过程中，也发现与大师的创作历程中很多创作手法不谋而合。波洛克的作品任由颜料在画布上滴流成混乱的点、线、面，看似随意却不乏理性经营，处处洋溢着奔放、自由的气息

教师充分挖掘幼儿生活中较熟悉并喜欢的材料作为绘画工具。借助色彩丰富的颜料和其他材料、工具，如玩具、电话线、弹珠甚至是身体的各个器官等，让幼儿感受从中带来的诸多形式美，丰富幼儿的感性知识。

经过探索，他们发现同一种画画工具，如滴管，在不同的媒介物上呈现的效果是截然不同的。幼儿在探索不同材料的玩法时，教师可以引导幼儿认识色彩的冷暖、深浅、明暗、强弱的不同。

基于名画的"玩色游戏"新设计

"玩色游戏"中传统的绘画工具			
内容	特点	技法	效果呈现
水彩笔、蜡笔	多为传统幼儿绘画使用材料	幼儿在纸上进行平涂、画等单一方式	由于材料单一，幼儿很容易失去绘画兴趣
画纸	多数使用铅画纸，表面较光滑，颜色为白色	拿水彩笔、蜡笔在画纸上绘画	使用水粉等颜料时，对于小班幼儿而言不能够尽情绘画，受到的限制比较多

"玩色游戏"中打破常规的绘画工具		
增加内容	使用方式	效果呈现
 小汽车	在原有的绘画材料上收集小汽车作画	小汽车的滚轮根据行驶的方向和距离的长短留下不同长度的纹路
 挤压瓶	将不同浓度的颜料放在挤压瓶里作画	挤压瓶里的颜料在幼儿手中挤出，因为稀释浓度不同以及用力大小不同，画面呈现出点、线等痕迹
 牙刷	幼儿将家中废弃的牙刷拿来蘸颜料绘画	用收集的牙刷蘸颜料平刷出疏密不同的线条，也有用两支牙刷相互弹颜料出现大小不一的点状

"玩色游戏"中打破常规的绘画工具		
增加内容	使用方式	效果呈现
 弹珠	幼儿将蘸上不同颜料的弹珠在不同的作画媒介物上滚动	弹珠留下错综复杂的线条,画面也开始有波洛克作品的效果
 画布	利用一大卷布的材料进行绘画	因为使用的布足够大,改变以前的个人或小组绘画,让全部幼儿利用不同的绘画材料和方式共同绘画,激发幼儿的创作欲望
 毛线	利用长短不一的毛线在颜料里蘸一蘸	幼儿选取或长或短的毛线在媒介物上随意拖曳,留下各种形状的线条
 海绵刷	选取海绵刷平铺颜料	在使用中,无凸面的海绵刷能够快速地形成平面效果,有凸面的海绵刷会留下各种图案

● 以大班《红黄蓝的构成》创意表达为例

幼儿自发兴起的小组活动与创设的游戏空间共同融入主题活动之中,教室、童画屋、建构室成了他们创作的新空间,并延展到家庭空间,"设计大师""创作大师"应运而生。

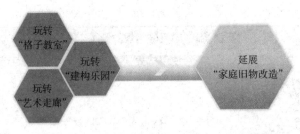

幼儿创意表达"红黄蓝的构成"小组活动

▷ 玩转"格子教室"

教室大改造！这是孩子们第一次以小组的形式展开讨论，自定小组展开"格子地毯""透明灯罩""格子桌布""格子箱""格子墙"等改造。收集麻布、纸箱、各种纸类、透明桌布，结合已有的丙烯颜料、水粉颜料、炫彩棒和各种辅助材料，通过三个半天的讨论与调整，最终在教室的各个角落出现了"格子朋友"的身影。

"格子教室"的设计方案

	设计方案：合作绘画格子桌布，在教室中2号组小方形桌面使用 使用材料：使用红、黄、蓝三色的颜料画格子	
	设计方案：使用透明的材料做灯罩，灯光透出来有格子的颜色 使用工具：软质透明桌布、水粉颜料(后因不适合，改为丙烯)、梯子 调整：灯罩难以固定，调整为门洞玻璃装饰	
	设计方案：使用格子画把建构区的墙壁变成格子画墙，像墙纸一样 使用工具：炫彩棒、白色纸	

幼儿享受着自己的作品被展示在教室中的这一刻,当想象付诸行动变成现实后,他们惊呼自己"厉害",当然,由于客观原因做了微调他们也不介意。由平面画纸转向立体空间的创作,这是"大师们"的又一次创作历程。

▷ 玩转"艺术走廊"

在幼儿活动前期,教师利用童画屋的走廊空间打造了"蒙德里安艺术画廊",选取《红黄蓝的构成》中的元素,打造符合幼儿审美的、能激发幼儿创造力的童画空间,在自由游戏时间让幼儿进行深度的创作体验。

"艺术走廊"的创设

这其中分布着多个创作场域——泥塑、玩色、编织、拼贴、故事创编,幼儿可以自主选择同伴、材料、场域进行创作,有助于个性化的经验发展。

▷ 玩转"建构乐园"

有一天走进建构坊,孩子们惊奇地发现里面有红、黄、蓝、黑、白五种颜色的积木,他们自发开始使用这一系列色彩元素进行建构。当大面积的色彩从平面转为立体之后,他们的空间视觉发生了微妙的变化,他们很享受"躺"在格子画中的惬意。他们感受到不同色彩的组合与面积大小所带来的不同。

▷ 借家园合作创想,延伸欣赏表达

借由家长会,教师与家长进行了艺术对话。不少家长在初见到《红黄蓝的构成》时,仅用"高级""色彩浓烈"等简单的词语来形容。随着一步步剖析,教师与家长对话:"你看到了什么? 可能是什么? 为什么?""通过你与孩子寻找的蒙德里安生平资料,你能推测画家彼时的心情与成因吗?"他们追随一幅

家长体验活动

幅作品，一次次对话，开始试着大胆地像孩子一样表达自己的独特见解，建立起自己与名画的新关系。

在双休日，家长和孩子一起，选择家中旧物进行大改造，把格子画带入自己的世界。

● 以大班"莫奈花园"创意表达为例

案例 发现莫奈的另一种特质——园丁

幼儿收集了许多关于莫奈的绘本，我们将这些书投放在语言区。在进行区域活动的时候，昕昕正翻阅着《小莲莫奈花园》，这时候她看到一页全是花的照片，说："你看，这幅画里的花好漂亮。"这时候仔仔说："这里好像是个花园。"并指着两个文字说："园丁，莫奈大师原来也喜欢这些花。"果果说："我在画里也看到过。"诺诺："好漂亮，好想去看看。"

幼儿在语言区翻阅《小莲莫奈花园》时，发现莫奈还有另外一个特质，他不仅画画得好，还是一名园丁，他家里有个花园，很多画都来自那个小小的花园，很令人向往。从幼儿的交流中可以看出孩子们对"莫奈花园"的向往，也有了想去看一看的想法。

▷ 实地考察——走进莫奈庄园，探寻莫奈名画中的要素

印象派的作品具有写实的特点，基于幼儿对莫奈花园的兴趣，也想去法国巴黎吉维尼看一看莫奈花园，结合家长资源，机缘巧合下得知在杭州安吉有一个"莫奈庄园"，里面的布景都是按照莫奈名画中的场景创设的。趁着亲子假日小分队活动，家长和孩子一起来到了莫奈庄园，孩子们发现莫奈画里的场景原来离他们这么近。

通过这次亲子假日小分队活动，将平面欣赏名画的方式以另一种形态带给幼儿，让幼儿走进莫奈的画中，感受自然风光所带来的美好，提高幼儿的审美能力。在跟幼儿进行交流中，我们找到了另一种方式带给孩子——打造莫奈花园，同时也发现幼儿园特质和莫奈花园两者之间高度契合，都是美美的环境场景。

▷ 小组创作——融入场域材料,还原莫奈名画部分场景

缘于幼儿的兴趣,由幼儿选择想还原莫奈名画中的哪部分场景。最终通过投票选出了四幅名画,并分成不同的小组——风车组、干草垛组、日本桥组和船组。

以小组协作的方式开展活动,下面以"风车组"为例进行活动内容呈现。

讨论一:选择名画《风车》场地

教师说:"幼儿园中哪里的景致跟这幅名画最像呢?"

小芋头说:"这里跟名画好像,有许多小花,我们可以在这里建造一座小风车。"

依依说:"大操场上有一片花坛,可以在那里做个风车。"

经过投票,孩子们选择大操场的花坛作为场地。

针对幼儿园中的后花园、小石林、画坛等地方,幼儿通过投票的方式选择了花坛处,连接幼儿经验,联想风车的形状及构造,开拓幼儿的想象力,为后面做好铺垫工作。

讨论二:设计《风车》所需材料

教师说:"这幅名画中的风车是什么样子的呢?"

然然说:"有会转动的叶片。"

橙橙说:"有个高高的小房子。"

教师说:"你们都发现风车是由会转动的叶片以及小房子组成的。我们要动手制作一个风车,可以用什么样的材料制作呢?"

昕昕说:"可以用积木、奶粉罐、木框进行制作。"

幼儿积极讨论并制订了计划,齐心协力在幼儿园里四处寻找适合的材料制作风车。在制作过程中发现,如果只用梅花桩制作风车,和画面中风车的样子不太符合,最后由另一名幼儿找到大框放在梅花桩的下面,并用热能

胶对风车进行固定。经过大家的努力,将风车放在了花坛处。

第二天,幼儿发现自己制作的风车倒了,他们开始讨论,倩倩说:"我们搭建得不牢固。"蛋蛋说:"这个风车看起来好小。"幼儿开始第二次尝试,用轮胎重叠的方式对风车进行了固定,防止风车倾倒。

> 讨论三:将自制风车与名画《风车》进行对比讨论
>
> 教师说:"你们觉得自己做的风车底座在外形上和名画中有什么不同的地方吗?"
>
> 祎祎说:"有的地方大,有的地方小。"
>
> 教师说:"风车的底座什么地方大、什么地方小?"
>
> 豪豪说:"外形是上面小一点,下面大一点。"

有了前期的不断实践、发现、调整后,幼儿开启了第三次计划和实践。将牛奶罐一圈一圈地围起来搭建,并在奶粉罐上面铺上积木,将风车的形状以从大到小的方式进行呈现。这时候言仔问:"还少点什么呢?"晓晓说:"还差叶片。"用尺子、KT板制作两个长方形的叶片粘在风车上。

大班幼儿搭建风车

幼儿在风车制作的过程中有疑惑的声音、讨论的声音、质疑的声音等。通过不断的讨论和尝试,调整搭建方式来创作自己的作品。虽然在这个过程中有过无数次失败,但他们一直都坚持着完成,大声喊出:"我们的风车真漂亮!"这句话让他们感到特别自豪和成就感。

通过这次活动,教师见证了幼儿"计划—实践—问题—讨论—计划—实践—完成"这一过程,幼儿从没有说过放弃,而是一次次学着如何解决问题,并多次与名画中的风车进行对比,幼儿的空间想象力和造型能力都有所提高。

幼儿创作的《干草垛》《船》《日本桥》

2.由画而探

由画而探是指幼儿在欣赏的基础上,对感兴趣的内容做深入的探究,如名画中的作家生平、绘画的技巧、画中蕴含的元素等内容。探究的方式可以是个别化、小组式、集体式等。

● 以大班《红黄蓝的构成》探究为例

画家与画作两者是最紧密的联系状态,画家的生平、经历、爱好、习惯等,都与画作的表现、表达息息相关,"画家生平""系列画作赏析"都是幼儿欣赏作品的重要元素。我们捕捉到幼儿兴趣与关键事件,展开了"三探一延"系列活动,引发幼儿更深度的欣赏。

| 一探 生平经历 | 二探 情绪秘密 | 三探 心情故事 | 一延 心情月历 |

幼儿探究蒙德里安生平的路径

一探生平经历。幼儿以小组讨论的方式开展,收集问题,归类处置,形成了"遇见蒙德里安之画家的故乡""遇见蒙德里安之帅气的男生""遇见蒙德里安之画家的另一面""遇见蒙德里安之厉害的画家"四张问题亲子单。怎么去寻找答案?教师发现,幼儿起初联想到的获得结果的方式,如询问天猫精灵、在双休日飞到荷兰去找答案等。探究后,起初的方式被网络资源、询问父母、图书馆资源等途径取代,他们获得了更适宜的获取结果的方式,使用画画、简单文字以及照片的形式记录下来,并与同伴分享自己的调查结果。

探究前的问题大收集

小组讨论记录单	幼儿疑问(混)
	1.蒙德里安住在哪里? 2.蒙德里安的家在哪里? 3.蒙德里安住的房子是什么样子的? 4.蒙德里安还活在这个世界上吗? …
	1.蒙德里安喜欢放风筝吗? 2.蒙德里安会游泳吗? 3.蒙德里安是哪个国家的人? 4.蒙德里安的照片为什么是黑色的? …

二探情绪秘密。因着对蒙德里安生平探究的深入,幼儿发现了《红黄蓝的构成》以外的格子画。他们问:"这些格子画都不一样,蒙德里安为什么要画这么多格子画?"捕捉到这一小小的关键点,抓住探究契机,为深度欣赏提供了可能。由简单的色彩、线条、构图逐渐深入,我们想与幼儿分享的是画家除了会将所见所闻描绘在画面中之外,还会抒发自己的情绪情感,而不少格子画正暗含这一内容。因此,契合幼儿审美范畴内的色彩与线条的艺术表达,选择《有蓝色的构成》《伦敦构成》《百老汇的爵士乐》三幅作品,通过观察、比较等方式解读构图、线条、色彩。

幼儿对不同时期作品的表达

作品	幼儿表达
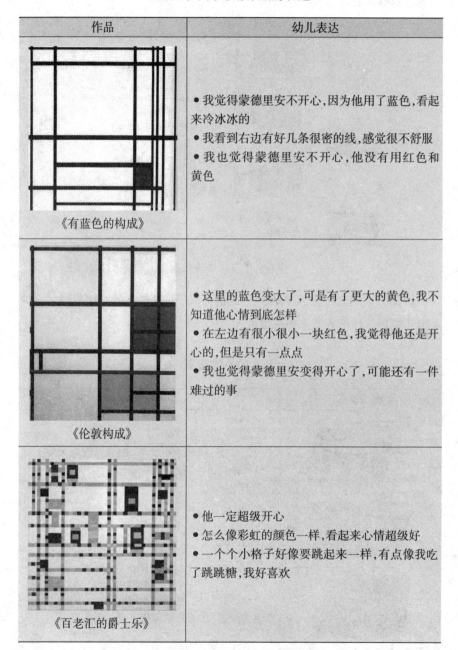 《有蓝色的构成》	• 我觉得蒙德里安不开心,因为他用了蓝色,看起来冷冰冰的 • 我看到右边有好几条很密的线,感觉很不舒服 • 我也觉得蒙德里安不开心,他没有用红色和黄色
《伦敦构成》	• 这里的蓝色变大了,可是有了更大的黄色,我不知道他心情到底怎样 • 在左边有很小很小一块红色,我觉得他还是开心的,但是只有一点点 • 我也觉得蒙德里安变得开心了,可能还有一件难过的事
《百老汇的爵士乐》	• 他一定超级开心 • 怎么像彩虹的颜色一样,看起来心情超级好 • 一个个小格子好像要跳起来一样,有点像我吃了跳跳糖,我好喜欢

三探心情故事。因为二探的深度欣赏与表达,幼儿开始发现画面中的元素与心情有着紧密关系。

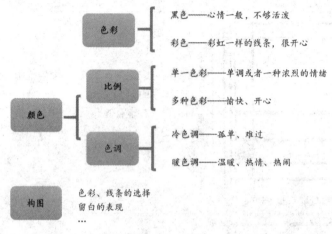

作品表现与情绪的关系

幼儿尝试用这种方式来表达自己的心情,讲述自己的心情故事。原来心情还能用这样的方式来传递给他人。

幼儿的心情故事

幼儿作品	幼儿故事
	心情:伤心 小宝的故事:我今天不开心,因为爸爸每天晚上让我练体操到很晚,我不喜欢练体操
	心情:开心 天天的故事:我今天超级开心,因为我晚上有下棋课,我最喜欢去上下棋课了,每周都有
	心情:超级开心 卡卡的故事:我的心情像吃了彩虹糖一样甜

一延心情月历。沿用"心情故事"这一方式,我们与幼儿一同制作了生活中最为常见的月历,在2018年10月记下一整月的心情故事。我们发现从原始的图画表征方式起,幼儿逐渐过渡到利用图画和简单的汉字一字一音地表达发生的事情,他们喜欢用"今天我(心情如何)……因为(发生的事情)……"的句式来呈现内容,并且有了相互之间书写通用的符号。

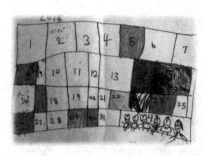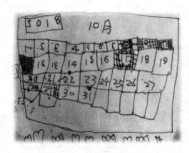

孩子们设计并使用的心情月历

幼儿的心情故事表达

心情月历内容	幼儿表达
	孩子用图画的方式把自己的心情故事画下来了 幼儿故事:今天上舞蹈课的时候,老师请我上台去表演了,我很开心
	孩子用一字一音的方式写下自己的感受 幼儿故事:今天我很不开心,因为天天跟我吵架了

● 以大班"莫奈光影"探究为例

印象派的作品里呈现着一日中光影的变幻,幼儿在欣赏作品时发现了光影的秘密,他们对影子和倒影产生了兴趣,沿着幼儿的兴趣,教师在游戏活动、教学活动中提供了相关的实践与体验的场域。

▷ 光影区——自制《风车》光影盒，感受光与影的变化

为了更好地延续幼儿兴趣，从美术欣赏的角度出发，并结合莫奈《原野和风车》，幼儿从家中收集了不同的材料，有光盘、玻璃纸、透明纸、剪纸等，在我们的走廊处创设一个小小的光影区，在里面设计以风车为主的光影盒，并增加记录纸，有目的地进行观察。

光影盒的设计与运用

材料准备	操作方法	关注要点
在光影区里设计一个光影盒和手电筒，并在旁边的架子上投放一些半成品材料，如彩色纸、棒冰棍、瓶盖等	幼儿可以利用半成品材料制作风车，拿着手电筒，将自制风车放在中间，用手电筒照射	引导幼儿在游戏中学会观察和思考，促发他们的探究能力

光影盒的设置，在美术欣赏的角度下，引导幼儿去观察光与影的变化，经历了两周的观察，幼儿知道在光的照射下，物体也会出现影子，从不同角度照射所呈现的影子也是不同的。教师在光影盒的设置上再增加记录纸，引导幼

幼儿制作光影盒与光影探索

儿将看到的光与影子记录在纸上，使观察更有目的性。

通过幼儿的发现，共同探究光与影的世界，以幼儿为主体，遵从他们的意愿和兴趣，让孩子们在游戏中学会思考和观察，学会发现问题，并且尝试解决问题，更好地促进幼儿的探究能力和想象能力的发展，我们的光影区探索之路仍在继续。

▷ 户外写生——走入自然环境，对物体光影变化进行绘画

《3—6岁儿童学习与发展指南》中指出，大班幼儿处在"概念画期"，即写实期，已经有了写生创作的欲望与能力。结合莫奈名画中写生、光影的特

性,教师带幼儿来到户外,对幼儿园中的某个物体观察它不同时间下的光影变化,将每一次变化用画笔记录下来。

幼儿的光影写生

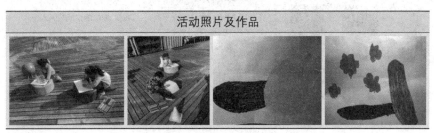

通过一次次的观察、记录,幼儿慢慢发现当太阳在正午的时候影子是最短的,下午的时候影子会变得很长。

3. 由画而戏

由画而戏是指在欣赏后,教师与幼儿共同寻找可供游戏的元素,将名画中的元素以游戏的形式与幼儿互动。满足了幼儿的兴趣与需要,让幼儿有更多的表达机会,也让幼儿从中感受到更多的情感与乐趣。在游戏中,尽情去玩、用情去赏、激情去创的体验过程带给幼儿更多的启发和感悟。

● 以大班"红黄蓝的构成"游戏为例

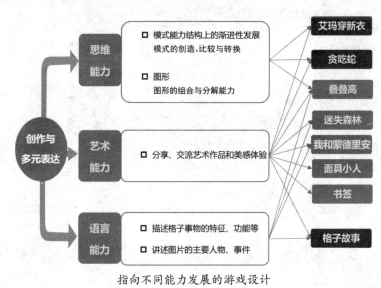

指向不同能力发展的游戏设计

▷ 游戏一：以"艾玛穿新衣"格子游戏为例

游戏历程

分析调整

五颜六色　　有规律

表现与创造
运用花样涂色的方式表达自己的艺术感受。

思维认识
能用涂色的方式进行简单的排列规律。

思考

孩子们会在无意识中出现按照一定颜色（红－黄－蓝）规律排列，设计艾玛的新衣。为什么有些孩子的格子衣裳会出现规律呢？

调整

结合大班孩子对数学认知的要求以及材料的设计，我们进行了讨论与调整。

◆ 暗示性的材料排序——艾玛身上的颜色排序暗示

◆ 提供重复性的材料排序

◆ 在一日生活中感受不同排序的游戏活动，增加孩子们对排序的认识、了解

在这次游戏中，我们发现孩子在给艾玛穿衣服时，会想到大师蒙德里安格子的颜色和不同大小的格子。在粘贴时，孩子们开始想要出现不仅是颜色上的不同，连格子的大小也要不同。

家园合作：在幼儿的一日生活中充满着各种与模式相关的认识和学习相关的情境。

在故事和绘本中寻找与描述模式，如绘本《棕色的熊》。在大自然中发现和寻找模式（秋千的前后摇摆）

师幼互动：①应该满足孩子的个别差异：有暗示性的多样排序规律（纸盒），有孩子创造性地排序材料。②应该满足孩子操作的需求：主张多种方式，让孩子为艾玛设计新衣，有平面的填涂、粘贴、画剪；有立体的拼搭、摆放。

随着孩子们对"艾玛穿新衣"游戏的喜爱，花样的操作方式也越来越多。

针对这次游戏，我们进行了分析和讨论，发现孩子们在设计艾玛的衣服时，会根据艾玛身上原本的环境暗示进行色彩搭配；在剪贴时，孩子会发现纸盒中原本投放着简单排列规律的纸张。在游戏中，我们发现当材料不够的时候，芸芸会根据已投放的材料自己进行设计，从而满足自己游戏的需求。同时发现芸芸开始尝试自己设计有规律的花边图案，创编有一定规律的排序。芸芸是能力比较强的孩子。

典型案例

简单设计，聚焦识别模式

在一次玩区域的时候，看到潼潼正在玩"艾玛穿新衣"的游戏。只见她拿着蜡笔唰唰地在纸上图上了红色格子，紧接着又涂上了黄色格子、蓝色格子。这时，一边的毛豆走过来说："哇，我也想要玩。"说完毛豆也拿起了画笔准备开始设计新衣裳。"我想要涂上五颜六色的格子。"只见毛豆在艾玛的身上设计了五颜六色的格子。

增加序列元素，聚焦模式规律

"今天我要给艾玛穿一件漂亮的衣服。"锐锐一边说一边从框中拿出艾玛。
"我和你一起玩，我们要不这样设计吧。"说完满满便在艾玛的身上贴上了红色的长方形格子，接着又贴上了蓝色的长方形格子和黄色的长方形格子。
"不是，不是这样，应该是这个黄色的长方形格子。"锐锐说道。
"我们要不等下给它穿上这个长方形格子吧。"满满依然还想给艾玛穿上这样的长方形格子。

多元模式，聚焦模式创新

"这是什么？好像一朵花。"一边的兜兜开始说道。
"我知道，是给艾玛穿上有这朵花的衣服吧。"说完芸芸便开始玩了起来。只见芸芸从盒子中寻找一样的小花，并粘贴在上面。
"老师，这个花纹的图案没有了，我可以在格子上画吗？"芸芸拿着一张格子纸跑过来告诉老师。
"当然可以。"随后老师便走开了。
……
当老师再走进这个区域时，便看到芸芸手中的艾玛身上变成了红色花纹、黄色花纹、蓝色花纹的图案依次排序。

"艾玛穿新衣"系列游戏

思维内容	活动	孩子的发现并提出问题	游戏与调整	照片
正方形格子模式的认识	●绘本教学 ●游戏分享 ●调查表：认识蒙德里安	●孩子认为艾玛身上的格子一样大 ●孩子认为艾玛也可以穿上蒙德里安的衣服，可以由几个小正方形连起来 ●师：今天我们的艾玛穿了一件怎样的花衣裳	●孩子在艾玛身上涂色，感知正方形的格子 ●排序：艾玛颜色上的暗示	
艾玛穿新衣 ●模式的比较与转换 ●正方形格子模式的创造	●室内教学 ●建立格子研究小组	●孩子们认为艾玛身上的衣服也可以有规律地排序 ●师：可以怎么排序呢 ●孩子认为还有不同的排序方式（AAAC……）	●投放排序（AB、ABC、AAB……）的材料暗示 ●幼儿根据暗示进行排序的粘贴	
图形的组合与分解能力	●美术活动 ●游戏分享 ●集体教学 ●小组讨论	●孩子认为除了单一的图形排序之外，还有花纹、图案的排序方式 ●孩子认为三个小正方形格子组合在一起就是长方形格子	●投放空白的格子纸张，幼儿自己设计 ●投放相同大小的立体积木（初步感知立体空间）	
空间方位：视觉图像				

童画童语：对话教育理念下支持幼儿多元表达的申花样态

▷ 游戏二：以"格子故事"格子游戏为例

游戏历程

- **幼儿表现**：幼儿表现从最初的漫无目的地绘画到后期能够有目的地设计自己的格子故事，并根据格子的颜色合理设计格子故事，同时还能根据自己的作品讲述这个有趣的格子故事。幼儿在其中积累了一定的绘画经验，格子的布局从简单到复杂，绘画的故事画面从单一到丰富，想要绘画的愿望也慢慢变得强烈。
- **幼儿收获**：在教师的不断推进下，幼儿的绘画技巧在不断提升。幼儿了解到了格子的不同形态，不仅有小格子的形态，也有大小格子的组合形态，还有重合式、交叉式、叠加式的格子。同时格子作为装饰物后还可以怎样设计，幼儿只要一拿到材料就能画出作品，而其他幼儿在观看与欣赏中也能表现出想要设计的意愿。
- **游戏推进**：在幼儿游戏中，教师不断地调整策略，来帮助幼儿在创设格子故事中提升绘画技巧。同时在发现幼儿有创设瓶颈时，及时通过分享来帮助幼儿开拓绘画思路。

分析调整

幼儿能够根据《红黄蓝的构成》设计基本的格子形状。

在初期幼儿的思维中认为格子都是整齐划一、均匀分布的，甚至部分小朋友认为格子就是正方形，所以我们通过认识了解蒙德里安的《红黄蓝的构成》图片，让幼儿了解到各种不同的格子以及格子的构图，并利用大小不一的格子进行创作，画出自己的格子故事。

绘画好格子的基本形状，幼儿思考：格子故事是什么样子的呢？要怎么画呢？

幼儿对格子还停留在简单的涂色和线条上，对于格子故事的创造无从下手，因此我们通过欣赏格子作品以及教师语言的引导，帮助孩子发现并创造自己的格子故事。

幼儿对格子故事有了前期的了解，黄色的格子可能是沙滩的故事、月亮的故事，蓝色的格子可能是大海的故事、黑夜的故事……

幼儿已经能发挥想象在格子里创作各种格子故事，但大多数幼儿都将每个小格子看作独立的个体，在他们看来，格子就是或大或小的小方块，他们还无法将格子与格子之间联系起来，且对于格子故事的创作也是漫无目的、没有联系性的，因此我们通过环境的创设和教学活动，如"各自造字""调皮的小格子"，将格子进行组合和搭配，让幼儿从原本单一平面的格子创作到多元交叉式的格子故事，从局部到整体，更加丰富幼儿的格子故事。

典型案例

游戏前期：自由创设格子画面的布局

铮铮：王老师，我的故事里面有好多东西的，好多东西里面有大的、有小的，这里装不下怎么办呢？
老师：那大的东西需要什么样的格子，小的东西需要什么样的格子呢？
铮铮：大的当然需要大格子，小的就需要小格子。
老师：哦，那你可以怎样画格子呢？
铮铮：我可以画不一样的格子。
老师：你可以试一试。

游戏中期：自主创设格子，创设格子故事

静静：老师，我画了许多格子，可是我里面应该画什么呢？
老师：你觉得你的这些格子像什么呢？
静静：嗯，有点像七色花，我涂了好多颜色。
老师：哦，那在这些七彩格子花的世界里会发生什么故事呢？
静静：会有很多的小公主和仙女吧。
老师：那你可以把她们的故事画下来，看看都会发生什么。

游戏后期：自主创设格子故事，画面比较浓厚

芊语：哇！你画的格子故事好漂亮啊，这是什么呀？
置置：每个格子里都是不一样的，前面这个是月亮，我们正在格子里看月亮，红色的是漂亮的衣服。
芊语：那这个蓝色的就是大海了！
置置：对呀，后面还有好多好多呢，不过我还没想好。

▷ 游戏三：以"贪吃蛇"格子游戏为例

游戏历程

- **幼儿表现：** 从最初的漫无目的地随意拼搭到之后在教师的参与下，创设了一定的小蛇吃苹果的情境，幼儿有了自己的思考，能够想出让小蛇吃到苹果的方法，有了一定的游戏经验，幼儿延伸出"小蛇吃香蕉""小蛇吃蓝莓"等游戏。

- **幼儿收获：** 掌握贪吃蛇的搭法：用一块一块的彩色软磁铁，搭成一条长长的蛇；探索在游戏过程中怎样让小蛇转弯，用最少的软磁铁可以让小蛇走的路最少。

- **游戏推进：** 教师通过观察、与幼儿共同游戏、游戏后分享环节，来帮助幼儿在游戏中解决问题，当发现幼儿兴趣不浓厚时，和幼儿共同探讨如何解决问题。

分析调整

固定蛇头、水果的位置。

幼儿思考：小蛇怎样可以吃到苹果？怎么走，走的路最少？

幼儿创设了地下室的游戏情境，把小蛇的食物都放在地下室，让小蛇走到地下室吃食物。

典型案例

游戏前期： 幼儿自由探索游戏玩法

迪迪来到了益智区，看到了新增加的游戏材料"贪吃蛇"，迪迪表现出了浓厚的兴趣。没有任何前期经验可言，也没有任何的颜色排序规律，在迪迪完成这一整扇门的"格子大作"之后，教师问迪迪："你搭的这是什么呀？"迪迪回答说："这是一面格子墙。"教师追问："你为什么会用这样的方法来搭一面格子墙呢？"迪迪回答说："我也不知道，我觉得这样好看。"

游戏中期： 老师介入，与幼儿共同游戏，为幼儿创造游戏情境，并根据幼儿的游戏情况提出相应的要求

恩恩来到了益智区的"贪吃蛇"游戏前，首先观察了一会儿放置在一旁的游戏材料，便对旁边的老师说："老师，我发现这个游戏的卡片和蒙德里安的红黄蓝是一样的。"恩恩自己琢磨了一会儿，用不同的色块拼出了一个长方形，对老师说："老师你看，这是一条彩色的小蛇。"老师问恩恩："快要吃饭了，你的小蛇肚子饿不饿呀？"说着就在板上摆放了黄色和红色的色块，问恩恩："黄色的小蛇要怎样才能吃到小苹果填饱肚子呢？"于是恩恩开始了不断的尝试……

游戏后期： 自主创设了"贪吃蛇"的游戏氛围

芊语：我们把红色的色块当作苹果，蓝色的方块当作石头，小蛇不能碰到石头。

萱萱：小蛇吃一个苹果吃不饱，要多吃一点苹果。

芊语：小蛇要绕过石头，吃到所有的苹果，这样才能吃饱。

于是萱萱和芊语帮助小蛇尝试了各种各样不同的吃到苹果的方法。

童
画
童
语
：
对
话
教
育
理
念
下
支
持
幼
儿
多
元
表
达
的
申
花
样
态

越来越多的孩子对格子游戏充满了兴趣和幻想,因此我们和孩子一起设计、讨论,创设了大班研究所开发的"格集盛宴"活动。

幼儿参加"格集盛宴"活动

与乐对话

一、乐的优取

音乐有强烈的感染力,对幼儿的智力及情感有着十分重要的作用,只要把音乐艺术中的美感、灵感、文化特质持续不断地传递给幼儿,经过潜移默化的启蒙,就会使幼儿的发展进入一个崭新的境界。

《3—6岁儿童学习与发展指南》中指出:艺术是人类感受美、表现美和创造美的重要形式,也是表达自己对周围世界的认识和情绪态度的特有方式。音乐与生活世界息息相关,生活是音乐产生与创作的源泉。每个人对音乐的感受、表现、体验都是基于个体的生活世界,幼儿对音乐的体验同样如此。音乐活动中要遵循幼儿的发展规律和学习特点,关注幼儿身心的全面和谐发展。同时要尊重幼儿发展的个体差异,始终关注儿童的主体发展与精神需求,以素质教育的理论和《幼儿园教育指导纲要(试行)》的精神为指导,以审美与快乐为核心,以情境与体验为手段,促进幼儿全面和谐快乐地成长。

*音乐与情绪

好听的声音、优美的旋律、不同的音色、轻快的节奏等音乐手段吸引着幼儿的注意,幼儿不知不觉中在音乐的熏陶下消除焦虑,亲近陌生的伙伴,熟悉陌生的环境。通过优美的琴声、洪亮的鼓点以及有节奏的拍手等吸引幼儿的注意,"一根手指转呀转呀转,两个不孤单",贴近幼儿经验,又有手部动作的手指操练习,能够让幼儿随着音乐动起来,在操作中幼儿的情绪随之转变,逐渐平静下来。轻松的音乐让人放松,雄壮的音乐让人振奋,优美的音乐让人恬静，久而久之，能够促进师幼身心健康成长。

*音乐与想象

音乐中用肢体动作的表达是最直接的方式之一。在韵律活动中，幼儿自由地用身体动作反映音乐节奏的强弱、快慢；幼儿将各种自然的动作，如走、跑、跳等动作创造成富有童趣的情节，如"飘落的树叶""绽开的花朵"，他们根据生活经验自由联想，尽情表现和发挥。在歌唱活动中有一些简单的词句，我们把歌词中的部分交还给孩子，让他们尽情地去改编歌词。

*音乐与智力

音乐教育有助于启迪智慧和创造力，促进智力的发展。雨果有一句名言："开启人类智慧的宝库有三把钥匙，一把是数字，一把是天文，一把是音符。"音乐教育可以培养儿童的创造力，启迪智慧，对智力的开发也起到促进作用。

音乐以动听的音响、优美的曲调、鲜明的节奏等特殊的艺术魅力赢得幼儿的喜爱。对学前儿童来说，音乐学习首先是一件有趣的事情，如果学习情境与内容不能引发他的兴趣，即不触动他的感受系统，一切学习都是无效的。根据塞拉菲尼、克劳德和雷普在1984年做的实验研究，幼儿在学习歌曲时，旋律和歌词是整体而不是分散的部分。幼儿掌握一首歌曲有一个渐进的过程：先要学会歌词，接着是节奏，然后才是旋律轮廓和音程。由此可见，对于学前儿童来说，音乐的选择尤为重要。

（一）优取原则

1.风格贴合幼儿音乐趣味

音乐风格指的是各种音乐要素——旋律、节奏、音色、力度、和声、织体和曲式等富有个性的结合方式。它存在于具有共同听觉特征的音乐群体。比如，西方音乐中的古典音乐和浪漫音乐，西方音乐爱好者或者受西方音乐熏陶的人很容易区分它们的区别，这就是音乐风格上的区别。然而，幼儿园音乐教学中所指的音乐风格，与音乐专业领域的音乐风格相比，可能更接近"体裁"的概念。每种体裁都具有其独特的表现手法和创作习惯，也是这些体裁的风格。与幼儿园音乐趣味比较相投的音乐体裁有：摇篮曲、进行曲、舞曲，这三种体裁的音乐风格有较大差异，也很适合用动作来表演完成。

2. 难点适宜幼儿学习掌握

对于幼儿来说,歌曲歌唱的最初阶段,歌词与曲调是不分的,幼儿把歌词当作歌曲的全部,所以首先应该让幼儿掌握歌词。因此,我们在选择作品的时候应该把熟悉歌词当作歌曲教学的核心内容。随后,我们应该解决音乐作品的节奏问题,对于节奏相对复杂的作品,需要通过语言节奏与身体动作的铺垫来解决。最后才引导幼儿注意关注作品的情感表现。在音乐作品的选择上,一首歌曲最好只包含一个难点,其余的对幼儿来说都是比较容易解决的。

3. 类型拓展幼儿认知体验

学前儿童音乐教育中,音乐作品的选择应该是合理地选择世界范围内的种种音乐,而不能仅仅局限在某个地域。教师和家长在选择时,在音乐作品符合幼儿年龄特点的前提下,挖掘民族的、生动的儿童音乐作品,同时也不要排斥流行音乐,把流行音乐中相对合适的内容做改编后也可以为幼儿园所用。音乐作品还可以具有说教性,幼儿通过演唱音乐作品可能比言语的说教有效得多。

(二)音乐资源库

以辅助与教育主题的原则,我们在对乐曲的选择中以"幼儿""作品"两个角度为思考切入点。从幼儿角度来看,即幼儿对音乐的感受能力、音乐经验、音乐表现力及年龄特点等幼儿音乐学习及表现的相关因素。从作品角度来看,即作品结构、作品调式、作品情感等主要音乐特征。

1. 作品分类

我们将这两个角度进行交叉分析,针对不同年段,分"进行如虹""狂欢舞会""轻松欢愉""妈妈味道"四个板块进行作品的选取。过程中,我们收集了相关的音乐作品并做一定的分析整理,初步奠定不同年段幼儿对音乐感受的氛围情境。

"与乐对话"的乐曲分类

板块	曲目列举			表达主旨
	小班	中班	大班	
进行如虹	《玩具兵进行曲》《惊愕交响曲》...	《狮王进行曲》《土耳其进行曲》...	《玩偶进行曲》《巡逻兵进行曲》...	表达自我理解和认知中戏剧性的感受
与乐对话 · 狂欢舞会	《动物狂欢节》《蝴蝶幻想曲》《野蜂飞舞》...	《水族馆》《赶花会》《加速度圆舞曲》...	《西班牙斗牛曲》《喜洋洋》《金蛇狂舞》...	表达自我不同的情绪情感
轻松欢愉	《云妖之舞》《小鲤鱼旅行记》...	《瑞典狂想曲》《糖果仙子舞曲》《单簧管波尔卡》...	《口哨与小狗》《挪威舞曲》《军刀舞曲》《打字机》...	表达自我连续性或主题式想象
妈妈味道	《摇篮曲》...	《月光奏鸣曲》...	《勃拉姆斯摇篮曲》...	对自我情感内容进行意向性表达

● "进行如虹"板块内容涵盖了一些进行曲曲目,进行曲曲目类型的乐曲,节拍明显、直白,情绪激昂,能够比较有力地唤起幼儿的情感,投入其中,表现理解和认知中戏剧性的感受。

● "狂欢舞会"板块中的乐曲,我们选择了情感维度比较明显、作品结构比较对称的作品,幼儿在感受的过程中能够比较快速地找到乐曲不同结构部分的情感表达、动作表现特点,结合自己的情绪情感多元表达。

● "轻松欢愉"板块中的音乐作品,我们主要选择了相对比较舒缓且饱含情节表达或故事情境特点的一些曲目,在和这些曲目对话的氛围中,幼儿能够充分表达自己的连续性或主题式想象。

● "妈妈味道"板块中的音乐,我们选择了一些温柔、浪漫的曲目。这些乐曲旋律柔和、情感细腻,且对很多幼儿来说具有熟悉感,对话过程中,幼儿可以对自我情感内容进行意向性表达。

幼儿在园生活的各个环节是丰富多彩的,始终充满了音乐的旋律。音乐伴随幼儿的生活开始,每天早晨在幼儿园响起的悦耳的音乐声中,幼儿自由地活动,生活变得有生气,入园活动在自然、有序的氛围中进行。

2.乐的运用

(1)音乐氛围

◎晨间音乐

优美的晨间音乐为幼儿在园的一日活动拉开序幕,在晨间入园的环节中,我们把大师的音乐渗透其中。

晨间音乐的选材

类型	音乐作品	分析
对话四季	《二十四节气歌之立春》《二十四节气歌之芒种》《二十四节气歌之立夏》《二十四节气歌之寒露》	晨间播放有关二十四节气的歌曲,渗透节气的诗歌与韵律,歌曲以中国传统歌曲为主,在每日入园时营造节气的氛围
对话古典	《G弦上的咏叹调》《肖邦:A小调圆舞曲》《杜鹃圆舞曲》《海顿小夜曲》	晨间以古典音乐为主,选择欢快愉悦的古典音乐,旋律中有节奏的律动感与晨间进行的体育锻炼正契合,幼儿可以在晨间进行锻炼的时候对歌曲有一定的想象
对话童谣	《大雁往南飞》《寻找小王子》《好宝宝》	晨间以幼儿耳熟能详的童谣为主,一段时间的旋律熏陶,幼儿能够从童谣中获得一定的歌词、旋律、节奏的感受,并能够通过自己的想象表达与表现
对话节日	《新年好》《恭喜恭喜你》《招财进宝》《喜洋洋》	在每个传统节日的当天,晨间为幼儿提供的是有关节日的音乐,为幼儿营造节日欢庆的氛围,同时能够让幼儿体验到传统节日

◎午睡音乐

午睡需要平和、安静、轻松体验的乐曲,在平日的观察研究中我们发现,中速与中速以下较慢的作品适宜午睡环境的创设。午睡分为准备午睡和起床的阶段,选择节奏舒缓、速度较慢、力度较弱的与中强偏弱的、柔美温暖的力度的音乐作品。

午睡音乐的选材

	准备阶段音乐	起床音乐
古典音乐	1.《小夜曲》(海顿曲,小提琴) 2.《摇篮曲》(舒伯特曲,钢琴) 3.《宝贝乖乖睡》(舒伯特曲) 4.《摇篮曲》(舒伯特曲)	1.《蒙古牧歌》 2.《f小调音乐瞬间》 3.《幼儿芭蕾舞蹈音乐》
歌曲音乐	1.《茉莉花》 2.《虫儿飞》 3.《晚安》 4.《摇篮曲》(东北民歌)	1.《静夜思》 2.《春晓》 3.《小音符》 4.《彩虹的约定》

(2)音乐管理

◎过渡环节

《幼儿园教育指导纲要(试行)》中指出:各环节之间的衔接要自然,尽量消除消极等待的现象。因而在过渡环节,我们在有趣的音乐游戏中感受节奏、节拍的美。过渡环节在幼儿的一日生活中起着承上启下的重要作用,要充分发掘其中的教育资源并加以积极利用,而将音乐运用到过渡环节中,在增加幼儿音乐经验的同时,也让过渡环节趣味横生,幼儿能够感受到结合音乐进行表达的乐趣。

小班"我是音乐小老师"

　　小班幼儿对音乐游戏、手指游戏特别喜爱,很愿意跟着教师唱唱歌、做动作。所以,各班在过渡环节都会应用音乐律动和音乐歌唱活动与手指游戏,让幼儿在音乐中慢慢安静下来。同时在这个过渡环节,教师发现有个别幼儿的乐感非常好,能够很准确地跟着音乐做出相应的动作,在互动中非常积极、主动。为此,教师进行了调整,让小朋友自主报名上来做小老师,带领小朋友一起玩音乐游戏、手指游戏。教师的角色有了改变,由幼儿来做小老师,增加游戏兴趣,培养幼儿的多元表达。

案例 手指游戏"小鳄鱼之歌"

　　故事情境:讲述了一只肚子很饿的小鳄鱼要出去寻找食物,小鳄鱼一边走一边用望远镜望向远方,在远远的地方有一只菠萝,这菠萝有硬硬的皮,这样可不能吃,怎么办?"需要削皮,削皮削皮削皮。"

　　1—4小节:前奏。双手一高一低,掌心相对拍击,表现"水果掉下来"。

　　5—8小节:"爬,爬,找一找"——双手五指张开在胸前,做"脚掌"状随乐小幅度"爬行"动作,随后双手放在额前做"看"的动作。每两节为一组,共两组。

　　9—10小节:"找到水果想要吃"——右手食指前2拍指向某处,左手随乐点指右手食指动作3次,每次2拍。

　　11小节:双手随乐在胸前交叉摆动2次。

　　12小节:双手叉腰,身体前倾,做吐舌头状,发出噪音声效。

　　13—16小节:"需要削皮"——掌心相对,与肩同宽,"削皮削皮削皮"——双手做削皮状。两小节为一组,共两组,反复一次。

　　尾声:模仿吃的动作,右手握拳在肩膀位置,合乐两拍一动,做手肘下压动作,两拍一动做8次。

◎音乐点名

点名在一日活动中是必不可少的环节,幼儿对以往的点名感到枯燥和乏味。幼儿自发性地提出喜欢的点名方式并加入自己的想法,在点名环节,幼儿的积极性和兴奋性会大大提高。在这一过程中,幼儿将音乐自发地运用到生活之中,是幼儿与音乐在生活中的对话,让幼儿有更多的结合音乐自主表达的机会。

案例 **大班"老师弹琴我来唱"**

师:有小朋友告诉老师说,我们的点名环节有一些无聊,有什么方法可以让我们的点名环节更有趣呢?

幼:可以让小朋友自己报学号。

幼:这样还是有点无聊,我们可以唱歌的时候点名。

师:这个想法很有趣,那我们应该怎么做?

幼:就是老师弹琴,我们一个一个唱自己的名字。

师:这样的点名方法一定很好玩哦! 我们来试一试吧!

案例 **小班"你在哪里?"**

教师和小朋友可以以歌唱的形式进行点名,如问答《问好歌》,12/34/5—/54/32/1-/,教师唱:"××你好!"小朋友回唱:"小朋友们好!"如《在哪里》,34/5-/34/5-/55/15/1555/1555/5432/1-/,教师唱:"×××,你在哪里?"小朋友回唱:"我在这里! 我在这里! 大家好!"既可以用音乐歌词的形式表现自己,也是师幼间交流的新形式。

幼儿游戏"你在哪里?"

（3）音乐活动

◎集体教学

在与乐对话的实践中,我们的集体教学活动以游戏化的形式为主,在游戏过程中积极开放和自我更新,将教师预设的教学目标转变为幼儿现实的努力学习目标。音乐游戏活动也是幼儿音乐经验获得的主要途径,在游戏中,幼儿的创造空间更大、表达形式更加个性化。在音乐游戏中,幼儿对音乐理解和感悟的表达更具个性性,幼儿的多元表达也更具自主性。

《小鱼快跑》教学设计

教学环节	教学内容	分环节	重点
第一环节	感受歌词内容	出示图片,引入情境	进入池塘的情境中
		讲故事及提问感知歌词内容	初步感知故事情节
		总结故事内容,巩固歌词内容	按顺序回顾故事情节
第二环节	感受歌曲内容	范唱并出示与角色相匹配的动作示意	按故事内容理解歌词
		范唱并出示与角色相匹配的动作示意 引导幼儿分角色做动作歌唱 师幼互动唱歌	初步感受歌曲的旋律
		引导幼儿分角色做动作歌唱	初步感受歌曲的合拍
		师幼互动唱歌	初步达成合拍合乐
第三环节	表现歌曲内容	分角色扮演手臂游戏	达成合拍合乐歌唱
		自主的角色游戏	表达歌曲的内容

《小鱼快跑》歌词本身具有故事性情境,歌词中讲述了在一个池塘里,渔夫抓小鱼的故事。五条小鱼在池塘里游来游去,渔夫看到小鱼想来抓它们,第一次抓的时候五条小鱼躲了起来,第二次抓到了一条小鱼。歌词用两次"快跑快跑"表示渔夫要来抓小鱼,用"哎"和"耶"两个不同的语气词表示第

一次没有抓到、第二次抓到了,巧妙又简洁。歌词有五段,每段歌唱除开始的数字不同外,其余部分为重复内容。

根据渔夫抓小鱼的歌词内容,在内容感受部分,教师出示池塘的图片引入池塘的情境,教师操作渔夫和小鱼的玩偶讲述故事情节,整个环节以视觉媒介和语言描述为基础,使幼儿进入角色的思维状态;在音乐感受部分,以半弧形的座位为池塘进入情境,教师引导幼儿分角色合拍做小鱼和渔夫的动作感知音乐的句段特点;在音乐表现环节,以池塘样式的垫子引入情境,分小鱼和渔夫双角色扮演,将情境内容合拍地表现出来。

案例 《金蛇狂舞》

● 乐曲分析

《金蛇狂舞》是一首具有浓郁民族风格的乐曲,乐曲体现了喜庆热闹的气氛,在许多传统的节庆活动中都会听到这首经典乐曲。这首乐曲是**ABA**结构,特别是**B**段音乐具有明显的对话及螺丝结顶的曲式结构特点。

● 主题融合

在大班"收获秋天"主题活动中,我们选择了民乐曲目《金蛇狂舞》,这首乐曲之前就有一系列的大班年段教学活动。在本主题下,我们进一步拓展了该乐曲的情感和结构特点,引导幼儿在理解乐曲结构和氛围的基础上,通过打击乐器表现乐曲中所表达的秋天丰收的喜悦心情,从而引发幼儿感受农忙时人们繁忙又充满希望的样子,体验大丰收的喜悦。

《金蛇狂舞》教学设计

表现形式		重难点预设		重点设计	
乐器选择	鼓	重点	感受乐曲喜悦的气氛	有侧重的课时规划	一课时利用肢体体验节奏
	锣		结合音乐打击乐表现自己对丰收喜悦的表达		二课时加入乐器
	响板				
打击节奏	八分音符为单位	难点	尝试掌握节奏型并表现	有情绪的情境	秋季情境的导入
	每小节敲击四次		打击乐器时的合作		

● 乐曲分析

《雪人之舞》是一首ABA结构的乐曲,其中B段旋律的连贯及断顿是该乐曲比较明显的旋律特点。整段乐曲结构鲜明、轻松愉快,从幼儿的音乐经验、认知经验及情感体验上来说,都比较易于引起共鸣。

● 主题融合

《雪人之舞》的选用往往是在小班年段,那么其他年段能否使用该乐曲以促进幼儿音乐经验的发展呢?

我们进行了几次研修,通过不断分析和尝试,将《雪人之舞》与大班年段"树叶的舞蹈"主题结合起来,将树叶在四季中不同的变化这一情境与整段乐曲契合起来,并将难点段落B段的旋律特点和树叶微浮、飞舞、游戏等情境结合起来以帮助幼儿理解表达。

"树叶的舞蹈"教学设计

表现形式		重难点预设		重点设计	
肢体表现	手部伸展、左右摇摆	重点	感受乐曲旋律所展现的树叶随季节变化的情境内容	情境推动	经验唤醒:秋叶飞舞 经验拓展:春日生长、夏日微浮、秋日飘落、冬日欢舞
	肢体互动		合拍表现树叶生长、微浮、飞舞、游戏的内容		
	创意定点动作				
旋律结构	ABA结构	难点	尝试用肢体动作表现B段旋律的连贯及断顿	教具辅助	B段音乐画动态图谱情境动画
	B段旋律的连贯及断顿				

◎快乐离园

离园前的准备时间虽不是很长,但也是幼儿日常活动的重要部分。如何在这段时间内让幼儿获得有益的各种经验呢?我们发现在这个不长的时间里,投入音乐对话是比较合适的,并在这一过程中发展出了不同年龄段的互动表达方式。

| 案例 | 中班"小鞋子的舞蹈" |

在离园前的时间经常有一些音乐游戏以帮助幼儿舒缓情绪,让幼儿愉快地离园。常用的音乐游戏如"小鞋子的舞蹈",老爷爷、约翰、朋友三个角色出现时,小鞋子有不同的表现。老爷爷出现时小朋友要变成木头人,约翰出现时小朋友躲起来,朋友出现时小朋友打招呼。

幼儿游戏"小鞋子的舞蹈"

| 案例 | 小班"击鼓传唱" |

我们采取较多的游戏是"击鼓传唱",拿到"话筒"的小朋友表演一个音乐节目。幼儿非常喜欢这一游戏方式,在个别幼儿表演的时候,由于歌曲朗朗上口,会有幼儿不自觉跟唱的情况,为此在表演结束后,教师介入其中,引导幼儿学会倾听,尊重别人,在单独的表演结束后,可以让会唱的小朋友一起进行合唱的展示。

幼儿游戏"击鼓传唱"

二、由乐而抒

音乐是幼儿教育中非常重要的一个组成部分,其对于幼儿在审美能力、内在情操以及心智水平方面都有着非常重要的启蒙作用。美国心理学家霍华德·加德纳的多元智能理论指出："幼儿天生喜欢音乐,都喜欢在音乐的海洋中畅游,他们天生就是音乐家。"人们通过对声音的创造、理解和沟通,对音调、节奏、音色以及旋律增强了敏感性。对幼儿进行音乐教育,充分体现教师的主导作用,同时也要生成幼儿的主题能力,并且进行发展,才能体现出音乐特有的多元性。因此多元性的音乐活动,能够帮助幼儿开拓音乐学习和表现的空间,从而发展幼儿的音乐潜能。

所以,我们在这一过程中采取多种途径、利用不同的策略、营造多样的表达空间,支持幼儿通过与"乐""舞""器""演"分别对应的歌唱表现、肢体表达、乐器演奏、情境表演四种表达方式,传达对音乐及其组成要素的理解,抒发情绪情感。

三、由乐而音

1.节日庆典中的歌唱表达

周一的升旗仪式与往常有了些不一样,映入眼帘的正是彰显中国美的红色。孩子和教师都穿上了红色的衣服,迎接这次庄严又特殊的升旗仪式。小旗手们手持国旗入场,随着国歌将国旗缓缓升起。在满场的注目礼与嘹亮的国歌声中,国旗升到顶端,迎风飘扬。

中班幼儿合唱《五星红旗真美丽》

"什么是国庆节?""你想对祖国妈妈说些什么甜甜的话?""怎么样才是爱国?"等等,教师的一系列问题激起了孩子们的思考与表达欲望,孩子们纷纷讲起了自己对国庆节的理解及想说的话:"国庆节是中国的生日。""我要祝祖国妈妈生日快乐……"孩子们也在这次国旗下讲话中了解到原来爱护环境、讲文明、认真对待升旗仪式等行为都是爱国的表现。孩子们还想到了许多庆祝国庆的有趣活动,准备为祖国送祝福。

中班的宝贝们歌声嘹亮,合唱着一首首好听的歌曲送给亲爱的祖国妈妈。我们庆中秋,祖国迎华诞,中秋国庆喜相逢。红歌是中国革命历史真实的写照,它永远是激励我们继续奋斗的号角!

2.主题中的歌唱表达探究

在"大中国"主题中,我们在赏国粹的部分有京剧《穆桂英挂帅》的集体教学活动,资源中有京剧视频《穆桂英挂帅》选段欣赏。幼儿对京剧的了解较少,在欣赏完京剧片段后,小朋友们开始了讨论。

◆他们的装扮很不一样,他们还会在脸上化装,头上也有大大的装饰。

◆他们的衣服是大大的,所有的袖子都是长长的。

◆他们的声音很不一样,他们会拖着很长的声音,"咿咿呀呀"的声音。

总之,在对京剧片段有了初次接触之后,孩子们对京剧独特的装扮和唱腔有了浓厚的兴趣。

"脸谱上有各种各样的颜色,这什么意思呢?"小朋友们在分享自己找到的脸谱的同时引发了许多观察体验"有的脸谱上面有很多红红的颜色,有的脸谱上是白白的颜色……""脸谱上都是彩色的。""我的孙悟空脸谱上就是黄黄的!"

小朋友们在私下的探讨中发现了脸谱有各种各样的颜色,不同的颜色代表了不同的人物。在第一次欣赏后,我们在班级的表演区投放了一些脸谱的图片,幼儿根据不同的颜色进行了分类,发现了脸谱上的色彩,并通过脸谱的形态,发现简单的颜色与性格的关系。比如小朋友们在分类中引发猜想:"大红的脸谱一定是很生气!""是暴脾气。"

这一次我们在集体教学中加入了《说唱脸谱》的内容,幼儿对人物与脸谱色彩的对应有了更深入的了解,知道蓝脸的窦尔敦、红脸的关公……一系列戏曲中的人物,能够将人物与脸谱的色彩对应起来。

"这些人都好奇怪,他们都是古代的人吧?""曹操是东汉末年的人,我听过!"小朋友们已经知道了不同颜色脸谱对应不同人物,但人物背后的故事离我们的生活经验较远,因此我们开展了一次"戏剧人物故事会"的小活动,小朋友们分享了自己喜欢的戏剧人物故事,深化了对脸谱人物形象的认识。认识了这么多脸谱,小朋友们也想把脸谱变出来,设计出自己最喜爱的脸谱人物,小朋友们围绕脸谱的多彩、夸张和左右对称,大胆地涂色,一个个脸谱小模特出场啦,一张张惟妙惟肖的脸谱出现在我们面前。音乐起,小演员马上起范儿,长袖一甩,"咿咿呀呀"地唱起来,还真有那么一些梨园小演员的架势。

"大中国"主题下"脸谱"子主题的行进脉络

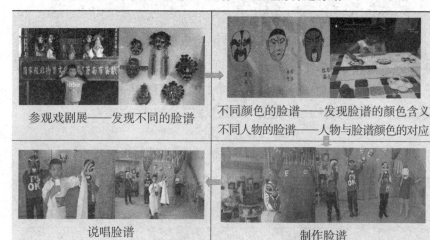

参观戏剧展——发现不同的脸谱

不同颜色的脸谱——发现脸谱的颜色含义
不同人物的脸谱——人物与脸谱颜色的对应

说唱脸谱

制作脸谱

京剧脸谱造型夸张、色彩鲜艳、内容丰富,孩子们在活动中体验的快乐在延续,更多精彩的脸谱知识也在延续。

四、由乐而舞

在音乐活动中,幼儿除了用歌声来表现乐曲的歌曲内容或旋律特点外,还可以借助肢体动作来表达歌曲内容和旋律特点。幼儿园中的律动活动是让幼儿感受音乐,并能在音乐的伴奏下,根据音乐不同的旋律、强弱情感等,有节奏、有规律地进行身体运动来表现音乐。它对幼儿身心的健康、情操的陶冶、智力的开发、肌肉的发展与平衡感的锻炼等都有着举足轻重的作用,也是幼儿学习舞蹈的基础。对于好奇、好动的幼儿来说,律动更符合其年龄特点,舞动的身体是幼儿对于音乐的节奏和旋律的感受与贯通,让幼儿更细腻贴切地体验音乐。

接下来就从来自音乐游戏和主题活动的案例进行分析,我们是如何支持幼儿利用肢体动作来抒发自己对音乐歌词和旋律的共鸣。

通过歌词内容的提示,幼儿可以借助创想身体动作帮助理解歌词的意思以及作品本身的含义。在经验支持下、教师引导下,幼儿还可以根据歌词的词性来自主创编动作,如歌词里常出现的动词"走""跑""跳""碰"等。用自己的身体进行沟通和交流,在肢体与音乐对话的过程中产生了神奇的魔力。

1.集体活动后的肢体表现

在《头发肩膀膝盖脚》的音乐活动中,可以根据歌词内容用手点头发、膝盖、肩膀、脚的方式,幼儿对自己的身体部位也非常感兴趣,在边动边唱的过程中,让幼儿潜移默化地理解歌词内容,同时也让他们在其中感受到了动起来的快乐,这就是肢体和音乐之间进行对话给我们带来的神奇的魔力。

幼儿对音乐《头发肩膀膝盖脚》的肢体表达

《头发肩膀膝盖脚》	
	具体环节
听教师如何启发	头发、肩膀、膝盖、脚,你们发现了吗?这些歌词里的内容是不是都在我们的小身体上啊?我们一起来找找吧! (教师引导幼儿找身体的部位) 你们能想出什么动作跟着歌曲一起动起来呢?
看幼儿创玩表达	幼儿:头发、肩膀、膝盖、脚(幼儿一边说,一边碰了碰相应的部位) 幼儿:眼睛、耳朵、鼻子、嘴(不同部位,幼儿做了不同的创想动作)

根据歌曲作品的旋律走向,在肢体动作的伴随下,形成鲜明对比,感受音的高低。幼儿通过认识自己的身体,并用自己的身体动作感知世界;用创造性肢体动作来与同伴进行沟通,并移情体验他人以及动物的情感。

案例 **中班《花蝴蝶》**

幼儿在游戏开始阶段可通过感知小毛虫变花蝴蝶的生长过程来感受旋律的基调是上下游走的。根据旋律,幼儿自发做出上行旋律和下行旋律的肢体动作,用肢体去感受旋律轮廓线的走向,将肢体动作融合在音乐的旋律中,在其中也用创造性肢体动作与同伴进行沟通,并移情体验他人以及动物的情感,感受肢体的魔力,同时与心灵感受有了契合。

《花蝴蝶》教学设计

歌唱活动	重点旋律	相应歌词	旋律线
《花蝴蝶》	1234/5432/1234/5----	爬爬爬爬 小毛虫啊 爬爬爬爬爬	

听教师如何启发	看幼儿创玩表达
小毛虫是怎么爬的？ 你能用身体动作做出小毛虫爬的动作吗？ 小毛虫结茧后变成了花蝴蝶，花蝴蝶是怎么样的？你能用动作做出来吗？	幼儿随着教师的歌声在地上表演小毛虫的动作 多次尝试后，幼儿和着音乐边唱边体验小毛虫变花蝴蝶的感受

2.主题活动中的肢体探索

（1）不同年段在同一主题下的探究

不同乐曲的结构和展开方式能够体现不同程度与视角的体验、情感特点，贴合幼儿在主题活动学习中对不同认知经验、情感体验获得的表现和表达，选择合适的乐曲，能够起到双向促进的作用，从而进一步促进幼儿的音乐经验和主题活动相关经验的获得。

在小、中、大班有关"秋天"主题的活动开展过程中，幼儿与乐对话的过程就反映了这一点。我们在不同主题下根据幼儿经验发展的过程、兴趣及水平等，选取不同的曲目，从教学活动进行引入，引导体验表达。又在各类音乐游戏中拓展衍生幼儿体验表达的内容及形式，引发幼儿的生活经验、认知经验、情感经验、与乐曲的共鸣。

"秋天"主题下乐曲资源融入的外在表达

"秋天"主题下的与乐对话实例		
	小班	中班	大班
主题名称	"多彩的秋天"	"畅想秋天"	"收获秋天"
作品曲目	《秋叶》	《瑞典狂想曲》	《金蛇狂舞》
引入方式	欣赏活动 "落叶飘飘"	欣赏活动 "苹果丰收"	打击乐活动 "庆丰收"
外在表达	肢体模仿、表现树叶飘落的形态 语言描述树叶飘落的样子	肢体表现农夫去果园路上、采摘苹果、收获苹果后的各种动作	尝试通过打击乐器表现乐曲中所表达的秋天丰收的喜悦心情

● 衍生表达

在教学活动之后，我们延续了幼儿对乐曲的共鸣需求，不同班级采用了艺术创作、小舞台等不同形式，反映出秋天收获的热闹景象及秋天大丰收的喜悦。在这一过程中，进一步延续了幼儿与乐曲的对话，将共鸣的结果通过多种方式表达出来。

"秋天"主题下乐曲资源融入的衍生表达

内在共鸣	感受树叶飘落的美好景象,体验乐曲旋律的优美	体验秋天采摘收获的快乐,体验乐曲的节拍,感受乐曲轻松、愉悦的氛围	感受农忙时人们繁忙又充满希望的样子,体验乐曲中民族乐器的独特旋律、节奏特点及其传达的喜悦情绪
衍生方式	艺术创作"落叶"	艺术创作"快乐的农夫"	表演游戏"舞龙庆丰收" 艺术创作"拾穗忙"

拓展 表达	利用树叶添画或组合表现落叶的多种形态 	利用蒙德里安格子画的艺术表现方式创作农夫采摘果子时快乐的样子 	通过小舞台上舞龙、舞狮，来表现秋天大丰收的喜悦；模仿《拾穗》描绘大丰收的忙碌景象 

（2）同一乐曲在不同主题中的探究

在实践过程中，我们通过多次研讨和实践，也开发了对一些乐曲的多层次、多角度的利用。一些乐曲本身所具有的多种音乐特征，让我们在开展活动时有了更多的选择。其与主题活动背景结合，给予不同年龄段的孩子不同的体验，在对话中引发了不同指向的共鸣。

《雪人之舞》在不同主题中的运用

乐曲《雪人之舞》在不同主题中的运用实例			
	小班	中班	大班
开展方式	欣赏《爱吃水果的农夫》	欣赏《森林里的啄木鸟》	欣赏《树叶的舞蹈》
主题来源	"甜蜜蜜"	"动物王国"	"收获秋天"
外在表达	合拍合句子地表演农夫吃不同水果的动作	尝试随音乐合拍地做啄木鸟啄木、捉虫的动作	通过肢体动作，感受乐曲旋律所展现的树叶春日生长、夏日微浮、秋日飘落、冬日欢舞的情境
内在共鸣	体验农夫吃水果时快乐的情绪，感受乐曲的节拍及传达的快乐情绪	体验合作表演啄木鸟觅食的乐趣，感受乐曲的旋律特点及传达的快乐情绪	体验表演树木生长的过程，理解乐曲的ABA结构

（3）肢体表达的项目探究

◎触发——对舞狮感兴趣

申花实验幼儿园每周一有男教师带领小朋友做功夫操的传统，这为"大中国"主题下"中国功夫"的健康教学活动做了很好的铺垫，集体教学让小朋友们的招式更加有力。然而，课后教师问男孩儿们："你们知道谁的功夫最厉害？""少林功夫！""功夫熊猫！""奥特曼！""超人！"……男孩儿们的回答千奇百怪，能说出"中国功夫"的却是寥寥。

幼儿学习"中国功夫"

为了补足小朋友们对有功夫中国人的认知，教师给小朋友们看了黄飞鸿的功夫片段。看到黄飞鸿舞狮的片段，教室里阵阵惊呼："哇！太厉害啦！""这狮子太厉害了，嘴巴在动，眼珠子也在动！""有一个蜈蚣跑来了，狮子和它斗起来！"

这一次讨论十分热烈，甚至几天后，小朋友们对舞狮的片段仍旧念念不忘，提起来还会摆一摆舞狮的动作。

◎探究——什么动作可以让狮子看起来威武

教师在班里的表演区投放了两个狮头，小朋友们都很开心，拿起狮头开始转圈圈，有不少小朋友去试了试说"狮头有一点重"，还有的说"里面黑漆漆的，我也不知道我做的什么动作"……教师拿起狮头学着黄飞鸿的样子做出特别威武的样子，小朋友们

幼儿练习舞狮

连连拍手，说老师特别厉害："老师很用力地举起狮头的时候，感觉狮子嘴巴张开来，很吓人的！""如果拿起来上下抖，狮子的嘴巴就会张开，就真的像狮子在

吃东西。""老师的脚翘起来,站得很高,和黄飞鸿一样!"原来要把狮子变得威武也要有真功夫呢!

◎探究——怎么舞狮

电影片段里黄飞鸿的狮子是最威武、最厉害的,因为在舞狮大赛里他打败了其他队伍的狮子,小朋友们早已开始学着舞狮的样子游戏了!不过一起讨论大家的舞狮片段时,小朋友们说:"吨吨和小宝太搞笑了!吨吨在前面跑,小宝

海选威武的狮子

在后面追。""两个狮子肯定要面对面!"观察仔细的宸宸说,"那样大家都看到了他们的招式,才是最公平的!"

这一次小朋友们选出了样子最威武的果果和瑞瑞最先来进行舞狮表演,两只"小狮子"在气势上谁也不输谁。

◎活动——我们的舞狮大会

我们一起去操场举办舞狮大会吧!大一班丁老师带领的舞狮队和大二班高老师带领的舞狮队就要在操场上一决高下了!每支队伍都派出了最厉害的狮头出场,还排演好了助兴的队伍,统一了助兴的动作,在有锣鼓的音乐声中两队小狮子威武出场。

五、由乐而器

幼儿喜欢敲击乐器,但无明确的目的性,通常杂乱无章地敲击,这是因为幼儿对接下来的活动内容一无所知,只知道"我在做什么",不知道"接下去做什么"。

1.乐器表达的项目探究

我们通过研讨和不断尝试,从宫西达也的一众绘本着手,形成了项目式打击乐游戏活动,主要解决幼儿在打击乐活动中的角色与配器以及对节奏的理解和把控。

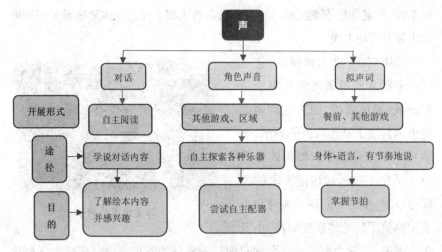

乐器表达项目探究的架构

宫西达也的系列绘本中,并不是所有的绘本内容都能与中班项目式打击乐活动实现良好的契合。因此挖掘了声、色两大要素,并有侧重点地与绘本匹配,为接下来展开项目式探究活动做铺垫。

●截取声中要素,融入项目式打击乐游戏

通过具体形象的画面来描述各种各样的故事情节,通过丰富多样的色彩来表达不同的情绪情感。音乐中也有不同的风格、情绪,二者对于幼儿来说都有着天然的吸引力,若能将二者结合,将激发幼儿的多元表达。

我们截取声、色要素并给予幼儿自主参与的支持和引导,让幼儿在打击乐游戏中发挥其主体性。在声、色中了解绘本内容,喜欢绘本情节,学说角色中的对话,在玩乐中建立打击乐活动的常规认知,感知节拍、尝试配器等,完成项目探究体验式的打击乐活动。

2.主题活动中的乐器表现

(1)主题融合

《金蛇狂舞》是一首具有浓郁民族风格的乐曲,该乐曲体现了喜庆热闹的气氛,在许多传统的节庆活动中都会听到这首经典乐曲。这首乐曲是 ABA 结构,特别是 B 段音乐具有明显的对话及螺丝结顶的曲式结构特点。

在大班"收获秋天"主题中,我们选择了民乐曲目《金蛇狂舞》,这首乐曲之前就有一系列的大班的教学活动。我们将乐曲引入打击乐活动"庆丰收",并将其投入"收获秋天"主题的最后一个子主题"秋天的喜悦"中,在本主题下我们进一步拓展了该乐曲的情感和结构特点,引导幼儿在理解乐曲结构和氛围的基础上,通过打击乐器表现乐曲中所表达的秋天丰收的喜悦心情,从而引发幼儿感受农忙时人们繁忙又充满希望的样子,体验秋天大丰收的喜悦。

(2)幼儿表达

教学活动前的体验表达,幼儿通过体验拾穗、名画模仿,体验了秋天丰收的快乐,对乐曲氛围的感受积累了情感基础。

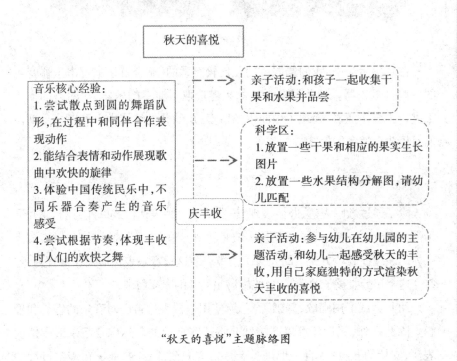

"秋天的喜悦"主题脉络图

大班艺术创作"拾穗忙"

在教学活动中,我们选取了幼儿比较熟悉的、贴合音乐中打击乐器音色的一些打击乐器。幼儿根据自己的兴趣选取了演奏的乐器,在图谱的支持下进行了合作演奏,表现了乐曲中的节奏,从幼儿的情绪中也可以感受到他们对乐曲喜悦氛围的体验。

六、由乐而演

除了通过歌唱表达、肢体表现、乐器演奏三种表达方式以外,我们还开展了情境表演这一表达形式。情境表演是融节奏乐表演、歌曲表演、舞蹈表演为一体的表现性表达方式。幼儿对于情境表演这种音乐表达形式非常喜爱,这符合这个年龄段孩子的爱好,也能够满足幼儿的表现需求。

幼儿尝试了用唱歌、舞蹈、简单地使用乐器表达自己对音乐的感受和理解。除此之外,我们还可以支持幼儿将这些单项的表达综合起来形成情境表演,支持幼儿自由、自主地进行音乐情境表演活动,并能够在表演过程中展现出个人对音乐的感受。

幼儿通过聆听、欣赏不同性质的歌曲,体会欢乐、优美、抒情的情感。通过使用服装、道具装扮自己产生了积极良好的情绪,促进了活泼开朗性格的形成;通过表演音乐作品,增强了自信心。

●主题后的音乐表演表达

音乐《赶花会》的乐曲结构为ABA形式,结构清晰,节奏欢快。乐曲本身的内容解读是鸭妈妈带着小鸭子一起去看花会,这一清晰的故事线条易于幼儿理解和表现。

而在中班主题"鸭子骑车记"中,我们由《鸭子骑车记》这本绘本引入里面的内容,诙谐有趣,胖乎乎、小短腿的鸭子居然潇洒地骑上了自行车。在主题推进中,我们发现中班孩子已经不满足于简单的形象,而对故事情节有了浓厚兴趣,我们希望通过鸭子的形象,将孩子们对鸭子和故事的兴趣进行了充分挖掘。

随着活动的推进,幼儿不再局限于原有的情节了,他们不仅共同准备了服装、道具,还拓展了表演的情境和情节。一些幼儿的想象是由音乐给予的启发,他们的各种表达出现在舞台表演或准备舞台表演的过程中。

有时候演着演着,幼儿会想到一些附加的动作或者情节,自发地拓展表达了自己对音乐的感受。

在幼儿利用舞台表演表达自己对音乐及其各种元素的感受时,在这些丰富多彩的音乐游戏活动中,再结合美工和幼儿的语言等,向幼儿展现了一个瑰丽多彩的音乐童话世界,让幼儿"闻乐而思"。发挥想象力,形象地把故事表演出来,通过各种角色、头饰、道具,让幼儿感受栩栩如生的情节和形象。

第五章　百种语言

——幼儿的多元表征

儿童
由一百种组成。
儿童有
一百种语言，
一百只手，
一百种思想，
一百种思维方式、
游戏方式、说话方式。
一百种方式
聆听、惊喜和热爱，
一百种喜悦，
去歌唱和理解，
一百个世界
去探索，
一百个世界
去创造，
一百个世界
去梦想。

——［意大利］洛里斯·马拉古奇

　　瑞吉欧·艾米利亚教育经验强调，通过系统的符号呈现，来促进幼儿的智力发展。教师鼓励幼儿通过多种途径和他们自己的语言来探索周围环境与表达自己。这些语言表达有强调性的、沟通的、象征性的、认知的、道德的、隐喻的、合乎逻辑的、富有想象力的和关联性的，以此培养幼儿在使用口语、手势、绘画、建构、黏土和线材雕塑、皮影戏、拼贴、戏剧、音乐和初步书写等方面的能力，给予他们更多表达自己思想的途径。教师运用一些简短可视化的描述，将幼儿的一百种语言呈现出来。申花的教师也学着运用录音、录像、笔记、照片等方式来记录幼儿表达的小故事，捕捉有意义的时刻。

表 达 方 式

一、美术

（一）绘画

1. "有一个绿色的泡泡,泡泡长大了,变成大树叶了。"

2. "树叶上开出了一朵花,是粉红色的哦。"

3. 当绘画结束后,她看了好久,突然抬起头笑着说:"老师,你看哪,我画了一条毛毛虫!"

还指着红色的圈说"这是毛毛虫的头",指着紫色、褐色、绿色说"这是毛毛虫的身体"。

一开始,幼儿对教师说自己想画泡泡,可是在颜色不断叠加以及联结后,"泡泡"变成了"树叶""花朵"……直到最后,幼儿完成了所有的动作,看着作品说出自己画的是——毛毛虫。

心情调色盘

　　背景介绍:幼儿阅读了绘本《情绪小怪兽》,对于带有丰富色彩的小怪兽有很大的兴趣。在绘本中,幼儿了解到不同的颜色可以代表不同的心情,比如,红色代表生气、激动、害羞,蓝色代表难过等。幼儿在圆形的纸上用自己喜欢的颜色、简单的线条来表达自己的心情。

　　主角:小班幼儿(4岁1个月至4岁5个月)

豆豆:我家里有一条小金鱼死掉了,我今天有一点点不开心,但是妈妈说再给我买一条,所以我也有一点点开心。

糖果:我现在非常开心,我超级喜欢画画,我在家里也天天画画。

格格:我昨天看到了很多小蝌蚪,我今天也想看,我在想念它们。

绵绵:妈妈说晚上带我去城西银泰吃好吃的东西,我现在就有点想去。(期待的心情)

萌萌:这是一大块比萨,上面有蘑菇和很多肉,我喜欢吃比萨,上次妈妈带我去必胜客吃了比萨,我现在还想吃。

（1）幼儿将瓶子里的颜料喷洒到玻璃涂鸦墙上。刚开始幼儿将水瓶中的水挤出的位置是偏低的，幼儿观察到：水是往下流的。了解水的流向后，幼儿将水瓶置于更高的位置，从而产生了"火山爆发"的景象，其他幼儿也踮起脚纷纷模仿，用蓝色的颜料、黄色的颜料创作出更多的"火山爆发"。

（2）幼儿发现用水瓶喷涂颜料比较费力，便尝试用水枪当作美术工具，在白纸上"创作"。米果看着自己挤出的作品说："我这个是蓝色的霸王龙。"其他幼儿看着自己的画也说："我这个是消防车。""我要画一个超大的潜水艇。"

（3）幼儿发现水枪挤出来的颜料会在白纸上洇染开来，纷纷说："不要在一个地方挤，连在一起了。""远一点！"幼儿意识到水枪使用的方式不同会产生截然不同的作品。距离近一点挤出来的颜料就会混合在一起，短时间喷射会出现一摊水。

（4）"哇！看，流下来的水像一道彩虹一样！"幼儿惊奇地发现，从白纸上流下来的颜料在墙边变成了另一幅景象。

雨

背景介绍:在与画对话中,幼儿被吴冠中的《雨花江》画面中的点和线深深吸引。不管是大点小点、长线短线,还是色彩之间的搭配,都引发了幼儿的想象和表达欲。

主角:小班幼儿(3岁10个月至4岁1个月)

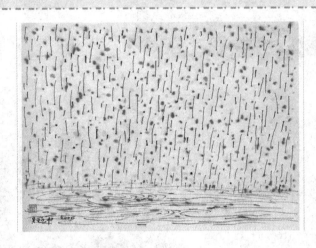

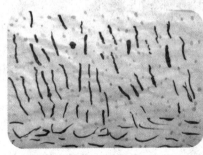

啦啦:雨从天上掉下来的时候是直的,落在地上就是弯弯的。彩色的花瓣在空中飞,慢慢落在了地上。

豆豆:我看过下雨的时候有大雨和小雨,我的线条有粗的也有细的,我的花瓣也有大的和小的。

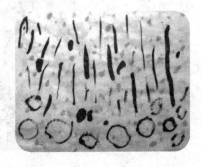

球球：雨落在地上，就变成了小水洼，就跟我们踩的小水洼一样，圆圆的，踩下去有水溅起来。

兜兜：我画的雨就跟树干一样，粗粗的；圆圆的是被砍掉的树。

安安：地上的雨滴就像在跳舞一样，它们在和花瓣跳舞，转圈圈。

小予:我想用这个符号当我的水龙头,再画一朵花吧,可以给花朵浇浇水。

宸宸:大家可要注意啦！我的火箭即将倒数！砰,发射。

二妞:这四个符号精灵我都要！把它们捉来放到我的海盗船上。嘿,你就是船帆了,你当渔网,你……我再想想吧。

小鱼儿:你很像我们家的衣柜,你就当个衣柜吧,我给你画上美美的衣服。

（二）木美作品

亚运公园

背景介绍：从幼儿园往外看，能看到在建的亚运公园，幼儿每天都在观察亚运馆的变化，并通过木美材料制作所见的亚运场馆以及自己创想的亚运场馆。

主角：大班幼儿（5岁5个月至5岁9个月）

沛淇：这个是我跟好朋友岚岚一起做的休息区，因为我觉得比赛完了以后会很累，我们做了一个休息区，让运动员休息。我们用小方块做了桌子，下次还可以继续做椅子。

Kimi、拍拍、元宝：这是我们运动会的两个三足的奖杯，我好喜欢我做的奖杯呀！上面还有亮闪闪的亮片。希望我们可以赢得比赛。

黄豆：这个是我设计的篮球筐，可以在篮球馆投篮球。我用了很多材料，用一颗泡沫球、木头、纸杯、黏土做成的。

黄豆、安仔、姜豆：我们用木头、纸、纸筒做了运动会的接力赛奖杯，我和安仔锯木头，姜豆负责拼，最后再给它装饰一下。

妞妞：我喜欢击剑，每周我都会去万国学击剑，我就用吸管搭了一个击剑馆，旁边很多小椅子是观众坐的，可以看击剑比赛。

点点：我发现我们幼儿园的攀岩墙后面是用一条条木头钉起来的，我也想做一个攀岩馆，可以设置各种难度，闯关成功就可以得到一个奖品。看看谁爬得最高。

满满：我搭的是亚运会的多功能馆，我们可以去里面健身，累了旁边可以休息，还有超市可以买吃的。中间的桌子就是休闲区，晒晒太阳，和小伙伴一起吃东西。

同同：我喜欢投篮，我还做了一个遮阳伞，投篮累了可以在旁边休息一下。

童画童语：对话教育理念下支持幼儿多元表达的申花样态

(三)纸艺

萝卜故事

背景介绍:萝卜是幼儿最熟悉的食物,在绘本《好大的胡萝卜》的引导下,幼儿从摸、看、闻、玩中探索了萝卜里的小秘密。在探索中,幼儿对萝卜产生了不同的感情,尝试用多种方式进行"萝卜大变身"的创意活动。

主角:小班幼儿(3岁5个月至3岁10个月)

小乐:萝卜妈妈拉着萝卜姐姐和萝卜宝宝,萝卜姐姐拿着跳绳,萝卜宝宝拿着气球,它们一起出去玩了,很开心,但是萝卜爸爸不开心,因为他们没有等他一起去。

睿睿:幼儿园里好多蝴蝶呀,萝卜老师带着萝卜学生去抓蝴蝶喽。

牛

　　背景介绍:在"动物乐园"主题活动中,幼儿对农场里的牛产生了兴趣,他们关注到牛的外形、身体结构等,通过纸艺活动来表达自己对牛的理解。

　　主角:中班幼儿(4岁6个月至4岁11个月)

小黑牛乐呵呵地走在草地上,说:"绿绿的小草真好吃。"

这是一头爱美的小牛,红红的腮红、大大的蝴蝶结,真好看哪!

今天天气真好,牛宝宝在牛妈妈的背上挠痒痒,牛妈妈高兴地竖起了牛尾巴。

马蒂斯撕纸

背景介绍:法国画家马蒂斯的名画《海洋》《裸女》以及相关绘本《马蒂斯的剪刀》投放在中班的美工区,孩子以名画中的结构、元素、内容创作为凭借物,来抒发自己的感悟。

主角:中班幼儿(4岁6个月至4岁10个月)

豆豆:我看到了一片很大的草地,上面有很多的杂草,我想用几根棍子做一个铲子,把杂草都弄掉。

优优:海底有很多的珊瑚,有几个珊瑚长在一块儿了,所以它们的手都很难伸出来,很多小鱼和水母都来帮它们想办法,最后它们成功地把手伸出来了。

点点:这是我的一个风筝,我在上面画画,我画了很多水果和武器,这个风筝可以射箭和喷火,很厉害。

逗逗：秋天到了，小鸟都往南方飞走了，因为南方很暖和。那只最大的是小鸟的老大。

小仙：两个小男孩儿准备去踢球，但是他们忘记拿足球了，所以又回家去拿了。

诺诺：天上有很多奇奇怪怪的白云，有几片还是黑黑的，好像要下雨了。

(四)泥塑

萝卜故事

背景介绍:绘本《好大的胡萝卜》引发幼儿的创意与想象,他们用彩泥来制作萝卜小人儿,创编属于他们的小人儿故事。

主角:小班幼儿(3岁5个月至3岁10个月)

小鱼儿:萝卜超人来啦,萝卜变变变,变成了超人。

糖果:萝卜哥哥和萝卜弟弟抱一抱,它们从来不打架,萝卜哥哥很爱萝卜弟弟。

点点:萝卜变成了八爪鱼,太好玩了。

家乡美食

背景介绍：幼儿对家乡的美食并不陌生，在现实生活中，他们也品尝过。但美食的名字叫什么？用什么做的？怎么做呢？于是，我们展开了"家乡美食"系列活动，以"美味食材""家乡小吃""我是小厨师"切入活动，通过实际操作、外出实践等活动，让孩子们了解不同的美食文化，萌发幼儿对家乡的情感。

主角：大班幼儿（5岁9个月至6岁2个月）

昕昕：我的家乡在四川，四川最好吃的就是火锅了！我做的火锅里面有藕片、青菜、金针菇……好多好多好吃的，你要来尝尝吗？

小菜菜：这是杭州的西湖醋鱼，酸酸甜甜的可好吃了！

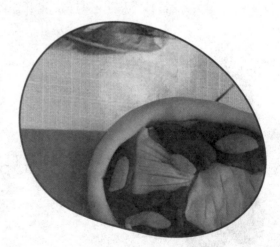

糖糖:我做的小笼包刚刚出笼,里面有虾哦!

小如果:我们嘉兴的粽子可好吃了,我最喜欢里面的咸蛋黄了,酥酥的!

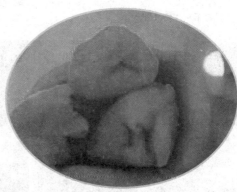

喆喆:我们温州有好多好吃的,我做了自己最喜欢的卷饼,里面有菜,还有黄瓜呢!

Papa:你看我包的小馄饨,里面是肉馅的哦!

（五）编织

编织盒的故事

背景介绍：在"百变毛线"区域活动中，幼儿能运用多种方式玩毛线，在感知毛线的柔软、色彩的艳丽中，了解毛线的基本特性和用途。有旋转绕、百变绕、交叉绕……

主角：大班幼儿（5岁3个月至6岁2个月）

制作一：你好哇

1.蜗牛　　　　2.小花　　　　3.蜘蛛　　　　4.蜗牛

在草丛里，小蜗牛看到了小花说："小花，你好。"蜗牛看到大蜘蛛，说："蜘蛛你好，我们一起玩吧。"

制作二：好朋友

1.白熊　　　　2.棕熊　　　　3.小树　　　　4.小猴子

森林里很漂亮，有高高的树，小猴子、白熊、棕熊，它们是好朋友，经常一起去森林里玩。

制作三：小鸟

1.小树　　　　　2.小朋友　　　　　3.小鸟

小鸟在树上做窝，一个小朋友在树底下，鸟屎落在了她头上，她很不开心。

二、语言

（一）口头语言

绘本故事

背景介绍：在阅读区中，教师投放了幼儿比较喜爱的绘本，鼓励幼儿根据画面中的内容进行简单的讲述。

主角：小班幼儿（3岁8个月至4岁3个月）

绘本《恐龙学校的秘密》

跃跃："谁把教室弄得这么乱哪？真糟糕，我要去告诉杜老师。"

"要不我们一起整理一下吧。"于是三角龙、霸王龙就开始整理了，左摆摆，右摆摆。

绘本《恐龙消防员》

开开：哎呀，对不起。我真是一个调皮鬼，根本做不好任何事，还把雕像推倒了，妈妈肯定要生气了。我再也不想做消防员了。

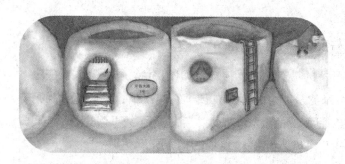

绘本《牙齿大街的新鲜事》

嘟嘟：一号门牙和二号小尖牙，它们都在一个晴好的日子里造房子。一个大大的牙齿里造房子，牙齿通红了。

绘本《神奇的马桶》

卡卡：马桶盖被小偷偷走了，真难受。怎么办呢？赶紧去游乐园、浴室、书店、网球场找找吧。需要坐着小飞机，认真地找一找哦。

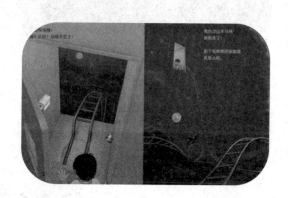

绘本《好饿的小蛇》

悦悦：小蛇走哇走，看到了一个大菠萝，"啊呜一口吃掉了。"小蛇的身体变成了一个大菠萝，然后又继续往前走哇走，因为小蛇的肚子还好饿。

(二)书面语言

星星的故事

背景介绍：米罗的星空充满了神奇与奥秘,奇特的狮子座、大熊星座带给孩子们神奇的梦境与畅想。在孩子们的眼中,星空是魔幻的。瞧！中班幼儿在对话米罗的星空系列作品后,进行了故事创编。

主角：中班幼儿(5岁2个月至5岁8个月)

1."我和星星王子一起乘坐着宇宙飞船,飞到太空里去啦!"

2.天上有好多好多的星星,王子说:"美丽的公主,我们一起来建造星星王国吧。"

3."可是巫师突然来了,她挥舞着魔法棒,变出了三只坏兔子,要把星星们都赶跑。"

4.星星们一起手拉手,变成一个整体,"1、2、3! 坏人快走!"巫师被赶跑啦!

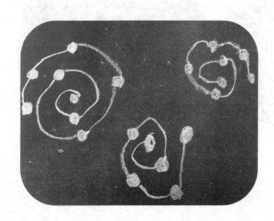

5."王子和公主建造了许许多多美丽的星星城堡,快乐地生活在一起。"

童画童语：对话教育理念下支持幼儿多元表达的申花样态

绘本馆中的信

背景介绍：利用绘本馆的活动以"书信"情境引导幼儿游戏，多角度、多途径培养幼儿浓厚的前书写兴趣。

主角：大班幼儿（琪琪5岁2个月、赫赫5岁11个月）

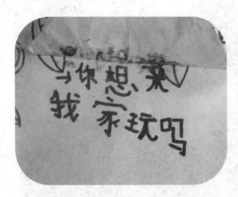

赫赫给琪琪的信：你想来我家玩吗？

琪琪给赫赫的回信：叶赫，我和你一起去家里玩玩具。

幼儿在信封上书写的内容：

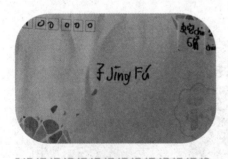

（琪琪：紫金府小区）

（赫赫：上尚庭小区）

新年书

背景介绍:随着大班"新年"主题的开展,在阅读区游戏的孩子们开始了自制新年书之旅。

主角:大班幼儿(卡卡5岁4个月、小宝5岁6个月)

今天阅读区游戏时间,卡卡在语言区寻找制作材料,选了红色的纸、印章和中国风的胶带。卡卡在封面上写上"星"与一个似"年"的字,跟旁边的小朋友说:"这是我的新年书。"后面贴上一张红纸,继续画上一座房子。"大年三十的晚上,我们可以晚一点睡觉,我们家很热闹的,到处贴满了'福'字。"他一边画图写字,一边讲述着自己的新年故事,"过年还要吃糖葫芦,还要放鞭炮,有很多事情要做。"

今天区域游戏时间,小宝拿着剪刀在红纸上剪。老师好奇地走过去,只见小宝在红纸上画了两个小人儿,并剪下来,又剪了一条细细的纸条,贴在小人儿身上,再贴在纸上,小人儿跃然纸上,跳了出来。原来小宝是要做立体书哇!小宝跑到老师跟前讲故事给老师听:"新年到了,我妈妈给我们做年夜饭,她做一条鱼。但是,妈妈在年三十晚上把这条鱼烧焦了,开饭了,妈妈把烧焦的鱼放上桌。我问妈妈:'妈妈,为什么鱼会烧焦?'妈妈说:'因为煮得太久了。'原来因为过年事情太多,妈妈忙不过来啦!"

三、肢体表达

有趣的绘本墙

背景介绍：教师把幼儿感兴趣的绘本故事做成可操作的故事互动墙、互动游戏，引发幼儿的表达。

主角：中班幼儿（4岁10个月至5岁1个月）

大灰狼

媛媛：我是一只大灰狼，啊呜啊呜，我可厉害啦！

漫漫：我的本领更大，在森林里我可是森林之王呢！看我的厉害吧！

拔萝卜

开开：老爷爷的菜园子里种着好多萝卜！

涵涵：我们给它浇浇水，萝卜越长越大，大得不得了。我们去帮老爷爷拔萝卜。我们先拉住萝卜的叶子，"嗨哟，嗨哟"，拔呀拔，拔不动。怎么办呢？

开开：我来帮你一起拔萝卜！我们一起拉着萝卜叶子，一起拔萝卜吧！

涵涵：嗨哟嗨哟！拔出来啦！我们成功啦！

我和老爸

漫漫:有一天,罗力和爸爸说我要出去冒险了,你不要跟着我哦!

沐沐:老爸说:"好的,你去吧! 要注意安全哦!"

漫漫:咦,罗力遇到了小猫咪,他很开心地邀请小猫咪和他一起去冒险。

沐沐:老爸其实一直偷偷地跟在罗力的后面。

漫漫:罗力和猫咪遇到了一条小河,他们想要过这条小河,可是怎么办呢?

沐沐:老爸游进了小河中变成了他们的桥。

漫漫:罗力和小猫咪顺利地通过了小河呢!

动物过生日

可可:今天是小羊的生日,我们要给小羊过生日。

小橘子:那我们要给小羊一个惊喜。

嘟嘟:呜,小羊要过生日了,为什么大家都不来邀请我。

屹屹:鳄鱼鳄鱼你怎么了?

嘟嘟:小羊过生日,可是大家都没邀请我。

葫芦娃救爷爷

背景介绍：孩子们初步积累了创设剧本、划分角色、展示表演的经验，他们忽然对绘演室所布置的皮影戏展台产生了兴趣。在了解了一些关于皮影戏的粗浅知识后，孩子们尝试根据现有角色自由添加故事剧本，同时在实践中初步掌握操纵皮影的方法，促进了手部精细动作的发展。

主角：大班幼儿[涵涵（爷爷）、元元（大娃）、芊芊（二娃）]

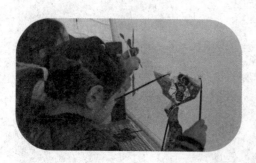

涵涵：你和二娃一起守门，不要让蛇精进来，我出去采点草药回来给你们吃，这样你们很快就能长大（健康）了。

元元：哦。

芊芊：啊，我没手拿蛇精。

涵涵：没关系的，你就说你去看看爷爷有没有回来，就剩大娃一个。

芊芊：大娃大娃快过来！

涵涵：救命啊！救命啊！我被困在山上啦！

芊芊：快过去呀！

元元：我来救你啦！

涵涵：啊，终于得救啦！

四、其他表达

大城市（建构）
主角：小班幼儿（允儿3岁11个月）

建构材料：泡沫积木、木质积木

允儿在城堡亭子的边上搭了一座由三个长三角形组建的高塔，在高塔的顶部有一个斜斜的三角形烟囱，在高塔的底部有一个由多个正方体建成的大大的客厅，客厅与亭子相连。

一开始，允儿运用的木制积木多选择半圆形的积木，他想要打造一个花园。在打造好花园后，他说："城堡外面还有很多很多的围墙，围墙里面住着好多人，围墙可以保护大家。"

城堡第一道围墙已经搭好一半多了，允儿想要做一个正方形的围墙。

在搭建城堡第二道围墙的时候，允儿又在城堡附近加入了多个圆柱体。允儿说："这个是小高楼，站在高楼上可以看到围墙。"并且，他在第一道围墙的大拱门里加入了小拱门和两个小的三角形，他说："这是国王用的大门，只有国王可以穿过大门。"

在搭建城堡第二道围墙的时候，允儿还加入了多个正方体的泡沫。他说："这个是理发店，这个是面包店，这里是吃饭的地方……"

允儿看着搭好的城堡说："我的城堡真的好大呀，里面住着好多好多人，大家都快乐地生活在城堡里。"

桥（建构）

主角：大班幼儿（5岁7个月至5岁9个月）

孩子们在"桥"主题活动中建构了各种不同类型的桥。

刚开始时，幼儿拿了长木块，试了几次，没有达到他们想要的结果。

接下来，幼儿拿了软木块，他们把木块弯成自己想要的形状后立在地上，木块很快倒了下来，他们开始想办法。有的将木块往墙上靠，有的在观察。

后来经过多次尝试，他们找来了固定软木块的方法，做出了桥的形状，并在桥底下添加了过往的小船。

桥可以在水里，也可以在马路上，这样，我们就不会堵车了。

表 达 样 态

一、Demo趣配音：基于视听资料促进幼儿多元表达

Demo趣配音指向幼儿多元表达的视听资料运用，以"动画Demo"和"音画Demo"资源为素材，以"线上发起—线下配音—线上展示"和"线下发起—线上交流—线下配音"的形式交织进行。

步骤一：Demo选择

Demo线上资源选择片段的主体为教师，教师根据各年龄段幼儿的特点与需求加以选择：小班选取语句短小、重复性强的绘本作品，如《鼠小弟》系列，关注幼儿对语汇的理解与表达的流畅性；中班关注幼儿对作品中角色对话的把握，如语气中情绪的表达、开始关注语速的变化等；大班不仅关注角色的对话，而且对于旁白的把握、幼儿之间的合作等都有一定的要求。

线下资源的选择主体大多为幼儿，幼儿根据音、画的熟悉程度，结合自己的兴趣对线上资源的内容进行自主选择。对于配音的形式也充分自主，如果有较多角色的配音且难度适宜，他们会邀请同伴、家人进行合作。

步骤二：听声赏画

在Demo选择的基础上，教师认真挑选、巧妙剪辑，精选出几个经典Demo，并将原声与绘本图片相互佐证，在对配音资源进行选择之后，幼儿配音进入体验通道。他们对绘本内容进行理解欣赏，对原声片段进行仔细聆听后，通过趣配音生动再现动画中不同人物角色的声音。

听声赏画

听声	1.原声播放：形成对原声片段中最直观的形象，了解原声片段与角色形象的关系 2.原声再放：了解原声片段中人物的台词与拟声词、特殊词汇	案例：《三只小猪盖房子》 在前期的画面了解阶段，小朋友都对《三只小猪盖房子》的故事很感兴趣；视频播放中有许多"咚咚""呼呼"的拟声词，小朋友都对这些拟声词十分感兴趣；在每一遍故事结束后都默默地重复一遍"咚咚""呼呼"的拟声词
赏画	1.赏画：对绘本中的情节内容有一定的了解，了解基本的画面内容 2.音画同赏：把握不同角色台词与画面内容的关系	案例：《三只小猪盖房子》 在画面了解结束后，我们展开了一次关于动画配音的大讨论。有个小朋友十分惊喜地说："我可以把整个故事讲出来，这样可以算配音吗？"还有小朋友说："我喜欢这个大灰狼的声音，我可以给它配音吗？"最终在第一次活动结束后，得出了一致的结论，可以分成整体配音和角色配音两种形式

　　虽然每段Demo的时间不长，但是经过幼儿的精彩演绎，运用一些录像设备进行录制，或在家庭中利用一些家校互动的传媒手段，给他们带来了别样的快乐体验，享受到成功的喜悦。

　　步骤三：模仿试样

　　在配音过程中模仿Demo的过程是促进幼儿表达表现的关键过程，幼儿在模仿的过程中会出现台词、音调、语气的模仿与创编，并会在整体上与动画或图画内容进行匹配。

默默和小杰尝试给汪汪队配音,其中默默配音阿宝船长,但阿宝船长的话很长,默默只说一句:"莱德,我的船搁浅了。"于是在动画片段配音中有个很长的对白空缺。

可可对小猪佩奇的自我介绍十分感兴趣,她看着大屏幕上的动画说:"大家好我是佩奇,这是我的哥哥乔治,哄!这是我的妈妈,这是我的爸爸,我最喜欢跳水坑……"她说的每一句话都注意和动画上小猪的嘴形对应,当动画片放完的时候,她也正好说完。

调整:小朋友们在配音中发现需要声音与动画对应,大部分小朋友开始注重这个细节,但是受台词的影响,有些地方不能达成。这并不是一个不能解决的问题,大部分幼儿可以通过多次听赏来解决。

步骤四:配音成品

在幼儿体验了一系列的音画资源后,已经形成对配音资源的感受。在成品环节,教师做好一定录音录像设备准备、角色准备,随后进行配音录制,通过配音成品的过程来表达表现,最后进行线上和线下的成果分享。

准备

配音
录制

成果
分享

设备准备：线上线下不同的发起形式都需要准备一定的录音录像设备，使得画与幼儿所配的音在同一画面出现。
角色准备：在不同的Demo中出现的角色台词与内容准备

试录：试着将动画的内容进行配音录制。
调整：将试录过程中出现的问题进行调整与再次尝试。
录制：在调整好录音后进行最终配音的录制

线上线下分享：不同的模式影响，不同配音Demo的录制成品将在不同的形式下有不同的展示。同时，每一个录音成品也会再次进入"资源库"中

Demo趣配音流程

"线上发起—线下配音—线上展示"和"线下发起—线上交流—线下配音"是Demo配音的主要形式，而对于线下开启的环节展示与分享活动更多在线下的活动后现场进行播放分享，而对于线上开启的环节则在线上进行分享互动。

二、涂鸦"漫话"书：基于书画作品促进幼儿多元表达的操作

幼儿每一次的涂涂画画都是他们理解世界和表达世界的书画作品。因此，教师也关注幼儿在绘本的阅读、演绎和学习过程中的涂鸦痕迹，这些痕迹能体现幼儿的经验、情感和发展线索。幼儿通过涂鸦、写、话的表征方式表达对绘本的理解、创编、重构的过程。

涂鸦"漫话"书既融入了主流艺术的欣赏，又在此基础上发挥了幼儿

的创意和表达。以"漫话"由头起步,通过写画模仿、边读边话至协同"催话"。

(一)"漫话"由头

由头即幼儿涂鸦写意的发起。无论是绘本故事还是线下绘本书的阅读学习,幼儿在看看说说中都伴随着涂鸦绘画,这样的表征语言也是幼儿表达自己想法的一种适宜的通道。因此,构建通道的三个由头具体如下。

(1)想象"漫话"由头:借助绘本故事内容的续编或再编,引发幼儿再创造新故事的愿望。小班侧重绘本内容进行阅读并能够描摹绘本中角色的形态内容;中班根据绘本中的角色进行想象,并能用绘画的形式记录自己的表达;大班运用前书写的形式来进行表达,幼儿用绘画的方式来表达自己的想象世界,引发幼儿的再创造。

(2)探究"漫话"由头:结合绘本的内容或情节,幼儿将感到好奇的内容或者疑问的内容进行探究和观察的实践记录。比如,绘本《蚯蚓的日记》易引发幼儿对于蚯蚓的生活习性和特点的观察需求与思考,于是对于蚯蚓的观察记录就开始了。

(3)生活"漫话"由头:在幼儿的生活中,园内生活、家庭生活中都会碰到一些快乐、伤心、生气的事件或故事,结合相关绘本的学习(绘本资源库),生活中也有许多"漫话"故事。如绘本《世界上最好的爸爸》引发了幼儿与父母之间的对话,记录自己与父亲的生活趣事就是幼儿非常珍贵的涂鸦"漫话"书了。

(二)写画模仿

"漫话"其实是幼儿创意书写的一种表达。在《学前儿童语言学习与发展核心经验》一书中指出,幼儿需要建立书写行为习惯的经验,这里就需要模仿与书面文字相关的符号。感知理解汉字结构的经验,用绘画、符号、文字等多种形式创意地表达自己的意思。而绘本中就有许多值得幼儿学习模仿的表征符号,因此写画模仿就是帮助幼儿在产生"漫话"由头的基础上,丰富幼儿多样书面表征的经验。

第五章 百种语言

写画模仿的多样表征

线上环境	1.典型共享：与幼儿书面表征经验相近的绘本阅读，了解符号、文字的功能 2.有声播放：了解原声片段中人物的表征与人物特征、情感、语气、个性的关系	绘本《抱抱》提供文字功能的经验，帮助幼儿了解当下文字与语气的变化关系	绘本《兔子先生去散步》借助不同的符号来体现故事不同的脉络走向和转折变化	绘本《不会写字的狮子》通过不同的文字，如文字大小的变化，感受狮子的情感变化
线下环境	1.赏话任务：基于中大班幼儿多样表征的发展需求和能力特点设计的绘本游戏及材料：自制书、清单记 2.范例呈现：在阅读区放置一些儿童已经完成的作品，如小班的亲子日记等，给孩子提供一个共享的学习环境			

（三）边读边话

涂鸦"漫话"书的记录时间根据不同的主题与由头而存在差异。因此在幼儿进行涂鸦"漫话"中，需要一个互相交流和学习的过程。这个过程能够巩固幼儿在写画模仿的经验上进行巩固与学习。

1.故事交流

涂鸦"漫话"书的过程性交流，即通过集体或小组层面的沟通，展示幼儿阶段性的涂鸦"漫话"书。如在续编的《太阳，你好吗》一书中，有些幼儿的故事中融入了星星和花朵朋友，有些幼儿的故事结合了自己喜欢的卡通人物。不同维度的想象故事书，让幼儿在同一个主题中有了更主动的发现。

2.作品分享

作品分享与故事交流不同，体现的是幼儿作品对同伴或者自己的影响。园内或班级内的分享展示台,幼儿在翻翻看看中追踪感受"漫话"的乐趣;作品秀场,作为绘本主题开展的尾声华彩活动,幼儿介绍自己的作品,邀请同伴、老师来欣赏自己的"漫话"。为幼儿愿意表达,乐于表达,丰富表达素材提供了获得成功体验的机会。

(四)协同"催话"

涂鸦"漫话"书对于幼儿来说,是一个独特的载体,那既能独立存在又能起到与其他载体配合的作用,就像催化剂一样在与其他载体的协同合作中去丰富幼儿的多元表达。

绘本《落叶跳舞》的剧本"漫话"举例

阶段		举例
第一阶段:设计与安排	角色设计	这是小朋友们设计的人员分工表: 有小红旗的唐果是小组组长。 会签名的小朋友把自己的名字写好,不会的可以用自己的学号代替 演员表 大老虎:天天 树叶小人:乐乐、王小毛
	剧本设计	 剧目内容:在一个树叶小镇上,住着很多很多的树叶小人,他们很喜欢在一个游乐场里玩。有一天,他们正在游乐场的蹦床上玩游戏,他们还不知道蹦床的下面有一个大洞,玩得正开心,忽然从蹦床上掉进了洞里,洞的下面可是有一只大老虎。这只大老虎想要吃了树叶小人,树叶小人使劲地奔跑,越过了一个滑滑梯,又跨过了一座桥,他们终于逃走了

阶段	举例
第二阶段:试演与调试	调试中部分幼儿的对白记录: 诺诺:这个故事可以改成从树洞里掉下去看到了一个大火球。下次我会多叫几个人,等我说帮他一起躲避大火球。佳欣:我希望所有的小朋友都能上去演,故事要再丰富一点,让×××也能进去演
第三阶段:展示与补足	由于幼儿在试验过程中发现了场景问题,于是进行了再创作,增加大树的背景建构,并提出调整适合的更大的场地　　幼儿在创作现场,利用音乐厅的大环境,改进表演场景,商讨合理的布局

三、绘本表演剧:以肢体表现促进幼儿多元表达

主题活动是幼儿园教学的重要组成部分,聚焦幼儿学习的特点,从肢体表现入手,从模仿、体验等角度出发,丰富幼儿绘本学习的方式,以绘本表演剧进行主题演绎,充分体现主题活动的教育价值,关注五大领域的综合性发展,同时在探索、肢体表达的过程中充实幼儿对于绘本的多样表达和理解。

绘本表演剧的操作是依托幼儿、教师、家长三者进行的云上线下的实践,它通过循环圈的方式,循序渐进地促进和满足幼儿的表达需求,从而完成一个表达输出的过程。

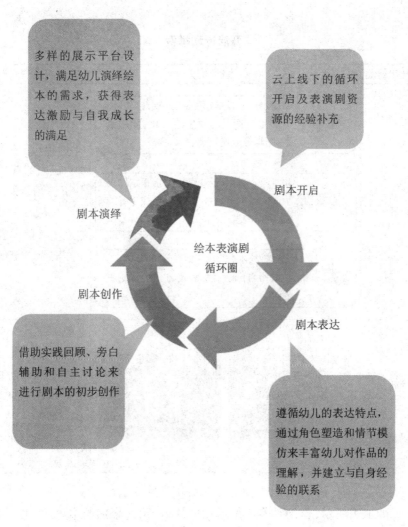

多样的展示平台设计，满足幼儿演绎绘本的需求，获得表达激励与自我成长的满足

云上线下的循环开启及表演剧资源的经验补充

剧本演绎

剧本开启

绘本表演剧循环圈

剧本创作

剧本表达

借助实践回顾、旁白辅助和自主讨论来进行剧本的初步创作

遵循幼儿的表达特点，通过角色塑造和情节模仿来丰富幼儿对作品的理解，并建立与自身经验的联系

绘本表演剧循环圈

（一）剧本开启

开启即绘本表演剧的发起。如幼儿在自主阅读或小组学习过程中熟悉绘本内容以及基于幼儿表达经验发展需要为目的的教师引导，都是绘本表演剧开启的重要指标。

开启行动举例

开启行动	举例		相应做法
行动1： 线下开启	第一阶段	能通过观察、比较和分析发现并描述萝卜的生长情况与发生的变化，能用数字、图画等形式记录下来	幼儿：依托主题活动"好大的胡萝卜"的三阶段的体验与探究，聚焦绘本《好大的胡萝卜》，开启故事新编
	第二阶段	欣赏绘本《好大的胡萝卜》，能根据图书画面的线索猜想故事的发展，或进行续编，创作故事	
	第三阶段	在熟悉绘本《好大的胡萝卜》的基础上，尝试用自己独特的表现方式进行故事创编	
行动2： 云上开启			教师：在云上分享同名或类似儿童剧视频，帮助幼儿了解儿童剧的基本结构 家长：带着幼儿观看儿童剧演出

　　如上表所示，借助绘本主题活动的故事新编，聚焦绘本《好大的胡萝卜》，教师引导幼儿从主题活动的延展点出发，以线下实践活动开启绘本表演剧《好大的胡萝卜》，同时借助云上的儿童剧视频分享来帮助幼儿提升表演和表达水平。

　　（二）剧本表达

　　剧本表达是绘本表演剧的第二个重要步骤，既强调幼儿对于绘本角色的理解，也遵循幼儿角色为先、情节为后的表演规律，从角色塑造、情节模仿及创造讨论与协商表演角色和情节。在这个过程中，幼儿需要表达自己对于角色的理解,如思考自己扮演哪一类角色,与同伴讨论和协商某一角色的想法,同时,根据绘本内容去模仿角色、收集装扮素材等。

剧本表达

构成	设计要求	举例"拔萝卜"
角色塑造	1.角色造型:和幼儿商讨确定角色的造型 2.角色装扮:根据绘本画面的特点和幼儿对角色的理解进行相匹配的装扮 3.角色行动及语言:即角色主要的语言表达、关键句式及与角色行为相匹配的动作	角色造型: 教师扮演萝卜,孩子们也觉得萝卜要大人演。以胸前萝卜装饰或头戴橙色帽子来扮演萝卜,其他角色分别模仿绘本当中的人物及服装表演 关键句式"某某某,快快来,一起拔萝卜"及商讨召唤的动作
情节模仿	1.场景筛选或调整:幼儿根据绘本剧表演的时间和需要对绘本内容进行删减或调整 2.故事续编:根据绘本内容进行后续内容的改编	幼儿会根据参与人数的不足来调整拔萝卜当中的角色,增加拔萝卜后续的故事情节,如一起品尝萝卜开萝卜生日会等

在剧本表达的过程中,有许多讨论、计划和任务。如人员分配、演员安排等,利用特色环境开展教育活动,是环境建设的重要一环。

(三)剧本创作

剧本创作是一个边表演(实践或练习)边协商改进的过程。因此在剧本的创作阶段,对幼儿要解决或日常碰到的问题进行了梳理回馈,主要包含:回顾讨论,将幼儿表演的内容拍摄下来,通过回放,通过师幼、幼幼之间的讨论,调整角色间关系的对话和肢体动作;旁白辅助,再次观看儿童剧范本,根据绘本的特点进行旁白的增加,来丰富表演的内容和角色特点;自主设计道具背景,如萝卜表演剧里,幼儿商讨决定用绘本画面当中的树叶图来做表演的背景,因此衍生出自主设计表演背景和道具的小任务。

（四）剧本演绎

建构分享展示的秀场，基于主题实施、区域游戏过程中，幼儿自发生成的基于绘本故事内容的项目表演。如《好大的胡萝卜》绘本主题中的"萝卜新编"等。以戏剧表演为幼儿研究和探讨的项目，并逐渐形成幼儿园课程特色的项目表演剧展示活动。

基于3W的导引策略，比如，哪里展示绘本剧（where）？想要分享给哪些人（who）？如何邀请或告知别人活动（how）？等等。这些导引驱动帮助幼儿增强绘本表演剧的任务感和仪式感，实现表达需求和表达成就。

绘本表演剧既能借助幼儿园课程的节日平台，也可依托幼儿园主题推进的过程，基于幼儿展示、表达、分享的机会，结合家庭亲子表演剧，借助同伴来帮助幼儿从情感、经验等方面获得表达内容的积累。申花实验幼儿园完成的绘本表演剧也成了网仓中的云端学习资源，获得点赞和好评。

● 新循环的开始

当绘本表演剧落下帷幕的那一刻，幼儿饶有兴致地与家长分享发生的一切，教师也很想了解幼儿的真实想法，于是访谈活动开始了，也引发了新的循环圈。

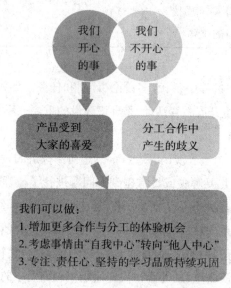

剧后思考

（一）教师采访"拔萝卜"的演员

师："拔萝卜"表演中,你觉得表演得最满意的内容是什么?

师:说一说你觉得最好玩的地方。

（二）演员采访观看的幼儿

准备问题:你觉得哪个地方最好玩? 你下次还想来看我们的演出吗?

（三）集体分享交流:我们的不足

师:还有哪些地方我们可以做得更好呢?

四、儿童研究书:以评价促进幼儿多元表达

儿童研究书是本位式评价的研究载体,即幼儿记录自己的学习经历、思考、探究、问题及解决的研究本。通过幼儿的符号、图式等表征来进行自主的评价,扩展自身学习。借助"儿童研究书"这一载体,来共同建立幼儿认可、幼儿支持、幼儿挑战的园本课程;通过此载体可以帮助教师不断加深对幼儿的理解,夯实对课程开发核心的把握。其内容包括我的研究书、伙伴研究书、班级研究书、亲子研究书等。

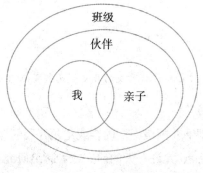

儿童研究书类别关系

申花实验幼儿园"童画童语"园本课程以"与画对话""与书对话""与乐对话"三个大师对话内容进行课程内容的设置,以对话课程路径的"感受—欣赏—体验—表达—创造"为学习循环链,链接幼儿学习中的经历、收获、问题、解决四个维度,支持幼儿的多样表征,并借助表征进行评价支持,挖掘幼儿学习和思维的深度。

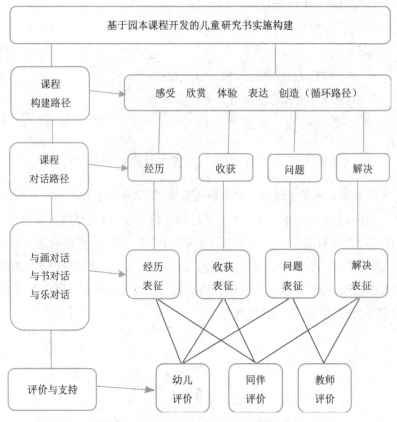

基于园本课程开发的儿童研究书实施构建

(一)我的研究书

"我的研究书"即幼儿围绕一个内容或主题开展的探索和实践。研究时间根据幼儿的年段特点,允许一天的研究或者跨龄研究(某一共同探究点的再现和再探)。

● 以大班木美区"我家的小区"主题下的个人研究书为例

"我家的小区"主题下的个人研究书

研究书阶段选取	三个阶段具体表述
	第一阶段:幼儿绘画房屋设计图。用棒冰棍、木块、火柴棒组合搭建"家"
	第二阶段:幼儿自主收集材料装饰"家"
	第三阶段:幼儿绘画小区环境设计图,运用轻黏土、木片、彩色木块制作泳池、大门、树、花

(二)伙伴研究书

"伙伴研究书"即一个研究小组围绕某一主题或某一探究点,和同伴一同讨论、探究、记录的研究书。此类研究书指向中、大班幼儿。

● 以中班"鸭子骑车记"主题下的伙伴研究书为例

"鸭子骑车记"主题下的伙伴研究书

研究书阶段选取	阶段具体做法
鸭子骑车记 彩虹组 制作	幼儿在阅读《鸭子骑车记》绘本后,进行了自制书封面的制作
	幼儿最想知道的是:鸭子长什么样子
自行车	幼儿好奇:鸭子看到自行车会想到什么呢

研究书阶段选取	阶段具体做法
	鸭子能骑自行车吗？我们也来学鸭子的样子骑自行车

（三）班级研究书

"班级研究书"即"我的研究书"或"伙伴研究书"的相似研究主题的研究集合本。由教师与幼儿一同整理和记录。

●以小班"好大的胡萝卜"主题下的班级研究书为例

"好大的胡萝卜"主题下的班级研究书

研究书阶段选取	阶段具体做法

童画童语：对话教育理念下支持幼儿多元表达的申花样态

续表

研究书阶段选取	阶段具体做法
你知道胡萝卜的秘密吗？ 切开来的胡萝卜比大小，排排队！ 切开来的胡萝卜还可以叠起来！	探究一：胡萝卜的秘密
一起拔萝卜 拔萝卜，拔萝卜，嘿哟嘿哟地拔萝卜！ 老爷爷，快来，快来帮我们拔萝卜！	探究二：试一试，拔萝卜
胡萝卜还可以变成什么？ 胡萝卜变成了小虫子！ 胡萝卜变成了好多口味的棉花糖！	探究三：与绘本《好大的胡萝卜》一起游戏，想象胡萝卜的变化
红萝卜、白萝卜、青萝卜有什么秘密？ 红萝卜的里面是白白的！ 白萝卜里面是白白的！ 青萝卜切来是青色的、绿色的！	探究四：萝卜的品种与内部结构
和萝卜可以做什么游戏？ 4.制作萝卜娃娃：我来给萝卜装扮一下！	探究五：我和萝卜的游戏

(四)亲子研究书

"亲子研究书"即幼儿与家庭成员围绕某一主题或某一探究点，和家人一同感受、讨论、表征的研究书。此类研究书指向全年段幼儿。

● 以小班"色彩大师波洛克"主题下的亲子研究书为例

"色彩大师波洛克"主题下的亲子研究书

研究书阶段选取	亲子互动内容
	有一天，一个叫"小透透"的小宝宝出门去游玩。它走哇走，来到了一片绿绿的森林里，神奇的森林把它也变成绿绿的了
	小透透继续走哇走，翻过了一座大山，突然，它身上又发生了变化，变成了一根橙色的棒棒糖
	小透透不停地上山、下山，上山、下山……当它走得气喘吁吁时，它抬头一看，哇！好美的夕阳啊！而且，另一边正好有一艘小船呢

童画童语：对话教育理念下支持幼儿多元表达的申花样态

研究书阶段选取	亲子互动内容
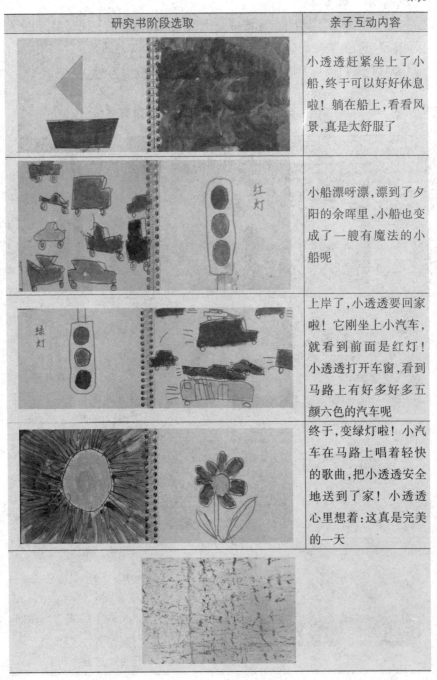	小透透赶紧坐上了小船，终于可以好好休息啦！躺在船上，看看风景，真是太舒服了
	小船漂呀漂，漂到了夕阳的余晖里，小船也变成了一艘有魔法的小船呢
	上岸了，小透透要回家啦！它刚坐上小汽车，就看到前面是红灯！小透透打开车窗，看到马路上有好多好多五颜六色的汽车呢
	终于，变绿灯啦！小汽车在马路上唱着轻快的歌曲，把小透透安全地送到了家！小透透心里想着：这真是完美的一天

第六章 多维管理

——支持幼儿多元表达的保障系统

教师研训

一、研训：支持幼儿多元表达的理念与做法

教师支持幼儿多元表达的过程是教师幼儿观、教育观不断变革的过程。教师对于幼儿认知、态度、理解的程度决定了支持幼儿多元表达的环境质量，因此，为了保障这个环境的品质化发展，在尊重幼儿的发展的同时，也同样尊重教师的多元发展。而我们所秉持的理念如下。

坚持平等的对话：聆听心声。教师在研修活动中占主体地位，教师想要什么、教师欲学什么，在研修中大胆表达、多维助力，创设平等对话的氛围。

尊重主体的需求：私人定制。从教师发展的内驱力出发，根据专业的需要，设置个性化的成长规划和愿景。基于教师的个性，挖掘特长，符合教师的需求，又作为一种知识的拓展、能力的提升。

遵循成长的规律：步步推进。遵循教学规律，优化专业成长。先规范课堂，再汲取优秀课例的优势，打造课堂亮点，在"一课三备""一课三磨"中提升教学能力。

多元成长的路径：成功阶梯。主体参与，多角度助力，以自我反思为主，设置引导与助力小组，实施个性化分层培养计划。

（一）研训类型

1. 经典解读类

教师会接触许多的大师资源，如名画、名曲等，如何帮助教师具备解读经典的能力，从而充实在支持幼儿多元表达的过程中的知识储备？我们借助解读经典的各类研修，探寻对话大师中的种种内容，包括对大师资源的解读方式、活动组织形式的探讨、资源与幼儿差异对话的审思、教师的支持性策略提供、活动路径的适宜思考等，全方位地研讨对话大师系列活动中被关注的关键要点。如趣赏名画书的研修：采用胡写乱画、名画之美、艺术鉴赏绘本等，和教师一起赏，帮助教师理解画家作品背后的故事，从而理解作品本身的内涵。我们还借用"读图卡""多角度卡""拆解卡"，来创新教师看作品的思路，从各个角度，如上、下、左、右、内、外及细节等，帮助教师理解作品。

名画解析绘本《看！观察画里的光》

印象派读图卡

	欣赏完这幅画，你知道它画的是哪里吗	画面上有些什么呢	这幅画的画法有什么特点	为什么视觉上感觉好模糊呢
莫奈《日出·印象》	画的是法国北部诺曼底地区的勒阿弗尔港，位于塞纳河河口，这是莫奈小时候生活的地方。日出时分，莫奈凭窗远眺，朝气蓬勃的红日透过浓雾映入眼帘，在淡淡的日光映照下，勒阿弗尔港朦胧模糊	画面右侧有刚刚升起的太阳，迷雾萦绕着海面，远处的烟囱、吊车、建筑物在雾中若隐若现，还有小船斜线排开，划船的船夫的不同姿态，交错其中	画法上分为两块内容：在画天空时，有朝霞漫天，用了大片大片的色彩，采用了大笔触手涂的手法；在画海面时，由于小船在水面上滑行，荡起的波痕清晰可见，于是莫奈用笔在画面上画出一道道短促的线条	莫奈使用了大写意的方式，用寥寥数笔概括出事物的轮廓，这种随性零落的笔触带来模糊的效果，生动再现了日出时海港的气息

2. 能力发展类

重大课题的引领,让我们这个年轻的团队有了聚焦性的发展目标和方向。那么,教师要具备哪些能力才能支持幼儿的多元表达?这是首先要思考的问题。因此,基于课题研究的大背景,结合年轻教师的可持续发展,我们力求职初教师走"近"幼儿,促进职初教师把专业理论知识和幼儿园教育实践有效结合,并对在理论和实践结合中遇到的困惑提出研讨。我们力求经验型教师走"进"幼儿,尽快在理论修养、实践性知识的积累和专业品质养成方面有大的提高。我们力求骨干型教师走"浸"幼儿,开展细致的比较分析,从而梳理出更为具体的实施要点,并提出创新性改进。

基于三种"力求",我们开始寻找锦囊。依托主题园本研修及师训课题引领,我们为教师提供了日常教育教学的手段支持,如提升教师专业能力的"以'X宫微格'提升幼儿园职初教师观察能力"的研究。借助梳理出的适宜工具,如"运用争议碰撞卡提升教师教学反思力的实践研究"着眼于教师的反思力;借助梳理出分层培训的方式,如"'锦鲤'助研:提升青年教师教学思辨能力的实践研究"等。从不同的能力点,帮助不同发展需求的教师获得有效的支持。

(二)研训方式

1.观摩引领式研训

观摩学习是"走出去、输进来",带着问题思考、已有经验与新的事物碰撞,擦出新的火花。观摩前有准备,观摩中有发现,观摩后有反思。如专家讲座,围绕"对话""多元表达"等相关内容,每学期都会邀请省市区的幼教专家、教授来园内开展讲座;如外出学习,寻找优质的区内、市内、省内幼儿园,观摩各类活动、园本课程汇报等,走进中国美术学院、浙江美术馆等,感受艺术的熏陶;如园内观摩,班与班之间相互学习、共同进步。

2.现场体验式研训

体验式是指研修中教师去现场聆听、触摸、感受幼儿的一日生活,帮助教师在研修后从"随性"到"理性"地开展教育教学活动,促进师幼互动,提升一日保教质量。我们鼓励教师多思考、勤积累,将教育研修落实于日常生活中。

为了开启教师对"语画"课程别样的理解,也为了更好地贯彻"师幼互动"的区域化研修主题,我们鼓励教师用画笔去对话"童画"。在这一过程中,教师像孩子一样探究着幼儿绘画背后的故事、用艺术的眼光欣赏幼儿的作品、用艺术的手段丰富幼儿的作品,通过别样的体验,使教师更直观地感受到课程下多元的师幼互动。CS体验、美术工作坊、晨间体操、童乐营等游戏活动,教师也参与其中,与幼儿共同游戏、发现问题、合力解决。我们努力像关注孩子一样关注教师,帮助教师在教研体验中体悟自己学习行为的意义,我们的园本教研管理逐步寻找到了自己的"味道"。

3. 主题项目式研修

我们用"项目"这个词来指对一个教育教学问题的深入研修。研修参与者围绕一个问题持续几天或几周的探究。我们将这一方式运用到主题项目小组的研修之中。我们带着欣赏差异、尊重个体的眼光去看待教师,看到教师兴趣的差异、经验的差异、特长的差异,创设不同的研修组别来满足教师对多元表达的认识与实践。主题项目式小组即以骨干教师引领,聚焦核心经验,寻找一个想探寻的问题并设计教学活动为一个研修项目,6~12人抱团研修。在合作中,还投放了"争议卡"。项目组组长将小组研修过程中的争议点进行记录,作为集团、园区、年级组提升研修的素材,从而让教师在互相碰撞和摸索中去参与、感受、思辨及反思。在持续的小组研修中,每一位教师都鼓足了扬帆前行的动力。

● 新生力量组:对刚进入工作岗位的教师,我们成立新生力量组,和骨干教师结对子,将班级管理、一日教育教学活动等基础性的内容作为研修抓手,通过各环节的观摩学习、模拟实战等方式开展。

● 中坚管理组:抓好业务管理型干部的培训,也是申花实验幼儿园对梯度教师培养的较好的举措与保障。我们通过园内主题交流、外出拓展培训,多渠道地增强骨干教师的专业实力。随着教师们实践活动的深入开展,教育理念得到了更新。

● 专题活动组:结合课程特色,申花实验幼儿园先后组建了"野孩子游戏组""学习故事组""对话大师组"等研修小组,教研中关注现场感。教师研讨立足教育故事,选取典型围绕主题开展研究;学习以实地观摩、研讨为主,形式更宽泛、立体化；全体教师人人都是观摩者和被观摩者，人人参与发言，学习目标明晰，协同式教研的方式快速推进着教研成效。

二、研修典型案例

(一)研修案例："包子"小组，温暖密布——合作项目式研修背景下，大班前阅读教学活动的设计与优化

合作项目式研修是申花实验幼儿园通过探寻并正在逐步形成的教师研修体制，旨在提高教师自我学习管理的能动性和团队学习意识。通过合作项目式研修小组的三部曲形成争议，并借助研修跟进、专家解惑、组内反思的方式进行跟进性的实践研究，使教师的合作研修更加有理有据，更有实效。下面以"谁偷了包子"项目组研修为例进行研修过程的阐述。

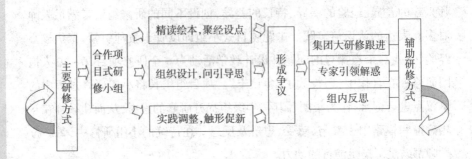

合作项目式研修方式路径

1.精读绘本，聚经设点

即精选阅读画面，聚焦绘本的图画语言，根据幼儿原有阅读理解经验水平，与绘本的特点进行匹配，对具有促进幼儿经验升华的生长点进行预设规划。

关键行动：辅修跟进　争议解惑

精读绘本研修过程记载

研修内容	研修方式	"包子"项目小组研修细化	集团大研修
精读绘本	大研修前置,合作项目组细化	教师A:《谁偷了包子》是一本浓浓中国风的绘本,画风有艺术感。 教师B:绘本中蕴含了数学,如包子在卖出后、被猫偷了后的数量变化。 教师C:整个内容在主角妞妞抓小偷的线索中展开,有很强的思维线索。 教师D:看,没想到妞妞最后会和"小偷"成为朋友,也是浓浓的温情啊。 教师认为,大班幼儿已有良好的阅读习惯,且有一定的阅读兴趣。但在观察中发现,他们容易出现阅读理解断层的现象,无法理解单个画面与故事情节的关系。因此,关注幼儿阅读内容理解和阅读策略形成的经验获得,从而提升他们自主阅读的能力。 而在《谁偷了包子》绘本中,可以依托"抓小偷"的思维行径,展开预期、假设、比较、验证,助推幼儿对绘本内容的准确理解。 因此,将活动定位为大班前阅读核心经验教学活动	聚"绘"淘"金",绘本分享 (大研修前置)教师对绘本进行剖析和解读:1.适合幼儿的年龄特点,很多绘本都有"重复",贴近小班的年龄段。2.科学探索适合于中、大班。3.童趣,抽象且内涵丰富。4.色彩,图画书的色彩丰富,绘本整体的色彩统一。5.剧情很精妙。所有绘本中出场的角色都是有生命的。发现绘本中的好玩。6.操作性,可以与绘本互动。7.品牌效应

研修内容	研修方式	"包子"项目小组研修细化	集团大研修
研修争议		组内教师对于情感作为目标存在质疑,有的教师认为以思维为主线的文本更应关注的是孩子思维的推进,情感目标是否过多? 也有的教师认为情感贯穿在绘本当中,需要有情感的铺陈	
聚经设点	合作项目组细化	关于情感目标的争议,让组内教师聚集在了一起。再次研读绘本,发现抓小偷的过程,也是妞妞情感变化的过程。 教师A:你们看,妞妞委屈时的情感,激化了她迫切想要抓住小偷。 教师B:对呀。其实,妞妞最后的善良是和她自己的境遇有关系的。如果没有孤单的状态,也就可能没有和"小偷"做朋友的后续了	目标审议,抓准核心 (大研修后置) 本次集中研修活动针对前期研讨中出现的问题,以"目标审议"为研讨核心,以优质课例当中的具体目标为抓手,申花学前教育集团的教师围绕"语言领域学习核心经验",对目标的定位、撰写进行讨论与梳理。从目标入手,抓住核心,关注教学活动与幼儿的关系,探索其中的发展意义,教师在研课磨课的过程中有了新的角度和新的认识
专家指引		前后环衬页的鲜明对比;环衬页上大大的镇子和小小的妞妞的对比;妞妞单独一个人和妞妞、小黑猫一起的快乐的对比。从画面上的对比分析,绘本中除了思维的线索外,同时也有一条情感的线索。两条线索的设计,有益于幼儿去理解绘本	

研修内容	研修方式	"包子"项目小组研修细化	集团大研修
研修感悟			画面的特有特征往往潜藏了作者的"巧心思",而这些妙笔也凸显出了绘本的核心,蕴藏了孩子经验的生长点。因此,基于大班幼儿的现有水平,教师围绕前阅读核心经验,运用推测与猜想的策略,将目标设置如下:一是推理的行径。指向借助画面,能以"谁偷了包子"的关键信息为线索进行推测和猜想。二是情感的行径。指向愿意和同伴进行讨论、分享,感受孤单的妞妞找到朋友后的快乐

2.组织设计,问引导思

即对具有促进幼儿经验升华的生长点进行活动设计,围绕幼儿"阅读理解"有指向性的提问,并从思考性、挑战性、开放性等维度进行研修。

关键行动:对比研修　反思设计

(1)设计初研

设计初研研修过程记载

研修内容	研修方式	"包子"项目小组研修细化	区资源共享
组织设计之思维线设疑	观摩讨论	在初研中,组内执教教师对于引导幼儿关注画面"小偷"线索,表达了她的无奈。由于线索太像小猫的一部分,如果引导幼儿去寻觅,容易被幼儿猜中"小偷原来是小猫",从而失去了后续思考的价值。 教师A:要不这样,把猫尾巴露出的部分P短一下。孩子不容易猜到。 教师B:P短一点似乎也会被猜到的,老师要不就"装装傻"。谁知道呢! ……	市教研员网络工作室线上直播正好也是这个活动,小组内的教师一起观摩了直播活动"谁偷了包子"。教师觉得有点同课异构的感觉,正好就"小偷"线索画面的不同设计进行了有针对性的学习和思考

续表

研修内容	研修方式	"包子"项目小组研修细化	区资源共享
研修感悟		组内教师在对比观摩中发现，由于目标设计不同，因此，在画面的策略设计上也有差异。直播活动是将此内容进行排序和讲述的，与"包子"项目组教师的思考和设计路径不同。基于此，教师也针对这个问题和教研员进行了沟通，尝试以共读的方式理解"小偷"线索环节，将"无奈"的因素排除	

（2）问引导思

问引导思研修过程记载

研修内容	研修方式	"包子"项目小组研修细化		集团大研修
组织设计之主画面理解断层	观摩讨论	线索内容捕捉	策略支持	前阅读核心经验课例研讨（前置）集团研修以前阅读三个小组的典型教学视频案例进行学习共享，并在观摩后教师分成四个小组展开"童画童语"课例研讨，从"活动的主要核心经验""实现的方法与策略""分析基于核心经验"三个角度出发研讨，教师畅想所思，很快各小组有了一定的结果
		在妞妞抓小偷的方法设置中的关键线索：◎垒得层层高的碗筷杯子等◎油壶洒油◎包子作为诱饵	自主阅读	
		※不稳固的垒高叠法（不同于常规的由大及小的排列）师：这与我们平时的垒高有什么不同？为什么妞妞要这么做	分享讨论谁来说说妞妞的办法	

研修内容	研修方式	"包子"项目小组研修细化	集团大研修
研修争议		在主画面的初次试教中,组内教师发现孩子们产生理解断层。当教师提问:"谁来说说妞妞的办法?"有的孩子便产生了误读,如他们认为是"滑倒了"便能抓住小偷、小偷撞到了凳子就能被抓住,而没有去理解、妞妞陷阱设置的目的是让自己"不睡觉"! 产生争议的原因,有的教师认为和没有及时反问有关系;有的教师则认为,和教师的提问方式有关系	
就争议展开的集团研修		围绕核心,提问对准,关注有效提问的研修(后置) 教师是否清楚需要帮助幼儿形成什么样的学习经验,直接决定提问的质量。其中提问对准的策略大有学问,教师分组讨论从园本研修课例"谁偷了包子"中提取问题类型,进一步感受语言教学的艺术。经过一番热火朝天的探讨,教师各抒己见,剖析、解读案例中的提问类型,进行简短的交流与分享。教师的回答虽有争议,却最终融会贯通	
研修感悟		教师觉得小组内的争议代表了一种研修的热情,同时也在多次的思维碰撞中,了解自身设计针对核心经验的问题、方法,更重要的是了解到了大班幼儿在阅读理解上的特点。在此后的调整优化中,还需要不断地观察和实践	

3.实践调整,触形促新

关键行动:五次调整　多层收获

围绕幼儿"阅读理解"有指向性的提问,并从思考性、挑战性、开放性等维度进行研修的深化和不断的探索调整,以促进幼儿前阅读核心经验的有效形成。

第一次调整:提供幼儿讨论与猜测的"方法支架"

第一次调整的具体做法

调整策略	调整理由	存在困惑
在幼儿讨论抓小偷的办法环节,增加包子铺物品的图片	引导幼儿利用包子铺的物品猜测抓小偷的方法	不熟悉的物品反而影响了幼儿的思考

组内骨干教师想说：画面解读的意义在于帮助大班幼儿理解文本内容，而画面中最为核心的方法和孩子应该去了解的便是包子（诱饵）、姐姐（躲藏，不被发现）以及地上的面粉（留下脚印），方法支架偏离主旨。

第二次调整：倒推式环节设计

第二次调整的具体做法

调整策略	调整理由	存在困惑
倒推式环节设计	旨在通过逆向逻辑，引发幼儿细致读图的愿望并进行进一步推测	1.结果前置，缺少了惊喜，孩子们不愿意深入思考 2.出现幼儿"说谎"的情况

倒推思考

结果前置

组内新教师想说：本想进行一些倒推的尝试，在孩子的语言表达中发现，这反而让孩子缺少了进一步探究的趣味，产生了误读。在活动的设计上，应更关注孩子对于画面前后的逻辑思考顺序和经验。

第三次调整：主画面问题重构

第三次调整的具体做法

调整策略	调整理由	存在困惑
在幼儿讨论抓小偷的办法环节，增加包子铺物品的图片	引导幼儿利用包子铺的物品猜测抓小偷的方法	问题设计更多的是从教师的角度出发，不能有效地帮助幼儿细致观察与思考

问题优化

姐姐为什么这样做？会发生什么事

组内经验层教师想说:以后要更为关注对于核心画面也就是主要画面的问题设计。由于是基于儿童阅读策略的形成,因此问题的设计应更为聚焦。

第四次调整:读图方式适宜性调整

第四次调整的具体做法

调整策略	调整理由	存在困惑
1.增加梳理式提问,讨论妞妞第一次设置陷阱失败的原因,聚焦幼儿理解的难点 2.读图方式变化:自主阅读	1.在前期读图的基础上,给予幼儿自主阅读、细致读图的机会 2.前期失败原理的梳理,助推幼儿对第二次陷阱的理解	孩子们对主画面的理解开始从点到面,但对于第二次陷阱的设置,孩子们的理解存在差异

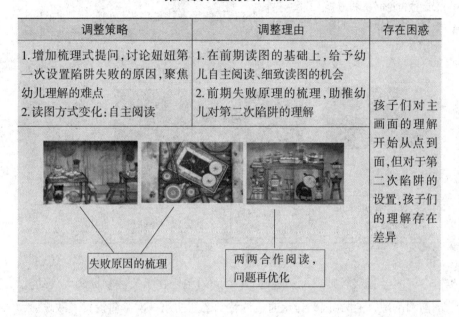

失败原因的梳理

两两合作阅读,问题再优化

组内骨干教师想说:大班幼儿已经具备了合作阅读的能力,在对于核心画面的理解过程中,两两合作阅读大大调动了幼儿的积极性,同时也在分享中进行同伴间的学习与交流。合作阅读的形式也彰显了大班前阅读活动的特征。

第五次调整：调整讨论时机

第五次调整的具体做法

调整策略	调整理由	存在困惑
1.调整讨论时机和内容 2.第二次抓小偷的问题调整，原问题做补充	1.将孩子思考拓展放置在"对第一个方法失败原因的梳理"之后，期待孩子的思考能更聚焦、更有意义 2.问题细碎，不利于孩子对第二个方法的线性联系思考	孩子的讨论和设想更丰富，且能较适宜地调动原有经验，但在表达第二个方法时，如何支持孩子有逻辑地讲述又有了新的研究点

问题清晰：谁来说说妞妞的陷阱

调整后的讨论时机，讨论内容更聚焦

原方法讨论时机

　　组内经验层教师想说：此次研修活动的主旨在于关注和提升大班幼儿的前阅读理解能力，因此讨论时机调整到了妞妞第一次陷阱设置失败之后，孩子的思维更聚焦，对文本的理解更准确。

　　4.实效：像孩子一样和课例对话

　　（1）对绘本价值的多元挖掘

　　《谁偷了包子》绘本蕴含了丰富的教育价值，如情感、美术、思维、数学等。而在这一次教学中，我们主要抓住了思维和情感两条主线。在破案线索观察中，在故事猜测、判断、验证的过程中推动幼儿思维力的发展；同时，妞妞与小黑猫的亲密关系，是妞妞的善良和陪伴的需求，正好牵动孩子的内心情感，值得孩子去体验与表达这份美好。

　　其实不同的绘本，因为蕴含的教育价值不同，值得教师探寻的核心经验也大不相同。以下为其他合作项目组的组内研修分享。

组内研修成果举例

年龄段	合作项目组	绘本素材	核心经验	实践举措
小班	袋袋组	《小袋袋》	前阅读	对绘本的画面观察顺序进行了调整 对儿童容易表达的画面进行游戏设计
中班	味道组	《月亮的味道》	文学语汇、前阅读、说明性讲述	一本绘本的多点挖掘
中班	秘密组	《月亮的秘密》	文学想象	对绘本进行再分析,立足把握绘本"秘密"的核心 学习策略的优化
大班	青菜组	《一棵青菜成了精》	前阅读	戏剧表演
大班	点点组	《点点给多咪的信》	前书写	前书写的多样化表征
大班	包子组	《谁偷了包子》	前阅读	策略优化:核心图卡的支持帮助梳理要点 思维和情感的双轨行径,助推儿童的理解

(2)对儿童学习经验的多角度理解

在多次研磨中,教师努力从教材本身和基于儿童经验的角度出发去支持孩子的学习。策略设计努力紧扣阅读难点,适配儿童的阅读经验。解开包子疑云的过程中,用夜幕、音效等手段来渲染情境,努力将活动方式适配幼儿的学习特点。整个活动的设计,我们主要是营造师幼共读的氛围。从大一统式的跟读到重点画面的自主阅读、小组阅读、两两合作阅读等,对共读方式进行不断的优化和改进。实践中,多样化的读图方式增加幼儿"破案"的自信和深入探究的兴趣,让幼儿的思考更有依据。

(3)对研修需求的多样化尝试

① 优化研修内容的合作项目式研修

合作项目式研修在人数上进行了缩减优化,教师有更多发表见解的机会。以项目为任务驱动，大家同研同构，思维空间也在碰撞中有了更多的想法和创意。同时，由于一个合作项目组内有不同层次的教师，每一位教师的经验不同，教学能力有差异，因此决定了关注的视角也将多样化。语言核心经验涉及内容较多，分组研讨后，将研修内容打散，教师更能从兴趣和需求出发去自主选择教学材料以及经验切点，研修更有针对性。

② 凸显研修效能的主辅式研修

在案例开始时强调过，合作项目式研修并非独立存在。教师在组内研修中会有碰撞、有困惑，而这些信息都是集团研修和跟进的素材。如"包子"小组中的正义点，当园内教师无法解决时，专家的鼎力支持、集团研修的智慧分享，为体现研修实效、促进教师的成长起着重要的作用。

③关注不同层级教师的发展需求

在一个合作项目式研修组中，都是由一位骨干教师牵头的。一般都由教研组长以上层面的教师担任。作为研修组长，要制定组内研修路径，并对组内研修中发现的问题、调整、进度进行及时的交流，提升骨干教师的教学能力、规划能力和引领作用。而作为经验型、新手型教师在零距离研修机制中，就如"包子"小组一般，直击教师所遇到的问题，帮助教师尤其是新教师对于幼儿学习经验的理解和把握，并快速寻求路径进行解决和提升。

（二）研修案例：像孩子一样探究——体验式研修背景下，新小池塘游戏的设计与构建

1.缘起：密集式研修中的问题徘徊

《3—6岁儿童学习与发展指南》中，研读、专家讲座、视频案例分析、头脑风暴、观察记录等多种形式一直围绕"游戏"这一主题不断展开，可是在密集的研修中教师对"游戏"仍然十分困惑。

1.我已经提供了许多低结构材料，怎么孩子还是玩不起来？

2.我想让孩子们在建构区用纸管搭建房子，但他们却将管子都踩在脚下。

3.我在美工区投放了新的操作材料，可是孩子们对此的热度超不过一周，接下去我该怎么办？

……

从教师反映的问题中不难看出,"我"这个词一直是问题围绕的核心。在系列研修中,教师对低结构材料、游戏情境、教师导引、自主性等关键词十分熟悉,但在实践运用中,这些关键词往往围绕教师这个"我"来进行,而"以幼儿发展为本""让孩子成为学习主体"等这些常常挂在嘴边的学前教育核心理念却消失不见。理论学习和实践操作之间的裂痕清晰可见。

2. 转换:体验式研修从读懂孩子出发

针对教师反映的问题、幼儿游戏的现状,反省前期研修的方式,我们尝试用体验式研修的方式,让教师将自身角色进行转变,以幼儿角色代入,亲身投入幼儿的世界中,从幼儿的角度去认知世界、去感知、去体验、去游戏,开启像孩子一样探究的研修之路。

在进行体验式研修的过程中,还根据申花实验幼儿园教师教龄年轻化、新老教师断层化等特点有针对性地为不同层级的教师提供相应的研修平台。在主题研修的基础上,让教师队伍也得到良性、递进的发展。

3. 实践:"疏""导"融合探究新游戏

(1)疏:像孩子一样探究的三部研修

体验式研修是申花实验幼儿园通过探寻并正在逐步形成的教师研修体制,旨在提高教师自我学习管理的能动性和学习效能,关注的是教师直觉行动,即实践的经历。因此,我们用三部曲让教师像孩子一样去探究、去游戏、去对话,对教师理念进行梳理,打通游戏的"任督二脉",为教师的实践做好基础。

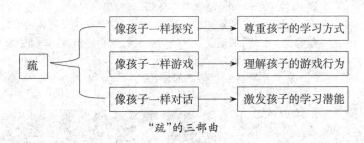

"疏"的三部曲

"疏"的三部曲如下所示。

"疏"的研修过程举要

研修内容	研修方式	研修过程	教师感悟
像孩子一样探究	体验式研修	教师分小组通过观察、品尝、触摸等各种途径来加深对苹果的认知。教师体验后逐渐用仿真苹果—图片苹果—线描苹果—"苹果"二字来替代后，小组逐渐地用语言表达对苹果的认知的过程，谈谈你们的收获是什么	小小的苹果，大大的学问，"教师的苹果"打开了像孩子一样探究的心扉。教师像孩子一样通过各种方法来感知苹果，并从不同角度来表达对苹果丰富的认知。教师的体验不断，发现及感悟也油然而生，当观察物"苹果"由实体依次被替换成仿真苹果、彩色苹果图、线描苹果画直至"苹果"二字的出现，先前的各样描述性词汇都被一一划去，所剩无几……教师深深地感受到孩子的体验需要真实的情境、丰富的体验和耐心的等待
像孩子一样游戏	体验式研修	教师在拿到扑克牌之初是茫然的，渐渐地，教师在鼓捣中尝试和扑克牌发生互动。从改变一张扑克牌开始，就像打开了想象的大门，垒高、堆叠、拼插的玩法相继出现。结合辅助材料，让玩法已瓶颈化的游戏又有了新的进展。同时游戏情境逐渐产生，玩起了角色游戏	在不断地创造、变换中，游戏由独立走向了合作，内容也由抽象逐渐变得具象化、情境化，简单的纸牌玩得丰富多彩，更具趣味性。这一过程与幼儿游戏相重叠，教师在这一过程中得到深切的体会。同时根据这一体验，将问题"纸牌游戏是属于自主性游戏还是学习性区域活动""自主性游戏和学习性区域活动的区别"抛出，教师根据已有的专业知识和实际经验，进行了分组讨论和梳理。体验不断，分享不停，这样的研修活动在"玩"中发现，在"体验"中感悟，每位教师都受益匪浅

研修内容	研修方式	研修过程	教师感悟		
像孩子一样对话	体验式研修	故事《搭建一座黏糊糊的桥》,关注、识别、回应的书写三段体,向大家呈现的不仅是"一个故事",而且是一种教育理念。一件寻常不经意的小事,都可以是很好的小故事,只要我们关注的是幼儿日常自发的积极行为或感兴趣的事情。这样的"学习故事"是区别于我们日常所习惯的书写方式的,不仅是单纯给成人看,它更注重交流性,能与孩子一起分享,所以故事具备简单易懂和可读性的特征。向着《3—6岁儿童学习与发展指南》想要建构的学习者形象,把对儿童的分析从笼统变具象、主观变客观,我们试着迈开第一步……	这里的学习故事是一种运用叙事的形式对幼儿的学习与发展进行评价的方式。从国际化到本土化,教师需要做一些改变——以幼儿为中心,把华丽的辞藻朴实化,发现孩子的兴趣和能够完成的事情,用过程性的语言记录,连接《3—6岁儿童学习与发展指南》,真正把笼统变为具象、主观变为客观,让教师笔下孩子的"学习故事"更立体、更真实		
			识别部分	什么样的学习可能发生? 你在阅读自己喜欢的图书时表现得十分专注。你在与我一起谈论图书中各种鲨鱼的名字和它的特征时,从你问我的问题中,我知道你对鲨鱼很感兴趣,当我提出需要查资料明天再告诉你时,你想到了自己最崇拜的爸爸。你希望和爸爸一起去查了资料来告诉我。我很高兴,在遇到很感兴趣的事物或问题时,你愿意和自己最亲近的人一起查阅资料,体会这种亲子阅读的乐趣	什么样的学习可能在发生? 第二天,我在你画的大白鲨中看到,你用了很深的折线,很夸张地表现出了大白鲨牙齿的厉害,这一点我真的很喜欢,因为你的这种表现手法让我感受和想象到大白鲨用牙齿攻击人时的凶猛。 至于故事,你编了一个很有信息、情节的故事,故事里有你生活中积累的经验,还有你的想象,甚至有你的文学加工,真是太棒了

（2）导：像孩子一样游戏的设计导引

●针对班级游戏的"导引"

经过"像孩子一样"系列研修活动后，教师的儿童观和理念有了改变，最直接的改变体现在幼儿游戏中。同时申花实验幼儿园的体验式研修仍在继续，针对游戏中的困惑，教师以周为单位进入班级与幼儿游戏，幼儿与教师零距离接触，便于教师直接干预。

下面以小班"小池塘游戏"为例进行说明。小池塘是小班幼儿非常喜爱的一个区域。幼儿可以在游戏的过程中锻炼手眼协调能力，还能在反复的垂钓中体验到成功的快乐。但是在游戏后期，随着孩子年龄的不断增长，幼儿对小池塘游戏的兴趣逐渐降低，游戏发展停滞不前。通过前期研修的感悟，小三班教师对班里的池塘游戏进行了重新审视。

以"小池塘游戏"为例的材料分析

	材料	特点	方法	效果
改变前	纸箱池	易于收集、摆放整齐干净	通过简单改变，将纸箱做成开放式池塘的样子	方便拿取，损坏率高，占地面积大，情境较少
	纸鱼(回形针)	制作方便、不容易损坏	别上回形针，投放到池塘中	方便保存，但是回形针很容易掉下来
	鱼竿(吸铁石)	鱼竿方便拿取，吸铁石吸力较好	把吸铁石绑在鱼线上用来钓鱼	吸力强，容易被弹到，并且对孩子来说无难度
	木头椅子	教室里现成的椅子，方便拿取	拿来当钓鱼凳	较重、较高，不适合当钓鱼凳

根据实际,对"小池塘游戏"进行重新打造。

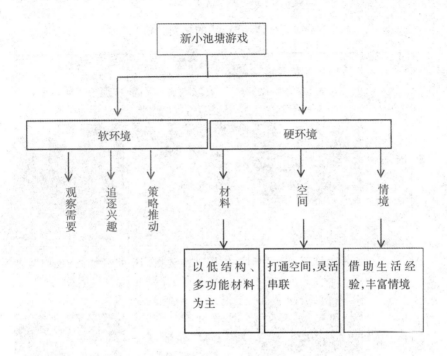

"新小池塘游戏"改造路径

"新小池塘游戏"不同于"传统小池塘游戏"。在材料投放上,"新小池塘游戏"中所投放的都是低结构材料,孩子们可以自由选择,搭建不同形状的池塘,并且在搭建、围合的过程中不断积累围建的技巧。在空间上,"新小池塘游戏"是和班级的其他区域游戏互相串联的,而不是像以往那样孤立开来。孩子们可以在池塘中悠闲地垂钓,然后拿着钓到的鱼去娃娃家做客,也可以随机搭一个石头烤架进行烧烤。给孩子们呈现的是一个自然、原生态、更加自主的"新小池塘游戏"。

● 对游戏进行调整实践

针对"新小池塘游戏"的预设,具体有三个方面需要进行调整,分别是:①以增加游戏兴趣来改变材料;②以扩展游戏内容来改变空间;③以推动游戏发展来改变情境。

※ 改变材料——增加游戏兴趣

"新小池塘游戏"的材料分析

材料		特点	方法	效果
改变后	石头	就地取材、质地坚硬，可组合各种造型	幼儿通过围合、叠高等方法自行围建池塘	增加游戏的难度以及游戏中原生态的味道
	PVC管	长短粗细不一、可躺可立，便于收集	可以用来围池塘，还可以在上面贴上幼儿自制的水草，起到美化的作用	可变性强，能够将池塘的情境真实地还原
	梅花桩	亲子自制器械，废物利用	可以用来围池塘，也可以直接拿来当钓鱼凳	最适合做钓鱼凳，高度正好

※ 改变空间——扩展游戏内容

① 幼儿自发——将小池塘与娃娃家有机结合

去娃娃家送鱼

　　女孩儿B和女孩儿C钓了好多鱼,正商量着怎么处置这些鱼时,女孩儿C想到了好办法:"我们给娃娃家的宝宝们送几条新鲜的鱼过去吧。"于是两个孩子高兴地拎着钓鱼桶来到了娃娃家。

思考与行动:

　　案例中的女孩儿C想到了把鱼送给娃娃家,这应该源于她们对生活经验的一种认识。因为孩子这一自发的举动,使得娃娃家和小池塘紧密地联系起来,孩子们原本停滞不前的游戏也向前跨了一大步;并且,教师还观察到,两个女孩儿在娃娃家逗留了一会儿,她们一起杀鱼、洗鱼、烧鱼、品尝鱼,忙得不亦乐乎,最后满足地离开了。

　　② 教师推动——将小池塘与烧烤区有机结合

　　小班幼儿直觉行动性很强,在活动中往往没有明确的目的,再加上小班幼儿的注意力以无意注意为主,所以很容易受到外界的影响,导致出现游戏兴趣降低或者中断等各种问题。教师可以将相关的两个区域紧密地结合在一起,借助某

"新小池塘游戏"现场片段

个特定的材料,赋予游戏一定的目的,使幼儿对游戏始终保持一定的兴趣,以推动游戏的进一步发展。

烤鱼

　　两个女孩儿在烧烤区串了好多烤串,可是都没人来买,她们显得有点沮丧。这时,教师走到她们身边以顾客的角色问:"你好,我想吃烤鱼,你们店里有吗?"女孩儿D失望地说:"没有烤鱼。"而一旁的女孩儿B则激动地跳起来说:"你等一下,我去拿点鱼回来,马上给你烤。"话还没说完,就看到她跑到小池塘向"渔夫"们讨起了鱼。

思考与行动：

《幼儿园教育指导纲要（试行）》中明确指出："教师应成为幼儿学习活动的支持者、合作者、引导者。"当教师观察到小池塘以及烧烤区的游戏出现问题时，能够及时分析，找到两个区域之间的联系，并以游戏中的角色介入，引导幼儿将游戏内容从本区域拓展到另一个区域，进行有机结合。

※ 改变情境——推动游戏发展

幼儿的生活是充满童话色彩的，富有情境的事物更能吸引幼儿，并激发幼儿深入探索的欲望。所以教师应该为他们创设更加丰富的游戏情境，不断推动游戏进一步发展。而游戏情境的创设同样离不开游戏材料的支持，于是我们在小池塘中又投放了能够推动游戏发展的辅助材料。

当烧烤区的孩子从小池塘中讨到鱼之后，问题又产生了：这些鱼都是教师塑封好的，吸管是串不进去的，怎么烤呢？孩子们只能选择烧烤区的纸箱仿真烤架，把鱼直接放在烤架上烤。但是这样的方式相对来说显得太过简单枯燥。于是，教师悄悄地在诸多鱼中投放了一些"有洞洞的鱼"。

游戏中材料"鱼"的改变前后分析

	材料	特点	方法	效果
改变前	纸片鱼	制作方便、不容易损坏	别上回形针，投放到池塘中	方便保存，但是回形针很容易掉下来
改变后	洞洞鱼	外形特别，容易激发幼儿垂钓的兴趣	将茅根、吸管等串在洞洞鱼上，变成烤串	从无目的垂钓到有目的垂钓
	辅助材料（各色的彩纸、皱纸、小辣椒、小纽扣、毛绒球等）	低结构材料，多变性	幼儿选择不同的材料当作烤鱼的辅料	丰富烤鱼的游戏情境

游戏中的收获：

教师发现，在对"小池塘游戏"调整的过程中，幼儿成了游戏真正的主导者、发起者,他们对游戏中的各类低结构材料、自然物的探索兴趣、角色意识及游戏中的角色交往互动也变得更自然、更原汁原味了。

在幼儿游戏的兴趣以及专注度都提高的过程中,小池塘边的孩子们始终专注地寻找"有洞洞的鱼",即使鱼竿间的吸铁石相互被吸住了,也没有受到很大的干扰,而是继续寻找着。孩子们这种自发性的游戏交往,让游戏又有了一次新的推进与发现。

小三班教师也明确表示在"新小池塘游戏"的实践与探索过程中,真正体验到教师的支持者、合作者、引导者的角色,不断观察孩子们的游戏,及时捕捉孩子们的需求,像朋友一样和孩子们探讨喜欢什么、不喜欢什么、想要什么,针对不同的情况采取相应的措施,不断推动着孩子们各方面的发展。

● 针对教师层级的导引

根据不同层级教师的需求,我们制定两种模式。

一种是体验式教研的零距离跟进,就如"新小池塘游戏"一般,直击教师所遇到的问题,并快速寻找新的路径进行解决。

另一种是针对教研组长以上层级的教师制定的研修路径。在体验式研修的过程中,阶段性开展研修会议,对体验式研修中发现的问题、调整、进度进行及时交流,提升教研组长群的教研能力。

4.实效:像关注孩子一样关注教师

(1)读懂孩子,学会观察

体验式研修让教师在直觉行动中感受、思辨及反观,在反复的体验中去感受孩子的世界,去接触、去理解,读懂孩子才能真正接近孩子。在这一过程中,教师才知道什么是观察、如何观察,随着关注视角的转变,教师逐步具有从幼儿的角度解读分析观察信息的理念,分析时能试着运用理论作为科学支撑,并恪守分析的客观及真实性,还原对孩子真实的认识。学会了观察,教师就迈进了幼儿游戏世界的第一步。

(2)给予支持,收获成长

在整个研修的过程中,教师通过反复的体验,尝试将观察到的信息转变为调整活动、优化教育行为、促进师幼互动依据的能力。教师慢慢地变得大胆、有底气，孩子的游戏也随之优化起来。正如案例"新小池塘游戏"的实践和探索过程中，教师始终以《3—6岁儿童学习与发展指南》为依据，在保证幼儿游戏特点的前提下，适时适宜地介入幼儿游戏，不断推进幼儿游戏的发展。

在探索的过程中，我们逐步找准定位，体验式研修让教师在直觉行动中感受、思辨及反观，在不断的激励下，每一位教师都鼓足了扬帆前行的动力，致力于一日活动组织的研究、幼儿游戏场的研讨、参与到幼儿园的课程文化建设中……渐渐地，孩子在园的每一天生活、游戏都变得那样多姿多彩！像关注孩子一样关注教师，帮助教师在教研体验中体悟学习行为的意义，在工作中学习、在学习中进步，教师也会像孩子一样渐渐成长。

（三）研修案例：以"X宫微格"提升幼儿园职初教师观察能力

1.缘起：由"观察"促"对话"的研修思考

在教师培养中，申花实验幼儿园使用了分层培养模式，将教师分为三个层次：职初教师（0～3年）、经验型教师（3～6年）、骨干教师（6年及以上）。在"童画童语"课程文化的指引下，在促进幼儿多元表达的共感师幼互动模式研究的助推下，申花实验幼儿园在前期对不同层次教师的发展需求进行访谈，发现职初教师的需求在于获得观察幼儿的方法与技能，与幼儿建立对话关系；经验型教师的需求在于对话理论的学习并能融入教学实际；骨干教师的需求在于在现有研究与实践基础上思考更多激发幼儿多元表达的策略。

因此，基于申花实验幼儿园教师团队的层次比、教师发展的需求，关注新教师的发展成了园本研修的重心所在。本学年，我们的园本研修重点围绕提升职初教师观察能力这一内容，使用"X宫微格"的方式，从游戏、教学活动等多方面入手，引导职初教师转变自己在教育过程中的角色与作用，成为幼儿学习活动的支持者、合作者、引导者，与幼儿平等对话，促进幼儿多元表达。

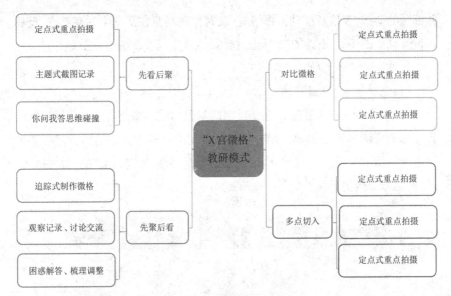

"X宫微格"教研模式实施路径

"X宫微格"建构观察研究新的创新点

在幼教教研中，不单教研的思维方式在发生变化，教研的方式和内容也在发生变化，教研不是幼儿和教师共同观看一段视频或者听一场讲座那样简单，"X宫微格"通过视频拍摄、图片截取、整理，以"和谐、活力、创新"为核心，给我们开阔了教研活动的思路，提升教研品位。

"X宫微格"是对传统教研研讨的补充和完善

"X宫微格"体现的是真实的场景，职初教师能全面还原游戏现场，为记录分析提供真实的依据。教师通过观看视频，截取里面的图片，采用分析、对比等形式进行记录分析，使观察目标更清晰、更聚焦、更真实、更有利于职初教师观察与记录。

"X宫微格"使教师获得自我成长

一般来说，职初教师对自身的专业成长都有着一定的渴望，他们希望通过园本教研互动帮助自己解决遇到的各种问题，并通过问题的解决实现自身的专业成长。通过"X宫微格"的形式，能够活跃教师的研讨氛围，激发教师的灵感，引领教师在研讨中不断提高观察、分析、反思、调整的能力，捕捉到幼儿细微的动作、表情及活动操作情况，及时发现幼儿在活动中的兴趣点，反思预设互动中的不足，让职初教师通过教研活动生成并掌握专业技能。

2.四种研修方式的建立与实施

（1）先看后聚，直观易施

"先看后聚"是教师先对所要观察的对象有个直观的了解，再对问题进行充分的交流和表达，是最容易上手、最常见的一种方式。这类方式主要采用定点拍摄方式，根据职初教师的观察目标截图成"X宫微格"的方式进行记录，使问题变得更聚焦。

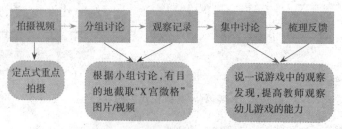

"先看后聚"的教研开展方法

选用各班比较有特色的区域拍摄视频，选定视频后，我们开始观察视频中幼儿的行为，选择一点截图记录。通过这样的形式，提高教师对幼儿情境的观察、判断能力及对游戏现场的分析、理解和把握能力，同时增加幼儿行为的目的性、灵动性、适宜性，更好地促进幼儿的游戏行为发展，也能增强教师的观察能力。

采用了以下策略：

定点式重点拍摄：推动教师更好地关注幼儿游戏。

主题式截图记录：帮助教师梳理幼儿游戏背后的原因。

你问我答思维碰撞：帮助教师提升观察、研读幼儿行为的能力。

案例：关于区域游戏"小餐厅"研讨，我们不局限于看、说的形式，还增加了图片的记录形式，让教师能够在视频中截取X张图片更好地观察幼儿的行为，在进行分析时有依据，知道"说什么""怎么说""怎么做"，主要让职初教师观察视频中幼儿与同伴交往的游戏行为，并进行记录。

教师对游戏中同伴交往行为的视频研修记录

研修目标	在游戏活动中,中班幼儿与同伴交往的游戏行为	
职初教师	图片记录	观察分析
殷老师		主要观察到服务员和客人之间的互动关系,中班幼儿对角色扮演有着浓厚的兴趣,知道自己的工作,并且像服务员一样很有耐心地询问小客人吃什么,并用笔记录下客人的需要
潘老师		重点观察穿黑衣服的男孩子,他是一名顾客,服务员还没有过来时,会翻翻菜单,耐心地等待,幼儿与同伴之间的交往还比较薄弱,但有一定的规则意识
李老师		重点观察穿格子衣的服务员,当顾客第一次叫服务员时,她忙于其他事情,需要另一名服务员把她叫回来,说:"服务员不是你吗?"可以看出,幼儿对服务员的角色概念还是比较模糊的,能跟同伴进行互动
张老师		重点观察厨师与服务人员互相交流的游戏情况,但厨师不能根据顾客的需要制作订单,跟服务员之间的沟通与实践产生了差异性,厨师比较沉浸在自己的世界里,缺乏沟通

童画童语：对话教育理念下支持幼儿多元表达的申花样态

研修目标	在游戏活动中,中班幼儿与同伴交往的游戏行为	
职初教师	图片记录	观察分析
程老师		重点观察服务员和顾客之间的交流情况,服务员和顾客都能够扮演好自己的角色,特别是服务员能够细心地给顾客点菜,将顾客的需要记录下来,并将菜单交给厨师,有一定的规则意识
梳理提问	从你们的观察中可以看出,这是小餐厅的区域游戏,也观察到不同角色扮演,有服务员、小厨师、顾客。他们各自都有属于自己的角色,有情绪低落的,有不善交往的,有积极主动的……下一次进行区域活动时,我们可以再为他们做点什么? 这个活动还可以进行延伸吗	
教师回答	潘老师:观察到的顾客比较无聊。大概是之前其他教师说的,服务员角色意识比较薄弱,不太知道顾客来了要及时进行服务,也可以给顾客一些绘本,供顾客进行等待 殷老师:我没有观察到其他教师所观察到的情况,服务员和顾客都有一定的规则意识,下次可以在小餐厅放一张餐厅满意度调查表,调动幼儿的积极性 张老师:厨师之所以沉浸在自己的世界里,从视频中看出,厨师很喜欢用黏土进行制作,动手能力很强,也有可能他对服务员说的菜单并不是很清楚,不知道如何进行操作,可以在环境上进行暗示,同时在谈话活动中说清楚游戏规则,或许会有所改善 李老师:可以去幻贝家等一些角色体验馆进行角色体验,培养幼儿的礼貌用语如"谢谢""欢迎下次光临"等,增强幼儿的角色意识 程老师:观察到顾客在等菜的时候,很想去其他地方,可以在菜单上进行调整,可以具体到是否要打包和顾客要去哪个地方,增加一个送外卖的环节	
效果分析	通过截图进行观察记录,教师观察得更仔细,也使其他组的教师更直观形象地了解其他教师所要表达的内容,能跟自己观察到的内容产生共鸣,在互相交流中引起了教师更多的思考	

（2）先聚后看，问题先导

此方式以从问题出发为条件，要求教师吃透问题，由简到繁进行分析，比较容易操作，也是职初教师比较容易理解的一种方式。主要是以追踪的方式进行拍摄，截取"X宫微格"图片或微视频，让职初教师先观察图片（微视频）再看完整视频的教研活动。

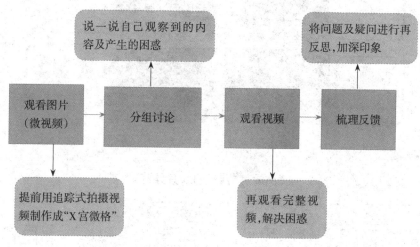

"先聚后看"的教研开展方法

选取一段幼儿游戏视频并截取图片或微视频，在教研活动中，让教师先看图片或微视频，根据观察重点记录下幼儿在图中的行为，使教师在观看视频中更能够捕捉到一些细节部分，增强教师的观察能力。

采用了以下策略：

追踪式制作微格：提升教师解读幼儿游戏行为的能力。

观察记录讨论交流：结合经验提炼教师的专业能力。

困惑解答梳理调整：提高职初教师的观察能力。

案例：区域游戏"小厨房"研讨，根据图中有连续关系的图片进行观察记录。

视频时长9秒，体现服务员在厨房里帮忙

视频时长6秒，体现服务员给顾客送餐

视频时长10秒，体现服务员正在忙碌送餐

视频时长10秒，体现服务员给顾客送调料

视频时长10秒，体现服务员正在放工具

视频时长10秒，体现服务员没事情做了

"小厨房"游戏中的连续关系图片记录

"小厨房"游戏的观察导览

观察重点	关注幼儿的同伴交往能力
你观察到了什么	扮演服务员的两个小朋友做事情很尽责，男孩子进入这个角色，会为顾客提供电服务。图片上虽然听不到对话，但是从动作上可以看出他很投入自己的角色，并主动跟顾客沟通、询问
你觉得存在哪些问题	从图片上看，有一名幼儿中途离开了，餐厅不够吸引他，也有可能是服务员没有关注到他，没有及时引他入座

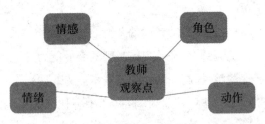

情感　　角色

教师观察点

情绪　　动作

"小厨房"游戏的观察导图

在讨论过程中，教师也产生了疑问：

● 小厨师是主动给顾客做食物，还是根据顾客的需要？

● 孩子们是在整理餐桌,还是在照顾顾客?

● 从图片上看,每个角色都很专注,他们在说什么呢?

教师带着疑惑看完整的视频,通过这样的形式,教师既能对整个活动进行观察,也能选择个别幼儿进行观察,同时能留意活动中的环境、人物及活动材料。观看视频时,幼儿活动的每一个细节如实地呈现在眼前,能了解幼儿的语言、交往、态度及情绪,便于教师深入了解活动时幼儿的兴趣和需要:离开的孩子是对活动不感兴趣,还是不愿意跟同伴一起玩?是不合群,还是有更好的事情吸引了他?这提高了教师观察的目的性。

从猜测过程到完整过程的充分体验,让职初教师觉得观察图片、视频的形式相比于以往依靠直觉或经验解决问题,虽然投入的精力多,但更加有效。在教研活动中,职初教师也会不断地自我反思,观察不能局限于表面,要深入事物的本质,能清楚地看到事物的真实情况,准确采取相应的措施,从而更好地提高观察事物的能力。通过循序渐进的方式,剔除教师主观意识,使职初教师便于了解幼儿的行为,从而做出准确的诊断。

(3)对比微格,由表及里

此方法是指对事物的认识由浅入深,由了解事物的表面现象到了解事物的本质,主要以材料收集、理论学习为主,对不同时间点、同一维度进行深刻剖析,积极反思,不断追问自己:游戏材料合适吗?有没有可替代品?孩子们会喜欢吗?面对孩子们当下的需要,我能做什么?由达成共识到引发新的思考,在这个环节,以发散性思维实现传统教研突破。

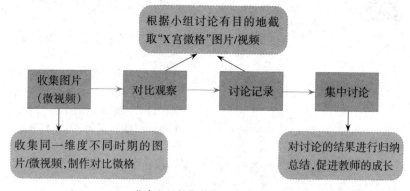

"对比微格"的教研开展方法

采用了以下策略：

对比式制作微格：提升教师制作多媒体的水平。

讨论记录对比微格：提高教师对图片的分析能力。

梳理调整总结归纳：促进教师专业化的成长。

案例　蒙德里安名画理论学习

　　结合幼儿园的园本课程"童画童语"，在前期发现，职初教师对名画与幼儿的经验之间的关系还比较模糊。为了建立"名画"与"主题"之间的桥梁，让职初教师更好地了解名画中隐藏的含义，前期收集蒙德里安不同时期的作品，并将这些名画制作成了"X宫微格"，还进行了对比。在教研活动中，先让职初教师说一说每幅名画之间的区别，引发他们对多幅名画的思考与探究，提升自己的审美和专业能力。

时间：2秒
内容：不同画风的《红树》

时间：2秒
内容：《百老汇爵士乐》演变过程的图片

时间：3秒
内容：不同形状的三原色格子画

潘老师：感觉每一幅颜色都不一样，感觉画家经历了复杂的心情变化。

殷老师：第一幅画大量的留白带一些蓝，说明作者的心情是比较平静、安宁的。

何老师：色彩变化，颜色从单一变成多样。

张老师：蓝色给人的感觉很孤独、寂寞。

李老师：《百老汇爵士乐》，由明亮的黄色作为线条划分格子，表示作者那时候的心情很放松、开心、愉悦。

程老师：有好多各种各样的格子。

蒙德里安不同时期的名画作品

通过这样的微格形式,职初教师能够欣赏多幅名画作品并进行对比分析。结合微格视频,针对不同时期的名画,结合蒙德里安的生平进行解读。

通过讨论、交流,教师对名画有了新的认识,蒙德里安的作品是根据不同的时期进行创作的,每幅画都包含着蒙德里安的思想和情绪,并结合园本课程,更关注幼儿的多元表达,把研修内容实践到平时的教学活动中。

(4)多点切入,事半功倍

教师在观察幼儿游戏行为时,都会存在一些困惑,平时会翻阅资料来解决,但也不可能完全有效。以"教师的困惑"为切入口,以"一对一"或"一对N"的形式,向有经验的教师学习有效的解决策略,运用多维化角度剖析幼儿游戏中的问题。能够使教师快速了解整个游戏过程,领会游戏中存在的矛盾冲突,根据幼儿在游戏活动中的行为和表现进行研磨,提高教师对整个游戏的掌控及调整能力,达到事半功倍的效果。

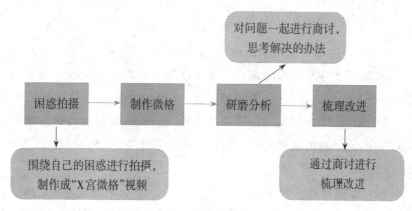

多点切入的教研方法

我们前期是以扫描的方式收集职初教师在幼儿游戏活动中的困惑,并进行研磨调整。对幼儿活动中的自然行为进行拍摄截取,可以是幼儿与同伴之间的对话、幼儿互动、幼儿的行为、幼儿之间的故事,可以是环境的创设,也可以是材料的提供以及幼儿游戏的内容、过程、结果等。

采用了以下策略:

扫描式拍摄困惑点:帮助教师进行自我反思。

研磨分析思维碰撞：提高职初教师自我分析能力。

问题诊断持续改进：提升职初教师能力和专业水平。

案例：以中班区域建构区为例，潘老师觉得他们的建构区每个幼儿都有自己的兴趣，在搭建中持续性不够，当搭建出来以后就不想再玩了，而且更多时候都是自顾自地玩，较少与同伴合作。有经验的教师帮忙解惑，从图片上可以看出孩子们喜欢垒高，但是更喜欢在平面进行搭建，在原有的基础上没有得到提升。是否可以增加一些具有挑战性的要求？是否可以创设情境，有目的地引导幼儿进行垒高，以架空的方式进行搭建？潘老师通过图片的方式说明自己的困惑，既能节省教研时间，又能让经验教师以最快的方式了解目前班里的困惑，"一对一"进行指导，使职初教师能在最短的时间内获取更有效的指导策略，职初教师的专业性得到提升，从而获得事半功倍的效果。

3. 研修实效

（1）职初教师观察目标更加聚焦，提高教研实效

幼儿在园区的活动是动态的，行为、表情、言语等在课堂上很难精准捕捉到，如游戏存在什么问题？还有哪些地方需要调整改进？应该怎么做？每个人的想法都不同，通过相互启发、相互促进，用集体的智慧来解决个人的困惑，同时翔实的微视频或图片，给枯燥、单调的教研活动带来了活力，拓宽了教师的视野，在宽松、愉悦的氛围中引导教师观察、思考、追问。

同时，在观察目标上，教师越发聚焦。从下面"区域游戏观察目标汇总图"上看出，教研初期，职初教师观察记录内容具有主观随意性，观察目标不清晰，很难抓住幼儿游戏中的细节，中期观察水平初显，但观察方向不明，忽略行为的过程，很难把握其中的细节。观察是一种有目的、有计划、比较持久的知觉过程，到了教研后期，能抓准关键指标，解读、评价幼儿的游戏行为，所观察的目标更聚焦、更细致、更准确。

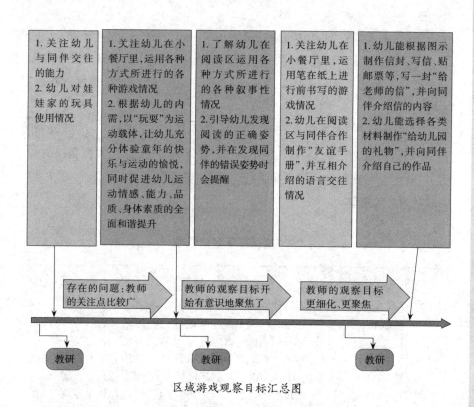

区域游戏观察目标汇总图

（2）职初教师观察分析能力提升，扎实教育技能

幼儿的每个语言、行为等发展表现都是可描述、可观察并能逐项进行分析研究的。"X宫微格"借助视频及图片，将幼儿在游戏中的行为进行细分，为教师提供了一个不加修饰的真实的场景，可以围绕幼儿语言或行为等单一维度进行研究，也可以进行多维度滚动式的研究，捕捉孩子们在游戏或课堂上的细节。教师在对一段段视频和一幅幅图片的观察中，可以发现孩子们微小的变化，可以发现教学中的不足，从而理解幼儿行为的缘由及在认知、情感、社会性等方面发展的倾向性和可能性。实现教师用最少的时间捕捉到幼儿在游戏中的表现，如"孩子们为什么这么做？不足之处在哪里？我们怎么去引导、去改进？活动中教师的介入是否适宜？"等问题。教师围绕研讨活动要求和观察点，根据自己观察到的相关内容，提出观点，必须有效改进建议和对策，经过集体研讨，修改活动方案，在后续的活动中进行调整，在

不断调整、不断实践中，职初教师在有经验教师的传帮带下，在分析突出问题、困惑问题时少走弯路，在质疑和释疑中提高了自己的观察力及专业水平。提高了职初教师观察的反思力、观察的理论性、观察的自觉性、观察的理解力。

例如，在进行"先聚后看"教研活动时，先对设定的目标有一个初步的印象，先对微格视频中的幼儿行为初步进行解析和讨论，通过后面完整的观看，教师可以对观察的内容再次进行评价，调整观察点和提出观察建议，提高职初教师的理解力。

"先聚后看"观察记录表

职初教师	教研前期	教研中期	教研后期	解读
潘老师	我觉得小朋友在跟同伴进行游戏时，他们好像抱着娃娃跑着去看表演活动	从第一张微格图片上可以看出，几位顾客正在餐厅点餐，服务员很有礼貌地询问顾客想要吃什么。同时当顾客说要点外卖时，服务员会利用纸盒将食物打包后送到表演区。看到来了很多顾客，服务员也会让顾客耐心等待，发放绘本供顾客阅读	该区域逐渐显现门庭冷落的现象，服务员能在没有顾客的情况下整理自己的店铺，将桌面和柜子整理干净，有一定的角色意识，能够遵守游戏规则。服务员开始吆喝，顾客陆陆续续到来，服务员会将菜单给顾客看，会问顾客想吃什么；还会根据顾客的喜好推荐菜单。当人很多的时候，会让顾客耐心等待，并拿出菜单让顾客点餐。能扮演好服务员的角色，同时服务员和厨师会进行分工合作。服务员能将顾客所表达的菜单，以简单的图形或符号等多种形式表现，并将菜单交给厨师	从这个三阶段看出，潘老师从一开始说："我觉得这是个什么游戏，他们在干什么?"到中期会观察视频中幼儿的语言、服饰、同伴之间的交流，但仍带有一点主观意识。到后期时，教师能够分析幼儿在游戏中的行为，关注点更聚焦，到后面能够客观地评价幼儿的游戏，认识到幼儿的兴趣需要、认知水平、个体差异等

注：教研前期、教研中期、教研后期，教师的观察记录分别用蓝色、红色、绿色标注，蓝色代表陈述事件，红色代表语言交流，绿色代表分析行为，更客观。

（3）四种方式形成一种教研模式，开拓研修思路

在教研过程中，我们运用了四种方式，分别是"先看后聚""先聚后看""对比微格""多点切入"。这四种方式形成一种教研模式，每一种方式在教研活动中形式都不一样，在提升教师观察能力上也有不同的侧重点，"先看后聚"提升教师的自觉性，"先聚后看"提升教师的理解性，"对比微格"提升教师的理论性，"多点切入"提升教师的反思力，通过这四种方式开拓了教研的新思路。

在之前进行教研活动时，我们往往会给教师观看一个完整的视频，视频内存大、范围广、时间长，教师很难挖掘其中的重要元素，教研活动中往往在观看视频上就浪费很长时间，缺乏有效的教研活动。而"X宫微格"在视频案例教研活动中，将教研素材、游戏视频根据教研主题和教师观察需要，截取若干个系列微视频或图片进行聚焦式微格教研。微格内容可以针对某个活动或某个游戏中的一个环节，形成多变、全面、立体的教研模式。其中"X"是一种指代，根据教研需要可调整为四宫微格、六宫微格等。通过四种方式形成不同的、一种全新的教研模式，能将教研变得更有效、更有针对性，使职初教师更快地吸收教研知识，开拓了教研新思路，提高了教研水准。

4.职初教师自身的专业成长正在稳步发展

在"X宫微格"的实践下，职初教师在观察力上有了不少提升，也为其专业发展注入了新的力量。每位职初教师围绕自己的研究内容，开展了课题的实践、论文的撰写、课程故事与游戏案例的撰写等工作。

（四）研修案例："一主二助三诊式"研修促新教师专业成长的实践——以绘本《好大的胡萝卜》为例

1.过程思考：微格比较，问题悬挂，同本异构

实施着眼于教师个体发展的新教师研修，创新新教师专业成长的路径。私人定制，尊重主体发展的诉求；步步推进，遵循教师成长的规律；搭建平台，创设多元成长的路径。

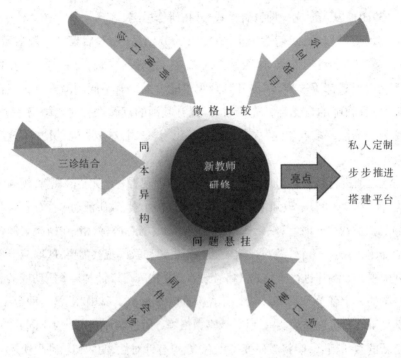

"一主二助三诊式"新教师研修实施路径

（1）微格比较——自我问诊与师傅门诊

微格比较是在实践过程中依据微格教学的相关理论，开展定点、定向的数据化研究方式，即同一个年龄段，师傅和徒弟执教同样的活动，在活动后收集所有相关的过程性资料，围绕确定的关键问题，如对幼儿行为、教师提问、师幼互动等现状进行记录。之后根据这些内容开展细致的比较分析，从而梳理出更为具体的实施要点，解决活动中可能存在的不足，进一步完善教学活动，并有效提高新教师演绎这一活动的执行力。以《好大的胡萝卜》为例，见下表。

不同教龄徒弟和师傅教学现场实录

问题：我们把胡萝卜倒过来，拿它做什么好呢？		
徒弟		师傅
执教教师1（教龄1年）	执教教师2（教龄2年）	执教教师3（教龄10年）
师：小兔子把这个大萝卜带回了家，它们把这个萝卜立起来，做成了一艘帆船。你们猜猜，它们用帆船去干什么呢？ 幼：用帆船去海上兜风。 幼：去看大海，和小鱼一起玩。 师：是的，它们做帆船去兜风，去看大海	师：我现在把这个胡萝卜倒过来，你觉得它可以做成什么呢？ 幼：避雷针。 师：你觉得它像一个可以避雷的避雷针，很有想象力。 幼：我觉得像个城堡。 师：哇！你觉得可以变成城堡。 幼：我觉得可以变成大炮。 师：哇！像个大炮，打仗时打敌人的那种大炮。 幼：我觉得像个小岛上一棵树。 师：你觉得它的叶子像小岛，萝卜像棵树是吗？很有想象力	师：兔子兄弟想："我们把胡萝卜倒过来，拿它做什么好呢？" 幼：做火箭。 师：你为什么觉得倒过来的胡萝卜像火箭？ 幼：胡萝卜身体像火箭。 师：胡萝卜大大、长长的身体像火箭的箭体，下面的叶子像是发射后的火焰。 师：倒过来的萝卜还能做什么呢？ 幼：做房子。 师：对兔子兄弟来说，这一定是世界上最高的房子。 师：我们来看看兔子兄弟是怎么想的。 师：（出示帆船图片）兔子兄弟说："做帆船吧，我们乘着帆船去向鱼儿们问好！" 师：兔子兄弟说了一个好听的词，是什么呀？——"乘着"，谁愿意来说一说？ 师：是呀，萝卜大大的身体像船帆，萝卜大大的叶子像船身，乘着帆船去向鱼儿们问好，太有意思啦

　　不同教龄的徒弟和师傅在执教同一活动后，我们以游戏体验的形式为新教师展开了一场"大家来找碴儿"的互动对话研修。在研讨中，新教师深刻体会到有效回应、互动的重要性。

"大家来找碴儿"互动对话研修

"大家来找碴儿"互动对话研修活动

研修过程	达成共识	研修感悟
在"大家来找碴儿"研修中,新教师发现:第一位教师直接将帆船的图片展示给幼儿看,限制了幼儿的想象,幼儿的回答千篇一律,教师的回应也是重复孩子的语言,没有提升。第二位教师的回应过于单一,不能提升幼儿的想象力,可运用不同的策略回应幼儿,和幼儿在不断的互动中发挥更多想象。第三位教师通过追问、肯定幼儿的回答,再出示相应的画面匹配,总结梳理"形似帆船"的特征——倒过来的胡萝卜身体像帆、叶子像船,在互动中引发幼儿的想象,并尝试用绘本中的语言学说、表达	以下是新教师在研修后达成的共识: 1.根据活动需要、孩子的回答,及时调整现场的回应和互动方式与提问方向都是很关键的。 2.互动前的预判是师幼互动的前提,也是了解孩子"最近发展区"的有效渠道。教师要避免孩子重复性的回答,以提高活动的有效性,使活动环节紧凑有序	在新教师身上,我们很明显地发现现场演绎时的互动问题,导致幼儿"说得少""无话说"的现象。本阶段研修我们采用了"微格比较法",通过观摩和记录不同教师的教态、语言及追问,使执教的新教师能更清晰地明白自己的问题——怎么追问才能更有效地引导孩子积极地求异思考。通过"微格比较法",新教师可以得到了更多的启发

（2）问题悬挂——同伴会诊与师傅门诊

问题悬挂是指在教研过程中围绕事先确定的问题,真实记录观察中的相关情境,做到最少的遗漏。之后以案例方式交流各自观察到的现象,解析幼儿行为背后的心理需求,从而提供具体研究讨论的依据,帮助教师更好地构思调整方案。采用"微格

"会诊"研修现场

比较法"后,我们还发现了在进行《好大的胡萝卜》教学时,三幅带有方位的画面非常重要,如何出示、出示的顺序以及提问的方式,都直接影响幼儿的想象与表达。因此,我们尝试用"问题悬挂"的方式针对孩子"说得少"这一问题进行一课三研,解决活动设计中的关键点。以《好大的胡萝卜》为例,见下图。

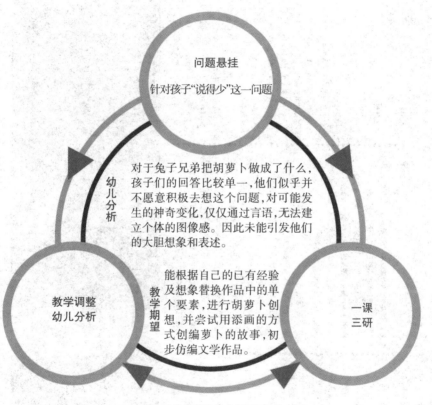

问题悬挂
针对孩子"说得少"这一问题

幼儿分析

对于兔子兄弟把胡萝卜做成了什么,孩子们的回答比较单一,他们似乎并不愿意积极去想这个问题,对可能发生的神奇变化,仅仅通过言语,无法建立个体的图像感。因此未能引发他们的大胆想象和表述。

教学调整
幼儿分析

教学期望

能根据自己的已有经验及想象替换作品中的单个要素,进行胡萝卜创想,并尝试用添画的方式创编萝卜的故事,初步仿编文学作品。

一课三研

"问题悬挂"的基本思路架构

关注、调整

● 关注"语言表达"的有效提问
"兔子兄弟把胡萝卜做成了什么？"我们来说一说。

● 调整绘本图片与支架
图片的出示顺序，调整为当前两组朝序不变，第三组支架图片后绘本图片。来激发幼儿的想象表达。

问题设计：

1. 兔子兄弟又把胡萝卜做成什么？兔子兄弟又是怎么把胡萝卜做成帆船的？我们乘着帆船去什么？"来着"，我们来说一说。（辅助一次好好听的问一问）

2. "还能把胡萝卜做什么？猜猜看，这一次兔子兄弟去做什么？"

3. "还能拿它做什么？我想把它做成空中花园'，空中花园可以做什么？"

问题设计：

"猜一猜，兔子兄弟把胡萝卜做成了什么？"
总结梳理：
"兔子兄弟用小帆船去做什么？来着帆船？我们来看看。"

问题设计：

"兔子兄弟让大胡萝卜躺了下来，躺下来的胡萝卜我们可以去干什么？"
"他们是把胡萝卜做成热气球躺了下来，我们来看看。"

总结与激发创意：
"兔子兄弟把躺下来的胡萝卜做了什么？做成了热气球去什么？为什么说倒过来的胡萝卜像帆船？看着帆船？我们去什么？"

问题导入：
"这一次，兔子兄弟'我们把胡萝卜做一说？'除了热气球，还有可能把胡萝卜变成花什么？它们去干什么了呢？"

总结梳理：
"这是一个什么样的花园？'花园还可以做些什么？"（鼓励幼儿用不同的方式表达'花园可以做？"）

第三次调整

在这一尝试中，幼儿的符号表达与想象表达有了明显的提升。
幼1：我们的胡萝卜变成了潜水艇，看到许多小鱼游戏世界——看到许多潜水艇游来。
幼2：正有水珠。只见。
幼3：做胡萝卜大蒜，里面坐着许多好朋友玩，可是胡萝卜太重了，要很是很多。
幼4：做萝卜变成一个大胡萝卜。怎么样？我们一个从很高的胡萝卜上往下掉。太神奇了！
幼5：做成胡萝卜做的房子，怎么样？里面有爸爸、妈妈和宝宝，每天一起睡觉，一起躺。

基于三研的反思。我们发现幼儿的语言贴近于绘本语言，能使用绘本语言的出示。那么在分编一个全新的片段。那么在此是否能提升幼儿想象的文学表达。
对表达提出新的要求呢？我们对活动中的
第二步："习得文学表达"进化每次讨论梳理。细行有效讨论索图片的编向幼儿搭建想象支架。搭建一张线索图片的想象支架更加明确、有效的支架。

问题设计：

1. 兔子兄弟把胡萝卜做成什么？兔子兄弟是怎么把胡萝卜做成帆船的？

2. 兔子兄弟又怎么把胡萝卜做成什么了？它们是怎么把胡萝卜做成热气球的？

3. 兔子兄弟还拿胡萝卜做成什么了？是用胡萝卜做成哪个小部位做成花园的？

第一次调整

我们发现幼儿以此绘本单词作为他们口语表达的内容。如"船""热气球""胡萝卜的小手微笑"等。在幼儿并没有使用绘本中的语言进行口语表达。在幼儿的想象能力方面的发散与思考也相对弱化。在幼儿的原有经验基础上往往不前。

第二次调整

通过改进，幼儿的表达有了较大的变化。当幼儿在使用"想象"进行自己的故事表述时，他们的想象会接着原有的发展。
幼1："我们乘着胡萝卜大船去找太空看星球。"
幼2："做得像火车太空飞船。"
幼3："我们开着胡萝卜去玩耍。"
幼4："我想乘着胡萝卜群去空中玩耍。"
幼5："我可以在树上蹦下来吗，还可以答案。"

针对孩子"说得少"的问题剖析与三次调整

反思与收获：

① 在研讨的过程中，我们对思维导图存在着初步尝试—目标指向"思维梳理"—目标指向回归"文学想象"三个阶段，均衡了文学想象与思维线索之间的关系，将思维导图作为其中一个想象支架，推动幼儿语言的表达。

② 对于新教师来说，围绕目标的提问和互动方式是非常重要的，我们在一次次的教研中，对目标的梳理更加清晰，有效提问更多地指向语汇学习、对话的掌握、语境的感知以及完整的语言想象表达等，帮助幼儿从"有想无说"，即脑海中思考的内容无法用适合的口头语言表达，

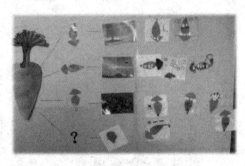

文学想象教学活动中的表达支架教具

逐渐到"有想有说"，即通过绘画操作这一形式将脑海中的想象进行再加工与表达，最后用绘本中的对话与语言进行表达。

"三诊结合"研修现场

③ 通过前后三次调整和相关的讨论分析，新教师从筛选、调整图片到设计提问、思考互动等多个角度对教学中出现的问题进行了分析和解决，这样的研课方式有效推进了新教师专业能力的发展。

（3）同本异构——三诊结合

除以上两种教研方式之外，本学年我们针对新教师进行了同本异构的活动。以《好大的胡萝卜》为例，开展了聚焦语言领域的"同本异构"教学活动设计，针对不同结对的师徒选取不同年龄段的幼儿进行活动尝试，让我们看到了不同教师对同一活动内容的不同处理，不同的教学策略所产生的不同教学效果，由此打开了新教师的教学思路。在前期，新教师根据孩子的年龄特点和发展需求制定了相应的目标。之后在师傅的指导下，尝试开展同本异构活动，活动后新教师对自己

的活动做了实录、反思，及时调整，由组里另外的新教师再尝试执教。

大班语言活动"好大的胡萝卜"实录与反思

环节	课堂实录	有效提问	反思与调整
一、绘本导入，引发兴趣	（播放PPT第一页） 师：它们拔出这么大的胡萝卜要把它变成什么呢？ 幼1：变成一个家。 幼2：变成一个房顶。 师：让小兔子住在里面是吗？ 幼2：不是，把房顶放在土上面，给小兔子挡雨。 师：把它做成雨棚，哇！你真有爱心。 幼3：做一个城堡的家。 师：你们都很有想法，那我们来看一看小兔子们是怎么做的	兔子兄弟拔出这么大的胡萝卜，它们要把它变成什么呢	此问题把幼儿的思想禁锢起来，不能促进幼儿发散思维，可以将这个提问"把它变成什么"换成"它们要干什么"更贴切
二、感受萝卜的各种变化	师：我现在把这个胡萝卜倒过来，你觉得它可以做成什么呢？ 幼1：避雷针。 师：你觉得它像一个可以避雷的避雷针，很有想象力。 幼2：我觉得像个城堡	现在把这个胡萝卜倒过来，你觉得它可以做成什么呢	在本环节中，教师回应太过于单一化，可针对每个幼儿的回答进行追问，使幼儿更加深入地了解胡萝卜各个角度的造型特点……

2.实效：多元化，多角度，多样性

（1）案例价值的多元化

《好大的胡萝卜》绘本蕴含唤起和助推幼儿文学想象经验的内容。其实不同的绘本因为蕴含的教育价值不同，值得教师探寻的核心经验也大不相同。新教师通过对《好大的胡萝卜》绘本多元化价值的挖掘，在直觉行动中感受、思辨及反观，在反复的体验中去感受孩子的世界，去接触、去理解，只有读懂孩子，才能真正接近孩子，逐步具有从幼儿的角度解读分析观察信息的理念，分析时能试着运用理论做科学支撑，并恪守分析的客观及真实性，还原对孩子真实的认识。新教师在深刻理解幼儿教师的内涵的同时学会了观察,完成了新教师迈进幼儿世界的第一步。

(2)理解幼儿的多角度

在整个研修过程中,新教师通过反复的体验,尝试将观察到的信息转变成调整活动、优化教育行为、促进师幼互动依据的能力。在多次课题研磨中,教师努力从绘本本身和基于幼儿经验的角度去支持孩子的学习。策略设计紧扣阅读难点,适配幼儿的阅读经验。

(3)研修内容的多样性

"一主二助三诊式"研修促进了新教师的专业自信、教学专业能力的提升以及教学专业发展的区域认可度。在研修过程中,逐渐形成了微格比较、问题悬挂、同本异构等不同的研修形式,逐渐形成了"需求触发,问题驱动,比对促悟,反思搭桥,同伴助推,多线共进"的"一主二助三诊式"新教师研修的基本范式。

3.亮点:私人定制,步步推进,搭建平台

(1)尊重主体的需求:私人定制。从教师发展的内驱力出发,根据专业的需要,设置个性化的成长规划和愿景。基于教师的个性,挖掘特长,符合教师的需求,又作为一种知识的拓展、能力的提升。

(2)遵循成长的规律:步步推进。遵循教学规律,简化新教师专业成长。先规范课堂,再汲取优秀课例的优势,打造课堂亮点,最后在"一课三备""一课三磨"中提升教学能力。

(3)多元成长的路径:搭建平台。主体参与,多角度助力,以自我反思为主,设置引导与助力小组,利用同伴互助和师傅介入的"二助"策略,实施个性化分层培养计划。

(五)研修案例:"锦鲤"对话:主题背景下提升青年教师资源运用力的探索

1.缘起:基于申花实验幼儿园对话资源背景下对青年教师资源运用力的思考

随着主题审议的推进,幼儿个性化教学与深度学习的不断深入,申花实验幼儿园特色的园本资源不断丰富,园本资源与教材资源等合力形成申花实验幼儿园特色的"申花绘本网仓"资源库,如何为有效地利用资源提供开放、自由的环境，建立有效的实践载体，促进幼儿多元表达是申花实验幼儿园不断探寻的新方向。而申花实验幼儿园的教师队伍中，28岁以下青年教师占园内教师比例的78%，在对话资源的背景下，为青年教师的专业能力特别是资源运用能力提出了新挑战。

在对青年教师资源运用的观察中发现，青年教师经常在运用资源时出现盲目接受、照抄照搬，不能全面客观地分析材料，不能有逻辑地概括和梳理资源等问题。从教研的角度来看，传统的"讲—记"模式到参与体验模式，仅以专业知识为主的内容无法满足教师对园本资源的思考与选取，而"专业+思维"的模式十分必要，鉴于此，我们提出"锦鲤"对话。

取"锦鲤"为我们教研的吉祥物，以不同的色彩为区分，创设了"锦鲤"取色的教研情境，给不同的"锦鲤"赋予了不同的思维标尺，这样在我们的教研实践运用中被赋予了内在思维的特征，我们以六种颜色来代表六种不同的思维侧面。"锦鲤"对话的内涵既包含了思维方式，又是一种教研方式，在现阶段幼儿园教研中，把对教师资源运用能力的培养及促进教师专业能力成长作为主要达成目标。

2.设计：以"锦鲤"对话提升青年教师资源运用力的理论建构

（1）操作定义："锦鲤"是一个网络流行用语，近年来网友们纷纷转发这个吉祥物以求马上实现心愿，带着青年教师想要马上获得知识与经验的心愿，把"锦鲤"作为申花实验幼儿园教研中的吉祥物。

（2）理论建构："锦鲤"赋义、流程设计、模式建构。

① "锦鲤"赋义

不同颜色的"锦鲤"对不同思考视角的表征

白色锦鲤	黄色锦鲤	黑色锦鲤	红色锦鲤	绿色锦鲤	蓝色锦鲤
依次对问题的不同侧面陈述问题事实	列举优点	列举缺点	提出解决问题的建议	对各项选择方案进行直觉判断	总结陈述，得出方案

② 流程设计

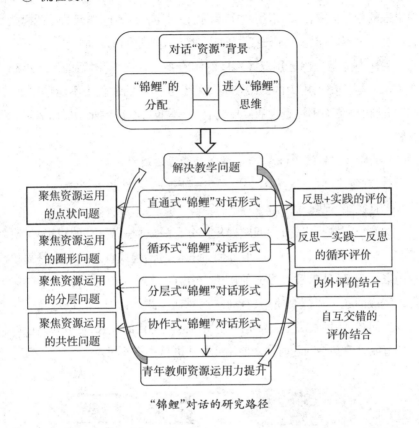

"锦鲤"对话的研究路径

③ 模式建构

创设"锦鲤"角色的研讨情境。不同颜色的"锦鲤"代表了不同的思维方式,在研讨开始前要创设一个"锦鲤"角色的情境,让每个领到相应颜色"锦鲤"的教师以所代表的思维来进行问题的思考,这个情境的打造更容易让青年教师融入研讨之中,在研讨的过程中促发思考。

打造分层分类的细致研讨形式。在"锦鲤"对话的实践过程中,要落实好每一个细节的设置,需要将不同的研讨形式以分层分类的形式区分开,以最大发挥"锦鲤"对话的功效。在本研究中以直通式、循环式、分层式、协作式的形式分类,以在实践中研讨不同形式对教师专业成长助力与思维水平发展的提升影响。

把握从问题出发的研讨原则。"锦鲤"对话的模式是从青年教师在实践中出现的教学问题出发，以解决实际问题为导向，在不同类型的对话模式下有针对性的不同问题，可以通过"锦鲤"对话的模式来解决问题。

关注专业与资源运用双线发展的实施要点。"锦鲤"对话的形式承载了专业水平与资源运用力的双线发展，因而，在实施的过程中不能只注重"锦鲤"的研讨环节而不注重专业发展内容，也不能只注重专业发展而忽视思维发展。

3.探索：以"锦鲤"对话提升青年教师资源运用力

（1）直通式"锦鲤"对话：以"聚—配—研—思"单线提升形式

①直通式"锦鲤"对话优势

从一个问题出发进行"问题聚焦—分配—研讨—反思"的流程，解决教学实践中的问题。针对点状问题，直通式的对话模式针对的问题是简单易行的点状问题，能够通过多人的探讨，在组间形成一致答案，并在短时间内得以解决。可嵌套使用，直通式的对话模式可针对一个问题在短时间内解决问题，整场教研不一定完全使用"锦鲤"对话的模式，可以在其中的某一环节或讨论某一问题时嵌套使用此方法进行小型研讨。

直通式"锦鲤"助研路径

②实践案例

以本次线上研修内容为例，研讨以美工区为例，区域中幼儿主动学习与材料的内在联系。在研修开展前，各班教师思考在班级美工区开展活动中的困惑或存在的问题，以下为部分班级的困惑。由于本次活动是在线上举行，因而也在微信群中进行了有关美工区的问题收集。

问题收集	教师反馈的关于美工区问题的整合梳理,提炼出普遍的两个问题

在美工区中如何开展欣赏活动

案例1:
最初没有给幼儿提供欣赏物时,材料放在那里无人问津,形同摆设;可当教师做了简单的装饰、修剪后,很多幼儿拿起了一次性纸杯进行游戏。欣赏性材料有时候会局限孩子的想象,很多孩子看到范本后就只会依样画葫芦

案例2:
班中的美工区是以水墨画为主开展的,投放了吴冠中的《春意》。幼儿在绘画时会很迅速地画一张又一张内容一模一样的画,应该如何引导幼儿进行作品的欣赏以及有自己想法的绘画表达

教师已经在美工区投放了非常丰富的材料,但幼儿进区时依然不能顺利地投入活动,怎么办? 怎样避免美工区活动材料投放的盲目性

案例3:
每当投入新材料,来美工区游戏的幼儿很多,但是经过一段时间之后,幼儿的兴趣点开始慢慢减少了,多久该投入新的材料或是开展不同的玩法

案例4:
泡沫球的投放,幼儿只是用泡沫球做了不同口味的棒棒糖,有的幼儿涂完色后在泡沫球上粘贴亮片、贴画等。但是发现孩子们的创作与表现集中在棒棒糖,没有再延伸、创作出其他内容

案例5:
发现孩子们呈现出来的作品比较单一

美工区问题的梳理和提炼

在班级美工区教研活动中,根据问题反馈的情况以及聚焦的问题,让参与教研的教师分组领"锦鲤"。让更多的青年教师作为提出解决问题建议的红色"锦鲤",调动他们的积极性并激发他们的思维;组织者以倾听、启发、研判为主,把握教研的整体节奏和思路,作为总结陈述,得出最终方案的蓝色"锦鲤"。

采用钉钉在线会议的方式,各色"锦鲤"展开了热烈的讨论,并通过视频语音的实时记录,可以清晰反馈出参与教研的教师的状态,并进行线下整理讨论要点与总结反思,及时反馈研讨结果,各色"锦鲤"及时提出补充意见。通过线上线下的双向互动,直通式"锦鲤"对话助推,影像、声音、文字多形式交叉,实现了热烈的研讨互动效果,研讨效果也超出了预期。

白色锦鲤 依次对问题的不同侧面陈述问题事实

彭、钱、周、王

蓝色锦鲤 总结陈述，得出方案

朱、豹

锦鲤

黄色锦鲤 列举优点

本次研修未分配

绿色锦鲤 对各项选择方案进行直觉判断

毛、钱、王、沈、毛等10人

黑色锦鲤 列举缺点

本次研修未分配

红色锦鲤 提出解决问题的建议

严、尤、陈、左、冯等12人

"六色锦鲤"的小组分工

问题1

美工区是否需要投放欣赏性材料？如何开展欣赏活动？

毛:我觉得需要，我们班的美工区有欣赏类的材料。在美工区设置了一个欣赏的小景。在前期孩子们还不会做花，投放的材料有孩子们画的花以及和家长一起做的花，后期就投放孩子们自己做的花。

钱:需要有欣赏性材料，这样有环境的暗示，在后期的制作中能给予孩子们环境的暗示，提供帮助。

陈:很有必要，孩子们制作需要暗示，投入后孩子们可以进行模仿，展开制作。

朱:在区域活动中，让幼儿沉浸在美的氛围中，是完全能够做到的

总结

美工区活动一般可分为绘画、手工、欣赏三大板块，这三个板块的内容不是单一存在的。教师只有根据材料的特性、幼儿的年龄特点、幼儿发展的需求合理预设活动内容，才能让幼儿通过与材料的交互作用，在观察、操作、发现、想象、表现、创作中激发兴趣，从而实现艺术领域的目标

屈:工具的使用要考虑幼儿的原有经验与发展技能点。

严:结合水墨画的特点，不同画作使用的工具不一样，国画的纸张也不一样，需要工具和技法的铺前。结合这幅画，发现线条、颜色都是有变化的，在画画时部分技巧还是需要教给孩子们。

冯:关于水墨画的常识是需要孩子们了解的。水墨画有具象和抽象两种，水墨画相对来说最简单的是具象动物画，之后投放山水画。就《春意》这幅画作具体分析，让孩子们感知画作中的线条也是非常好的选择。

朱:除欣赏作品之外，需要创造条件让孩子们和作品进行互动。例如中二班投放的名画，可以玩一个游戏。孩子们的创作藏在或者添加在名画中。那么孩子们要藏得好就要在创作时要想一些关于线条、颜色方面的内容。思考藏在哪里，怎么样画得像一点，这就在创作中和名画有所互动

总结

从孩子们的体验、技能以及画作本身特点等分析，我们在投放欣赏类材料的时候，首先要观察和了解。给孩子欣赏之前，教师自己也要试一试:孩子们可能会遇到什么？我们需要提供什么样的环境？吴冠中的《春意》这幅画更多的是线条，线条的交错，墨水的浓淡，所以觉得水墨画是适宜的，但是以什么样的方式投放是需要思考的

美工区问题研讨记录1

沈：我们问孩子泡沫球的形象，像什么，可以怎么做，不是一味地照着某个样子做。

彭：现在投放的是比较基础的东西，关注孩子的小肌肉发展，希望可以让孩子们用两个球组合在一起的方式做，或者两三个小朋友合作。

钟：教师投放某个材料是希望孩子自己去发现，自己去创造一些不一样的作品。那么教师在这一过程中做了什么呢？如果教师没有做什么，那么就只是孩子们根据自己的原有经验进行制作。

孙：结合具体的案例，怎么样让作品与实际的人物相匹配，就需要教师在关注孩子的美术技能过程中，发现孩子在活动背后的探究能力与游戏的持续性。投放的材料不是为了多元而多元，而是因为孩子有需要才投放与需要匹配的材料。

朱：在美工区投放某个材料有什么期待，教师应有预设思考，而不是放任孩子随意做，不然孩子的兴趣和持续性会较低。

总结

美工区活动是整体的，无论是环境的支持还是材料的提供，都对幼儿有着支持作用。欣赏的环境给予幼儿感受的机会，同时提供技能方面的示范，而材料则隐含着教师的期待、目的和创造的可能，环境则为孩子的发展提供积极的影响。因此，美工区投放的材料本身就蕴含着教育的意义，并且和投放的时机、投放的方式都密切相关

美工区问题研讨记录2

直通式研讨模式的检核办法需要在反思与实践中进行，研讨的过程中我们设计了反思记录表格辅助反思，并在反思后进行实践追踪。在教研过程中聚焦实际教学问题，以"锦鲤"所赋予的"锦鲤思维"进行多维度的思考与研讨，在短时间内激发教师的多面思维和创新思维，并能够积极参与到教研活动中来，在提高自身业务素质的同时极大地提升了教师的教学思辨能力。

(2)循环式"锦鲤"对话：以"聚—配—研—思的循环"单圈提升形式

① 循环式"锦鲤"对话优势

在一次研讨后，针对反思建议进行梳理，总结有效经验进行再次实践，并在实践结束后再一次分析研讨，以此不断循环。针对过程性问题。循环式对话模式针对的问题是需要在"实践—反思—实践"过程中解决的问题，

通过多次循环的"聚—配—研—思"过程来解决问题。分多次进行研讨。循环式对话模式可分多次直通式教研的形式来共同达成，针对同样的问题来分阶段地实践达成。

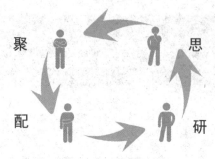

循环式"锦鲤"助研路径

研修理论书籍

②实践案例

在多次教研活动中，为了解决同一问题，在不同的阶段分别解决问题，并在结束后以实践的形式进行论证，最终让所得的答案更加深入并有针对性。在我们的有关"与乐对话"教研中，运用了循环式对话形式，在两个阶段的教研中针对同一问题，不断深入解决新教师有关音乐教学的问题。

【循环第一阶段】

在"与乐对话"研修开始前，为了收集教师针对音乐领域所存在的困惑与建议，研训开始前为教师推荐了《幼儿园音乐领域教育精要——关键经验与活动指导》一书，结合教师对音乐领域的兴趣进行梳理。

问题收集

彭：对音乐在一日生活中的渗透很感兴趣，平时我们会用各种形式的手指操来带着小朋友一起做。

钱：我觉得音乐集体教学活动中，最难的是打击乐，这个比较综合。

叶：看了这本关键经验的书以后，肢体动作对幼儿音乐合拍关键经验的达成来说是很好的策略，那么韵律操和欣赏在探究中应该算是重点。

从提及的问题重点来看,大家都涉及了欣赏部分、肢体动作等关键要点,这些关键要点构成了一个重点问题——欣赏活动中肢体动作运用的策略。

不同策略的运用讨论

白锦鲤:陈述有关音乐集体教学活动中肢体动作运用的策略
庄:在音乐关键经验中,最重要的就是合拍关键经验,它是音乐关键经验的核心。
冯:在音乐集体教学中的肢体动作运用是达成音乐关键经验的核心策略。
叶:欣赏集体教学活动中最重要的是欣赏—感受—表现,这样的三个环节,在欣赏活动中,我们运用有拍点的身体动作来表现音乐的拍点

红锦鲤:提出策略运用办法
屈:我们有很多欣赏的动作并不是完全由教师来决定,而是从歌词当中提取幼儿对动作的理解进行的。大部分的集体教学带有一定的情境性,比如,《小鞋子的舞蹈》就是由绘本故事讲述出来的,鞋子的动作也是有情境性的。
钟:常用的有一个预令的策略,在开始的时候提醒幼儿注意整体音乐的节奏和速度

蓝锦鲤:总结陈述经验
朱:对于音乐如何与孩子"对话",教师从不同的"锦鲤"角色分组说出了自己的见解。前期,研修组所有成员在线阅读音乐核心经验的相关书籍,丰富理论知识。在活动中通过一个音乐游戏,感受了音乐中合拍的魅力。同时,教师发现这种音乐力度、速度产生的变化能带给孩子愉悦和激情,也能引发孩子情绪的自主表达

在第一阶段的探究结束以后,教师从多个角度对欣赏音乐教学活动进行了探究,此时,我们的探究仅仅停留在理论探寻阶段。在第一阶段的探寻结束以后,教师分成了三个组别,分别针对大、中、小三个年段,对同一首音乐进行了欣赏教学活动的动作设计。

第一阶段研讨聚焦不同年段的动作设计

小班欣赏活动《森林里的啄木鸟》	中班欣赏活动《爱吃水果的农夫》	大班欣赏活动《树叶的舞跳》
1.感知音乐的变化，尝试随音乐合拍地做动作 2.初步理解和表现啄木鸟觅食的过程 3.体验在音乐活动中表演的乐趣	1.通过听故事、观察图片，感受歌曲的音乐形象内容 2.能够合拍、合句子地扮演农夫的角色，体验在音乐中的愉悦情绪	1.通过肢体动作，感受乐曲旋律所展现的树叶春日生长、夏日微浮、秋日飘落、冬日欢舞的情境内容 2.理解乐曲的ABA结构，尝试用肢体动作表现B段旋律的连贯及断顿 3.乐于用自己的身体动作在音乐中合拍表现树叶生长、微浮、飞舞、游戏的内容

【循环第二阶段】

从理论和实践两个角度来循环展开，从一首曲子开始，通过不同阶段的研修，让新教师对于音乐教学的经验不仅在理论上深入，而且在实践中有了更深刻的体会，让音乐教学变得生动、好玩、有故事、有情境，教师在这样的体验式研修的过程中收获满满。三个年段的教师首先展示了三节再设计的活动。

在第二阶段的教研中以活动设计的流程为重点，在不同的"锦鲤"角色研讨中进行反复打磨，并形成一套可优化提升的设计报告，而此时的教研也并没有结束，在每一次实践后都可以以"反思—实践—反思"的形式循环进行，这不仅是一种检核办法，更是一种提升策略。

第二阶段研讨聚焦适宜的策略

聚焦问题	如何在集体教学中运用好欣赏教学的策略
	分配形式：一组一"锦鲤"
分配"锦鲤"	对应角色： "白锦鲤"——陈述活动的设计思路 "黄锦鲤"——提出活动设计的优点 "黑锦鲤"——提出活动设计的缺点 "红锦鲤"——提出优化活动设计的办法 "蓝锦鲤"——总结活动设计的经验

聚焦问题	如何在集体教学中运用好欣赏教学的策略
互动研讨	研讨过程： 1. 分年龄段尝试三组音乐欣赏活动 2."白锦鲤"陈述三个活动的设计思路 3."黄锦鲤"提出获得的不同设计亮点与经验达成 4."黑锦鲤"提出该活动设计的缺点与不足之处 5."红锦鲤"提出该活动设计的具体办法 6."蓝锦鲤"总结活动设计的经验
分享反思	第二阶段的教研活动从实践的角度出发,研修小组的教师为大家呈现了三个不同年段执教同一首音乐,不同情境的有关秋天的故事,分别是啄木鸟找朋友、摘果子以及跳舞的落叶。教师在充分感受音乐曲段后,抓准曲段的节奏、节拍,创编故事情境。此外,教师也对音乐作品的处理有了更深的感悟,一部音乐作品可以用一个情境贯穿,吸引幼儿的注意,调动幼儿的积极性和主动性,让幼儿喜欢并乐于参加音乐游戏

循环式研讨模式的检核办法需要在"反思—实践—反思"循环的过程中进行,研讨过程中每一次记录下来的在这一次研讨中通过理论的学习对于音乐欣赏作品的形式性、再现性、表现性以及特点、关键经验及策略与设计组织有个大致的了解,在活动中通过"听一听""看一看""做一做"等方式,让教师切身体会音乐的魅力。

(3)分层式"锦鲤"对话:以"问题拆分"与"经验分层"多线提升形式

在分层式"锦鲤"对话形式中,要以问题的形式和教研组成员经验的情况进行分层分类,因而可以分为问题拆分式和经验分层式。

① 问题拆分式

问题拆分式所针对的问题是可拆分的问题,在一次研讨活动中,因聚焦某一问题而发散为不同的子问题,只有把所有的子问题都解决,才能共同得出所聚焦问题的答案,因而在"锦鲤"的分配时往往会根据子问题来分组并再分配,通过整合的研讨反思得出所聚焦问题的答案。

在问题拆分式的教研活动中，我们从教师在实践中遇到的问题入手，结合实际案例，从"看到什么""教师的意图"及"是否达到预期的目的"三个问题进行思考。教师发现主题墙上的问题提出要契合幼儿的兴趣，但是没有与幼儿产生互动，幼儿也无法从中获得更多的经验。通过不同的案例对比，教师更加清晰地了解什么是活动过程性的呈现，在过程性中有孩子的自主探索，并与主题

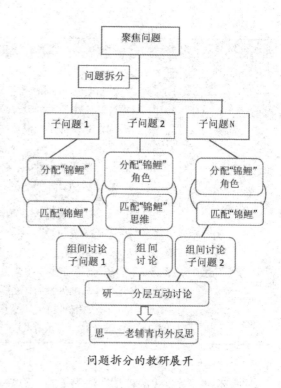

问题拆分的教研展开

墙产生互动。对青年教师的疑问进行了梳理，我们将所聚焦的问题按照教师的疑惑拆分成了三个子问题。

聚焦问题的讨论和改进

聚焦问题	如何促进幼儿经验增长的主题墙面讨论和改进
子问题1	如何体现脉络性和层次性
子问题2	如何更多地体现过程性
子问题3	如何将主题开展前的铺垫和主体推进的内容相结合来呈现

在活动的过程中，将随机的六个不同的主题墙的实况照片分为三个以各自代表的问题为主的组别，并以"黄锦鲤""黑锦鲤""绿锦鲤"三个角色进行研讨。

子问题组的探讨记录

角色	子问题1组	子问题2组	子问题3组
黄锦鲤	吴老师：图片比较直观形象，来自孩子的生活经验	石老师：思路是完整的，逻辑通顺	何老师：可以让孩子更加了解蚂蚁，很自主
黑锦鲤	毛老师：主题墙内容太多，分散到别处，不一定在主题墙上呈现。使用发散性思维导图更多地认知，让孩子画一画，比较狭隘	温老师：找春天这块的问题很零散，需要梳理，在孩子们找完春天之后，春天的花开了	严老师：没有以时间轴为线索串联。这里用箭头的方法，指示后面主题，泥土的来由不清晰
绿锦鲤	王老师：把问题抛给小朋友。自己组织小讨论，猜一猜、说一说。教师可以帮助总结，以画画、语言的形式给出答案	钱老师：对小班来说，更多是图片式的呈现，讨论中的图片、话语，在与爸爸妈妈的对话中汲取素材	温老师：绘本、图片帮助孩子们体验经验获得，把孩子的问题转换为探究的起点

经验总结

呈现过程的要求
原有经验—相关经验—当前经验—经验整合。
要求紧扣三个准绳：自主、互动、探索

解决问题

1.绘画+照片+语言小故事，让碎片变得有序。2.让问题的呈现更加直观。3.以时间为轴串联前后活动。4.辐射状的思维线索，形象化展现。5.动态而多元的经验表征

共同梳理

对目标的梳理更加清晰

教师对问题的共同梳理

内容的选择非常贴近教师的需求，教师从一开始的困惑多多到后面的——解惑，这个过程就是教师学习的过程。在现场的研讨中有了团队一

起参与讨论,年轻教师对于如何呈现主题墙上的内容也有了自己的思考和理解,希望教师在班级实施中也能够带着这样的思考,真正让墙面与孩子互动起来。

② 经验分层式

经验分层式的对话形式是针对不同经验阶段的教师,教研针对青年教师的实际教学问题,且以青年教师为主体来进行研讨。对于经验丰富的老教师来说,更多地起辅助作用,在研讨的过程中辅助青年教师的研讨,并给予一定的指导与建议。

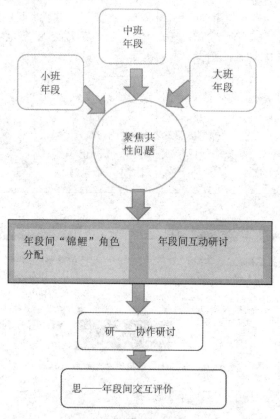

聚焦共性问题的研讨路径

在同一个年段,老教师(师傅)和新教师(徒弟)执教同样的活动,在活动中收集所有相关的过程性资料,围绕确定的关键问题,如对幼儿行为、教师提问、师幼互动等现状进行记录,之后根据这些内容开展细致的比较分析,从而梳理出更为具体的实施要点。以青年教师为主体,以"锦鲤"思维进行活动的研讨,与经验丰富的老教师达成一致,共同解决活动中可能存在的不足,进一步完善教学活动,并有效提高新教师演绎这一活动的执行力。

(4)协作式"锦鲤"对话:以"共聚—组配—协研—齐思"双圈提升形式聚焦不同年段的共性问题。在协作式"锦鲤"对话形式中,是以小、中、大三个年段的共性问题为重点来进行研讨并得以解决的,年段间可以分段研讨协同解决,也可以交互研讨协同解决。多重协作方法。协作式"锦鲤"对话是不同年段或园区间共同解决问题的形式,而在具体的运作中不同于简单的分组、分层,具体有以下方法。

● "黑锦鲤"交叉找碴儿:因为问题一致,每个年段拥有一个"黑锦鲤"特权,可以去查找其他年段的问题,交叉找碴儿的形式可以让大家在找碴儿的过程中既找出别人的问题,也能更好地反思自己的问题。

● 小"蓝锦鲤"vs大"蓝锦鲤":在协作式对话形式中可以拥有两个"蓝锦鲤"的角色,小"蓝锦鲤"代表年段间的立场,以年段的立场来总结问题;大"蓝锦鲤"代表共同的立场,以收集小"蓝锦鲤"的问题来作为大"蓝锦鲤"的总结成效。

对于周计划中的目标、幼儿学习的经验线以及各活动关注点有更深的思考。三个年段关于秋天主题的四周计划进行相互交换,在六色"锦鲤"中选取四色,分别为红色、绿色、黑色、黄色,从直觉判断、问题事实、解决建议、经验汲取四个方面进行分析秋天主题周计划的内容。周计划抽查以小组的形式逐级展开,每个年段为一组,针对抽取的其他年段的周计划进行排查,运用不同颜色的"锦鲤"展开思维碰撞。小组内的成员一起领锦戴锦,至少两人一组戴同一色"锦鲤",运用同一思维更加细化地进行分析。问题聚焦如何规范周计划更好地保证教学资源的运用。

所谓"旁观者清,当局者迷"。教师在制订班级周计划时有了自己固定的模式,很难发现自己存在的问题。通过"周计划大找碴儿"的研讨,教师在"探讨—反馈—思考—汲取"的过程中,对科学撰写一周活动安排有了全新且全面的理解,明确了周计划的重要性,关注主题经验的延续性。

年段教师组研讨记录

小班组(中班组)	中班组(大班组)	大班组(小班组)
1.从第七到十一周格式不一样,生活活动关注要点没有统一、没有递进。 2.区域游戏与主题关系不大(极少几周有关系)	1.格式问题,开头空两格。有错别字。 2.第七、八周教育教学、保育没有递进。 3.区域、游戏与主题关联性不大。 4.第七、八周的游戏调整会更合适	1.健康课没有标出。 2.第七、八周保育目标没有递进。 3.教育目标与教学活动的目标不相符合。 4.文本中有错别字。 5.第十周的爸爸助教活动标注清楚。 6.幼儿生活活动的目标部分不合适
游戏及区域与主题相关。注意文本格式。 保育改为:能够在运动后自主盥洗,并尝试独立整理衣裤	格式调整。 教育教学目标改为:能用多种方法表达自己对秋天的感受。 第八周其他游戏改为:音乐游戏《秋天多么美》	计划中的教育教学内容和总目标要匹配。 第八周周三的区域目标应更具体一些。 小班周计划格式正确,主题目标和周计划内容的关系,尽快调整周计划,安全环保也在书名号后边用括号标注出来。关注周与周之间的递进性

对比检核:教师结合《3—6岁儿童学习与发展指南》,借助"锦鲤"的思维方式进行总结反思,从周计划活动之间的经验分配、活动时间等多个角度对周计划活动进行反思调整,更改周计划,对比检核。在研讨中,我们利用六色"锦鲤"的思考方式,从问题出发开展多角度思维的有效运用,帮助教师更

加立体全面地看待问题、解决问题的创新方式，让每一位教师都能积极参与其中。运用这种方式对于提升教师教学思辨能力有一定的指导意义。在之后的研讨中，还是会继续围绕六色"锦鲤"进行多种形式的教研。

协作评价：在开展此次研修之前，我们发现教师撰写的周计划存在很多问题，如内容脱离总教育教学目标，每个内容之间缺少对于幼儿前后经验的连接关注，每个内容的关注点流于形式，比较宽泛，不是真关注。在对比检核以后，我们会在教师调整后的周计划中进行再检核，在不同年段间进行协作评价并提出提升的建议。

（5）策略梳理

① 问题的聚焦策略

问题的聚焦策略是在教学问题出现的时候，针对不同问题，采取拆分与整合两种策略。

② "锦鲤"的分配策略

在运用"锦鲤"角色对教师进行分配时，不同的分配策略对教师思维的提升有着不同程度的影响。在"锦鲤"对话模式中，综合运用各种策略，以交互的形式不断提升教师的思维力，并促进青年教师的专业能力提升。

"锦鲤"分配策略

分配策略	具体做法	
拆分	将一个问题拆解成一系列的细小问题或者分成不同程度的问题来共同解决	
整合	将一系列的问题进行分组整合，为共同解决的问题进行分析整理	
一人一"锦鲤"：观点的交互提升，从全新的角度去发现问题		单一思维
一人多"锦鲤"：整合团队所有参与者的潜能，从不同寻常的角度发现机会。如老教师+新教师组合、师傅+徒弟组合等		多向思维
多人一"锦鲤"：组间每个人都从多个角度全面思考问题		单一思维深度思考
多人多"锦鲤"：小组内每人都扮演多个"锦鲤"的角色，团队在平行的思维中互换角色，形成合力，解决问题		多向思维深度思考

4.研究成效

(1)青年教师资源运用能力提升

课题开展前后,依据教师思维力评测系统的测评,对园区内32名青年教师进行了对资源的分析判断等水平评测的对比测试,其中包含判断力、分析力、整合力、比较力、概括力五大基本水平。在运用"锦鲤"对话模式之后的教师思维力评测水平高于教研模式运用前水平。这在一定程度上证明了"锦鲤"对话模式对教师资源思维力的提升有一定作用。灵活多变地运用

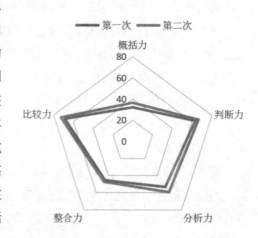

青年教师资源运用能力显著提升

"锦鲤"角色以达成研讨的效果,以高效地达成研讨中的目标,激发研讨时的氛围,更好地促进研讨中的思维碰撞,在研讨的过程中,打破了以往在研讨时沉默的僵局,每一位认领"锦鲤"的教师都有发言的机会,激发了每一位青年教师的热情。

① 和而不同,多方思考出精彩

从"锦鲤"思维的内在价值层面来说,不同的颜色代表不同的思维层面,针对提升的教师发展水平因而也是不同的。

不同颜色"锦鲤"体现不同的思考能力

314

不同颜色的"锦鲤"与思维力相匹配,而所有不同思维层次的发展都是为了解决同一个教学问题,教师在合作的氛围中进行研讨,和而不同。这样的思维模式是"问题—解决问题"模式,综合不同层面的意见让结论更加立体多维,对于问题的解决来说,这种思维方法是科学辩证的。

② 针锋相对,多维思辨促成长

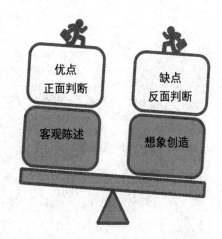

"锦鲤"对话的不同层级中有着不同的思维侧面,"锦鲤"思维的六个不同侧面是一个帮助教师立体全面思维的模型。青年教师在一开始无法短时间内从多个侧面看问题,通过一个"锦鲤"思维的侧面,层级中所包含的相互对立的关系可能会让不同思维产生碰撞,并引发讨论甚至激辩,而在针锋相对的过程中促发自己的逆向思维、辩证思维。这也在极大程度上激发了青年教师参与的积极

多维思辨促成长

性。每个教师都能从不同的思维层次来对同一个问题进行讨论,思维的角度更多面。这种思维模式除了在教研中运用外,更能直接促进青年教师的思维水平,这也是教师专业能力中的重要部分。

"锦鲤"对话的教研模式为教师提供了多元成长的路径,主体参与,多角度助力,以自我反思为主,设置引导与助力小组,利用同伴互助和师傅介入的"内外互评""协同反思"的策略,实施个性化分层培养计划,为青年教师的反思助力。

(2)促进青年教师专业成长

在"锦鲤"对话模式的研修开展下,每位青年教师围绕自己的研究内容,开展了课题的实践、论文的撰写、课程故事与游戏案例的撰写等,专业水平得到提升。

研修背景下的教师获奖情况

姓名	教龄	形式	获奖情况	姓名	教龄	形式	获奖情况
彭依婷	3	课题	市立项 区成果一等奖 市成果一等奖	周榆	1	课题	园内立项
屈露	3	课题 论文 新苗杯赛课	市级立项 区二等奖 区二等奖 区三等奖	周梦佳	1	课题	园内立项
何菡	2	新苗杯赛课	区二等奖	周小络	1	课题	园内立项
周婧	2	论文	区二等奖	庄江泽	2	案例	园内分享
叶雨昕	3	论文	区二等奖	包怡楣	2	微主题报告	园内分享
李爱萍	3	论文	区三等奖	王朴	2	案例 论文	园内分享
石于雯	3	论文	区三等奖	陆薇竹	2	微主题报告	园内分享
毛灵歆	1	案例	园内分享	唐菊妍	2	微主题报告	园内分享
刘嘉欣	1	案例	园内分享	张思弘	3	微主题报告	园内分享

① 问题触发，解决教学困惑

本课题的开展和实施针对青年教师的教学实际问题，从切实为青年教师解决问题的角度出发，"锦鲤"角色的引入为新手教师提供了一种创新的思维模式，让青年教师在较短的时间内全面科学地探索解决问题的方法。"锦鲤"对话的教研流程更是教研形式的创新，在运用中，多种形式的对话模式各有侧重，为青年教师解决不同侧面的问题。

② 以思促教，打破思维局限

引入"锦鲤"角色的教研模式，打破了传统思维模式。每一个"锦鲤"角色代表一种特定的思维方式，在教研中，教师从不同的角度科学辩证地思维，既可以有效地支持个人思考，也可以支持教研团队间的碰撞，让参与教研的青年教师能够在较短的时间内简单又迅速地思考，使他们的教学思辨能力得以提升。

（3）形成"专业成长+资源运用力提升"双线教研的新模式

"锦鲤"角色代表一种维度的思维，只有深入地思考，才有明确的行动方向，而青年教师在研讨中有了更深的认知也直接促进了青年教师在教学实践中的成长，"知行合一"让青年教师且知且行。在实践中，证明"锦鲤"对话模式以青年教师的内在需求为内容载体，同时以多维思维的"锦鲤"对话形式双线并行的教研模式尊重了青年教师的需求。在不同阶段的实践中，不同的对话模式适宜不同的教研情境。在教师专业厚实的基础上，针对青年教师"专业成长+资源运用力提升"的双线教研模式形成。

资 源 管 理

一、资源类型

（一）教师资源库

创设教师资源库，从本质上说就是提升教师的业务能力和综合素质，使教师的教育教学水平满足新形势下的学前教育需求，确保幼儿得到健康、全面的发展，便于教师合理利用资源，去促进幼儿的发展。教师资源库主要包括园内资源库和园外资源库。园内资源库包括音像资料、教育教学设施、家庭资源、环境资源和教师同伴资源。教师的学习资源涵盖教材、教参以及满足不同层次教师需求的教学参考用书。基于不同对话内容的活动需求，我们建立线下绘本馆和线上数字资源库，将与课程相关的名画资源、名曲资源、名乐资源以及各种教师之间的研究成果纳入其中。除此之外，教师可以就地取材开展各种丰富的游戏活动，比如将园内地上的落叶捡起来制作植物标本，或者粘贴成美丽的图画等。让幼儿在玩的过程中享受创作的乐趣，以环境陶冶情操，使环境成为幼儿体验、观察和学习的课程资源。

园外资源库包括幼儿园周边环境中的人、事、物，教师要根据具体的教学目标和幼儿身心发展规律去探索与挖掘，教师可以带领幼儿进行实地参观。比如参观银泰城的活动中，孩子们设计去银泰城的路线，用实地探索、多样表征的方式进行一些丰富而有意义的实践，通过这些有意义的实践活动不仅锻炼了幼儿的独立能力、丰富了他们的生活经验，交往、合作能力也得到了提高。此外，还有社区活动，春游、秋游等，这些都是可以挖掘的园外资源,价值很高。

(二)家长资源库

在早期教育中,家庭教育对幼儿的成长起到了重要作用,因此,我们也为家长提供了家长资源库。家长资源库以网络为主,线下资源库以园内绘本馆、家长休息站、家长教育期刊(家长和幼儿自主借阅)为辅。幼儿园可以在遵循合作、平等、尊重原则的基础上争取家长的参与、支持和理解,并且为家长积极提供帮助和支持,将最新的教育理念、教学方法通过网站、微信公众号传授给家长,以此提升家长的教育能力。对幼儿园即将开展的主题活动,教师可以通过家教园地、幼儿园网站等形式详细介绍活动内容,让家长在掌握这些信息之后进行思考,然后给教师反馈一些自己认为好的想法。在共同对话的过程中,可以提升主题活动的教育效果。家长资源库能够与家长共享幼儿教育理念,同时线上资源库有了家长的参与,支持幼儿多元表达方式和策略也将会更加科学、完整、有效。

二、资源使用

申花实验幼儿园课程资源共享平台是针对本园教师、家长、孩子三位一体的对话教育体系,构建从园本课程到申花样态的实践支持。也就是说,在对话教育理念下,结合申花样态的研究和实践,开启与大师对话的通道,寻找适宜的名画、绘本以及自然素材,结合幼儿的不同年龄特点,借助不同的载体,建立三维的"表达—交流—沟通—参与—体验—共享"等循环式的资源整合共享平台,最终实现记录专属幼儿多元表达的"一百种"成长印迹。

1.使用对象

幼儿端:关注的是资源使用、分享互动和活动参与。幼儿端更强调幼儿选取资源的便捷性和互动分享的多样性。比如幼儿可以用照片、语音、视频等方式进行不同的展示与分享。操作设计也尽量简洁,方便幼儿自主操作。

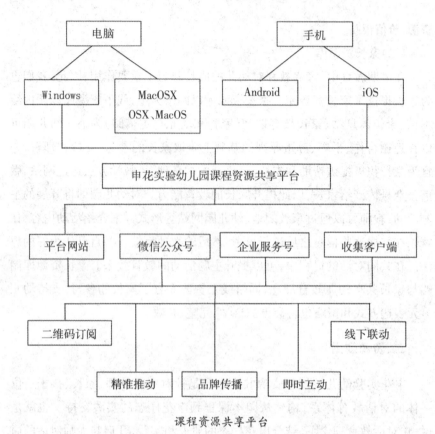

课程资源共享平台

　　家长端:关注的是资源使用、分享互动、活动参与和评价。在幼儿参与互动的基础上,家长端增加评价内容。这样可以帮助家长更好地关注幼儿发展,并成为幼儿园评价体系的一分子,让评价落地。

　　教师端:关注的是资源使用、分享互动、上传资源、活动发起和评价。教师不仅仅是资源的使用者,更是丰满网仓的执行者。网仓开口向每一位教师打开,允许教师随时上传优选绘本供大家阅读。同时在新平台中,教师可以关注幼儿更多的表达,并给予更全面的评价。

功能模块及说明

功能模块		功能说明
教师移动端	资源库	1.收集的名画作品、绘本、文献等专业素材 2.有关名画教案,音乐、教具、游戏、视频等实践素材 3.线上实时操作,共享实践感受,反思优化活动内容
	线上家幼互动	1.以文字、摄像等形式实时记录孩子的多种表达方式并上传分享 2.根据孩子的展示去解读孩子的内心 3.可将自己对绘本的解读放到平台,供幼儿取随听 4.打破面对面的沟通方式,线上实时交流
	个性展示	1.创设属于自身的个性空间 2.建构自己的教学专利 3.建立独立的个人成长轨迹(教育教学各方面)
家长移动端	家长资源库	1.通过平台发表与大师互动的文字、图片、视频等,同时可通过其他软件将绘本、名画或者音乐分享到资源库 2.提供素材管理界面,便于梳理和寻找
	爸爸妈妈说说	1.家长之间可实时交流、发送消息 2.实时分享孩子的喜悦,传递能量,看到孩子成长过程中的变化 3.记录孩子的变化:语音、日记等
	家庭情境化展示	1.除了孩子在园的状态,也可把孩子其他时段的状态进行记录和分享 2.开展与大师对话的不同类型的亲子活动

功能模块		功能说明
幼儿移动端	听	1.探寻大师背后的故事,听听作品的历史 2.听听他人对作品、绘本的感受 3.寻找名曲,聆听体验
	说	1.激发孩子主动探寻名画的"语言",让画与孩子对话 2.增设配音功能,让绘本中的事物"活"起来 3.提供交流空间与时间,让孩子与孩子之间进行对话
	画	1.构建自己对作品的认识,用自己的语言表达感受 2.展现自己的审美意识、情趣、价值等 3.实时记录自己个性化的表达方式,形成成长档案

2.平台应用

二维码订阅:通过发布平台二维码,供用户随手订阅。

精准推动:通过用户分组和地域控制,实时精准的目标推送,实现品牌的多元传播。

即时互动:通过平台自助应答菜单或在线客服,实现即时性互动交流。

线下联动:通过平台的在线预约功能开发,实现平台资源整合的线上线下联动。

三、具体开展

(一)二维码的使用

1.二维码促进多维度发展

二维码的应用对于教师日常教育教学活动来说,不仅提升了教学的效率,也加强了资源的完整性和便利性,同时对于教学资源的整理也变得更加便利和清晰。在幼儿园生活中,幼儿、教师及家长三者是既相互融合又相对独立的个体模块。在幼儿园多媒体的应用实践中,二维码的应用对于幼儿、家长及教师都有一定程度的帮助。对于孩子而言,二维码是一个既熟悉又陌生的东西,生活中经常会遇到,但几乎不会用到。此次活动,我们将二维码带至孩子身边,孩子们可以利用班级配备的平板电脑和班级的无线网络与二维码进行对话,时时去感知我们身边的名作与名画。相较于之前教师将有代表性的艺术作品进行展出的方式,二维码给孩子们带来了更为广阔的视野,可以尽情地感受着艺术世界的美好。

在走廊音乐角中,教师运用信息技术为幼儿创造了"二维码乐曲",扫码之后将结果进行集中展示,让幼儿分析交流。可以发现,教师在活动中扮演了支持者、合作者、指导者的角色,目的在于让幼儿能运用信息技术进行主动学习,通过自己动手操作发现问题、解决问题、获取经验。教师还鼓励幼儿大胆地探索,在一定程度上培养了幼儿自主探究的能力。

二维码能够将文字、图像、声音、动画、影像等多种信息媒体结合在一起,让信息的呈现更加生动直观,也能实现较高程度的交互性能。在教学活动中使用信息技术,在很大程度上满足了幼儿可视、可听、可操作、可体验的多感官参与方式的学习需求,有利于幼儿观察、感知、操作和思考,加深对一些知识的理解。例如,在音乐活动"爸爸的鼓"中,教师利用信息技术创造了一个楷楷小朋友学习手鼓的游戏情境,让幼儿在游戏中结合视觉、听觉学习,促进幼儿对音乐节奏的理解。

对于家长而言,二维码是再熟悉不过的东西,但相较于在PC端观看,家长更愿意掏出手机来扫一扫,不得不说这样的观感体验真的很棒。二维码不仅满足了便携设备的要求,只要有手机和网络就行,操作也十分简单易学,这满足了一部分老年家长的需求。另外,二维码方便了家长进行实时阅读。教师的多方面展示让家长了解孩子的情况,也让家长更加放心孩子在幼儿园中的教育和成长状况。

对于幼儿在学校中的活动,如果教师通过手机录制,由于视频时长不同、清晰度不一样,会出现缓存较慢的情况。而通过二维码发送,则能够快速、有效地供家长扫码了解活动的相关情况。

2.二维码助力教师教育教学

对于教师而言,二维码是一个很好的展示工具和手段。之前教师用得最多的就是墙面展示,直观却不生动,而二维码的建立给教师带来了另一种可能，它能切合具体，多方面地进行展示，而且内容也几乎没有上限，这也给了教师一个很大的展示空间，充分发挥教师的展示技巧。

二维码整理包

3.二维码的具体实施

二维码在人们生活中的使用越来越广泛，而且非常简单，人们用微信、支付宝等手机应用程序扫一扫，就可以打开相应的链接，获取背后大量信息。二维码的普及给人们的日常生活带来了很大便利。二维码渐渐被日常的教育教学所采纳，将作品或者课件制作成二维码，便可以实现简单的分享，同时不占用过大的使用空间，便于传递分享和使用。我们收录故事呈现"童画童语"课程，收录名曲丰富幼儿知识经验以及创意作品体现幼儿奇思妙想。

※ 收录故事呈现名画课程

围绕不同的主题，选择幼儿感兴趣的大师名画、名曲作品。以最初的欣赏作为切入点，幼儿欣赏大师作品后，延伸出自己的所感所想，说说对于名画、名曲的初印象。大师蒙德里安的作品结合多样的色彩元素，将幼儿对于该名画的初印象以口头语言表述的形式录音，配上幼儿的临摹作品，转换成二维码贴于名画旁。

　　申花实验幼儿园二楼走廊处结合一年四季,描绘秋天丰收景象,如米勒《拾穗者》、莫奈《睡莲》等。幼儿从最初的赏析开始,随着名家作品的深入剖析,幼儿对于名画、名曲有了自己的认知。将幼儿的临摹画作呈现在环境中,能够充分体现"童画童语"课程的层次递进。

让·弗朗索瓦·米勒《拾穗者》

莫奈《睡莲》

二维码课程走廊小景

幼儿临摹作品及创编故事

　　※　收录名曲丰富幼儿知识经验

　　大师蒙德里安的作品结合一年四季的色彩元素,延伸出幼儿喜欢的乐曲——维瓦尔第的音乐作品。教师将名曲收录至二维码,让幼儿与家长在欣赏名画的同时聆听名曲,在"与乐对话"的环境中发现大师、了解大师。申花实验幼儿园在三楼的音乐走廊投放了许多器材,引导幼儿动手操作,创作属于自己的乐曲,教师将其录音并制作成二维码发送给家长。

由大师蒙德里安名画发现的名曲

幼儿使用器材创作乐曲

※ 创意作品体现幼儿奇思妙想

通过绘本的导入，激发幼儿的创造性思维，凭借自己的想象画出了动物园里千奇百怪的动物。结合《幼儿园教育指导纲要（试行）》和《3—6岁儿童学习与发展指南》，研读语言核心经验，开展"动物园的讲解员"活动，重点发展幼儿的叙事性讲述和说明性讲述。结合幼儿自己所画的动物讲述故事，每一只动物都有一段有趣的故事，每一只恐龙都有属于自己的秘密。

将幼儿的绘画还原在走廊环境中，将幼儿讲解的动物故事录制转换成二维码，孩子们向叔叔阿姨介绍："这是我的小动物！这是我的动物故事。"在课程"与书对话"中，二维码将幼儿自己创编、自己讲述的故事更直观地呈现，促进幼儿语言表达，将园本课程展现在环境中。

绘本故事《千奇百怪的动物园》

结合主题背景"我眼中的秋天",引导幼儿多感官感受秋天,同时基于"童画童语"园本课程特色,以多元的方式呈现:首先通过创意添画,再依据作品讲述秋天耳朵故事,最终由教师将其转化为二维码,供其他教师和家长阅读欣赏。

主题背景"我眼中的秋天"

在申花实验幼儿园所应用的二维码中,有语音、视频、绘画等多种内容,也包含了许多故事、名曲、名画欣赏等,针对不同的主题、不同的教学内容。教师还利用之江汇学习平台、微信、QQ等社交软件,与同事分享资源,达到教学资源利用最大化,帮助教师节省了寻找资源的时间。

幼儿是学习的主体,是学习的主人。二维码的应用正是为了满足幼儿的兴趣需要,所以二维码的时效性与表现力也是关乎幼儿能继续探索的重要条件。在幼儿园活动中,现代信息技术鲜明生动的图像、动静结合的画面、悠扬悦耳的音乐以及扫描二维码的操作唤起了幼儿高涨的学习兴趣。幼儿的感觉、知觉、表象、记忆、思维、情感、意志等心理因素,都能保持良好的状态,促进幼儿的认知发展。

(二)大师对话App的使用

为更好地利用课程资源,集成线上大师对话App,从师师、师幼、家园三位一体着手,打造指尖上的多元表达世界。

大师对话App是一种面向幼儿园各类人员的信息服务中心、数字资料中心、绘本管理中心、电子传播中心的网络应用软件平台,它是架构幼儿园信息高速公路的核心框架,提供一个面向知识管理、知识检索、知识学习、知识传播的全方位解决方案。

大师对话App是一种基于B/S架构的软件平台,所有的数据资料均存放在服务器端,极大地方便了管理员对电子绘本馆的管理,客户端仅需安装网络浏览器或者相应的App就可以浏览各种数字资源。

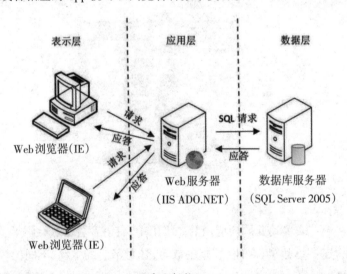

B/S系统架构

1.具体功能描述

大师对话App具体功能描述

页面呈现管理		
序号	功能模块	功能说明
1	风格装扮	以卡通幼儿风格为主,符合儿童的情趣
2	页面要求	1.通知公告:显示最新信息,点击"更多"进入通知公告页 2.园所简介:点击查看幼儿园简介 3.栏目区域:与大师对话、与绘本对话、主题活动、活动成果等 4.内容区域:社区资源展现、课程学习(视频、声音、文字、图片)等 5.功能按钮区域(社区、课程、快捷、发现等) 6.最活跃用户列表(教师列表、幼儿列表)
3	其他要求	页面简便,易操作

移动应用端			
序号	功能模块		功能说明
1	教师移动端	与大师对话 名画资源库	1.收集到的名画作品、文献等专业素材 2.有关名画教案、音乐、教具、游戏、视频等实践素材 3.线上实时操作,共享实践感受,反思优化活动内容
		与大师对话 线上家幼互动	1.以文字、摄像等形式实时记录孩子表达的一百种方式并上传分享 2.根据孩子的展示去解读孩子的内心 3.打破面对面的沟通方式,线上实时交流
		与大师对话 自我个性展示	1.创设属于自身的个性空间 2.建构自己的教学专利 3.建立独立的个人成长轨迹(教育教学各方面)
		与绘本对话 绘本资源库	1.对已有绘本进行整理和分类,建立具有书名、封面、内容的电子书目,供教师使用 2.以课程内容适时增加绘本 3.以教学实践自创绘本 4.提供听觉绘本和视觉绘本(多元化)

移动应用端			
序号	功能模块		功能说明
1	教师移动端	与绘本对话 — 线上家幼互动	1.以文字、摄像等形式实时记录孩子阅读的一百种方式并上传分享 2.可将自己对绘本的解读放到平台,供幼儿随取随听 3.打破面对面的沟通方式,线上实时交流
		自我个性展示	1.创设属于自身的故事口袋 2.建构自己的故事专利 3.建立独立的个人成长轨迹(教育教学各方面)
2	家长移动端	与大师对话 — 家长资源库	1.通过平台发表与大师互动的文字、图片、视频等,同时可通过其他软件将名画或者音乐分享到资源库 2.提供素材管理界面,便于梳理和寻找
		爸爸妈妈说说	1.家长之间可实时交流、发送消息 2.实时分享孩子的喜悦,传递能量,看到孩子成长过程中的变化 3.记录孩子的变化:语音、日记等
		家庭情境化展示	1.除了孩子在园的状态,也可把孩子其他时段的状态进行记录和分享 2.开展与大师对话的不同类型的亲子活动
		与绘本对话 — 家长资源库	1.可实时提供绘本素材,扩充绘本资源库 2.利用平台链接其他绘本资源进行分享,由点及面
		爸爸妈妈说说	1.家长之间可实时交流、发送消息 2.实时分享孩子的喜悦,传递能量,看到孩子成长过程中的变化 3.记录孩子的变化:语音、日记等

移动应用端			
序号	功能模块		功能说明
2	家长移动端 与绘本对话	家庭情境化展示	1.与孩子将绘本内容进行演绎并以照片、视频等方式记录下来 2.共同寻找绘本中有价值的原素材,激发孩子的探索欲望
3	幼儿移动端	与大师对话 — 听(听觉)	1.探寻大师背后的故事,听听作品的历史 2.听听他人对名画的感受 3.寻找与名画相关的音乐,更深层次地体验
		说(视觉、语言)	1.激发孩子主动探寻名画的"语言",让画与孩子对话 2.创设名画大师专栏,让大师与孩子对话 3.提供名画交流空间与时间,让孩子与孩子之间进行对话
		画(多元)	1.构建自己对名画的认识,表达自己的感受 2.展现自己的审美意识、情趣、价值等 3.实时记录自己个性化的表达方式,形成成长档案
		创(探索)	1.借助科学的方式与大师对话(线上博物馆等) 2.利用游戏的方式与大师对话(与格子捉迷藏等) 3.寻找生活中的大师
	与绘本对话 — 创意绘本		1.创编绘本:自定主题,提供界面,自由创想创画绘本 2.续编绘本:在原有绘本的基础上进行故事续编 3.绘本对话:在原有绘本上进行改编
		奇妙绘本	1.与绘本对话:将自己的感受以语言的方式讲下来 2.让绘本说话:增设配音功能,让绘本中的事物"活"起来 3.做绘本朋友:进行绘本续编或创编
		美思绘本	1.绘本大闯关:设置闯关环节巩固绘本内容,增加趣味性 2.图片连连看:随机选取图片内容进行绘本创编 3.绘本跳一跳:提高孩子的前阅读和前书写兴趣,带孩子跳一跳、认一认字
4	基本功能		1.能通过手机端发布文本、音视频、照片 2.能通过手机学习相关课程 3.能查看学习记录

续表

平台应用功能		
序号	功能模块	功能说明
1	课程管理	教师制作课程，可以设置课程名称、课程类别、课程目录、课程资源等，后期与幼儿园需求确认。平台管理员对制作的课程进行审核。教师可以选择课程分发到班级开展主题活动。教师对家长的学习情况进行查看、评价等
2	活动管理	1.教师可以在课程库中选择主题课程向家长推送，形成主题活动 2.当活动结束后，形成活动成果，可以应用到课堂教学当中，尝试优化现有的课堂教学 3.主题活动开展后，可推送到前台，成为网站的开放主题活动资源
3	社区管理	1.与大师对话板块栏目管理 2.与绘本对话板块栏目管理
4	统计分析功能	1.发布的课程资源分类统计、家长学习的统计、活动的统计分析 2.幼儿园根据数据提出的相关分析
5	活动推送	教师或平台管理员可以发布主题活动，主题内容支持以站内消息的形式有选择地推送到相应家长的个人空间中，家长通过手机端了解活动情况
6	资源库	无论是移动端还是独特的个人空间，最后都是对接资源共享平台，所有的数据信息都是通过平台推送出来的。上传的作品包括图片、视频等。按照班级的分类，个人上传的资料不仅要推送到自己的账号中，最终还集成式地统一汇集到班级
7	课程库	1.有课程资源库，可以分幼儿园内部库、公开库 2.教师可以方便地调用课程开展主题活动
其他功能要求		
序号	功能模块	功能说明
1	搜索功能	在空间或者平台上都可以通过搜索功能搜索课程、活动
2	查看权限	1.平台管理员对教师、家长用户进行权限分配 2.教师、家长只能查看权限内的内容

	其他功能要求	
序号	功能模块	功能说明
3	系统安全监控	本平台上线前需要通过相关安全工具进行检测,并满足用户所要求的安全工具进行检测,且检测认可
4	系统整体功能要求	1.资源管理功能,直接对视频资源进行发表、转发、删除等操作,支持超过1GB的大容量视频上传 2.支持Word的图文上传,即Word复制粘贴可以上传图文 3.对用户的操作有日志记录
5	积分成就体系	根据数据建立孩子的积分成就等级体系

2.实践举措

（1）能带走的资源馆

情景再现：

"王老师,你有没有关于家庭成员主题的绘本推荐?"

"有哇,例如《我爸爸》《我妈妈》《爷爷一定有办法》《小猴和亲爱的奶奶》……"

"太多了,要是同一种类的绘本能放在一起就好了,方便老师们寻找。"

幼儿园绘本馆、资料室承担着资源积累、数据加工、知识传播、信息服务的多重职能,大师对话App建设是资源发展的新型共享趋势。随着信息技术的飞速发展,特别是智能终端和互联网的普及应用,大师对话App带来了全新的资源存储方式——在"幼儿园课程资源共享的功能"基础上进行复用式的开发,针对申花学前教育集团的教师、家长、孩子三位一体的对话教育体系,构建从园本课程到申花样态的实践支持,开启与资源实时"对话"的通道,随时随地地输入和表达的体验。

（2）随时可看的经验资源

"朱老师,你在××活动中的教案能给我看一下吗?"

"我现在不在幼儿园,可能要回来之后才能发给你。"

绘本、名画等资源紧密结合幼儿园园本课程，抓住支持幼儿园多元表达的主线，围绕新型"对话"模式，在深入分析幼儿个性化发展的基础上，对各领域的资源进行详细的梳理。数据库资源可通过配套手机客户端App直接扫描终端设备上与资源对应的唯一的二维码下载资源到手机中在线阅读、下载，也可无须下载手机客户端，通过微信、QQ、浏览器等，扫描二维码可在线或下载资源进行移动阅读，可将阅读资源通过主流的社交软件进行分享。

（3）活动设计资源分享

教师在进行教育教学活动后，将活动设计以Word或PDF格式上传至终端后台，便于分享给其他教师，教师通过链接等方式下载资源，根据各班实际情况进行班本化的调整。

课后及时将反思上传终端后台，进行教学经验的交流。

"童画童语"课程的行进过程中有优质课例资源，如教学实录、教案、课件等多媒体文件。教师之间经常需要进行课例资源的共享，有时候甚至是急切地需要某一课程数据中的资源，但是保存资料的教师不会随身携带资料，而且，视频等文件也较大，共享就成了比较麻烦的问题。

后来，教师把课程资料或者课上需要用到的材料上传到终端后台。教师使用用户名和密码进入，上传、下载资源。所以，当教师需要多种资料时，只需要进去移动终端大师对话App，输入关键词查找相应绘本资源。家长利用移动终端，通过论坛、评论等形式，反馈读后感，进一步增加亲子阅读的机会，为双职工家庭提供了更多陪伴孩子的契机。教师也能第一时间了解幼儿在家的阅读情况。

利用网络学习平台，建立资源网仓。将已选好的素材资料集团共享，实行园内优质资源的互通和覆盖。大师对话App软件，将网站同步到App中，供教师在外面也能够通过App共享课程资源。课程资源的云优化，教师不仅是课程资源的开发者，同时也是重要的课程资源；幼儿也是不能被忽视的课程资源,幼儿有着个性化的生活体验、独特的兴趣特长、奇异多彩的想法、丰富的生活信息;家长在幼儿的教育上更是不能被遗漏的课程资源,如亲子间的互动、对话、生活瞬间。而课程资源包便涵盖了素材来源、教师、幼儿、亲子,随着妙笔申花 App 的不断扩大与丰富及优化资源包,给课程的优化提供了便利。

家 园 合 力

家园也是重要的组成部分，是幼儿园教育的合作者。《幼儿园教育指导纲要（试行）》指出："家庭是幼儿园重要的合作伙伴。应本着尊重、平等、合作的原则，争取家长的理解、支持和主动参与，并积极支持、帮助家长提高教育能力。"因此，让家长走进课堂、走进幼儿的多元表达世界尤为重要。

一、引领家长走近课程

（一）"旁观"与"欣赏"——感受来自幼儿园多元表达的氛围

1.来园离园的相遇

来园离园是家长每天与幼儿园近距离接触的重要时刻。家长走进幼儿园的大门，从门厅、走廊、户外、班级环境中感受多元表达的氛围。有时孩子会牵着家长的手去找自己的作品、讲讲作品中的故事；有时家长与孩子会驻足停留在一幅画、一本书前，安静地欣赏、阅读。这些温暖而安静的时刻，正是幼儿园的理念与家长对话的契机。

2.线上的遇见

如今网络成为家园互动的又一平台，幼儿园会通过线上平台推送活动与资源。例如，在班级中发生的课程趣事，教师会主动与家长分享；每学期的班级特色主题，教师会整理课程小故事，做系列推送；家长可以通过微信公众号、班级群等方式来了解幼儿在园内发生的事。

"晚安故事会"是申花实验幼儿园依托绘本资源开展的个性化家庭阅读活动，幼儿与家长在网仓中挑选自己喜欢的绘本，以音频录制的方式收集，配以幼儿与家长对绘本内容的理解和感悟，在园区、集团间共享、展示，将亲子的美好瞬间传递。

（二）"互动"与"体验"——了解多元表达的理念与内容

家长会是幼儿园的常规家长工作之一，家长集中在一起共享信息、共商教育，互动式家长会为家园沟通架起一座双向互动的桥梁。每学期家长会，我们围绕园本特色，设定主题，如"共情陪伴，专属您和孩子的幸福时刻""读一本故事书""绘本，我们在一起的快乐""名画这样读"等，引导家长与大师对话，模拟幼儿课堂，激发家长的大胆表达。

如小、中班就开展的主题"春天里"在家长会上与家长对话：

小班邀请孩子的爸爸妈妈给孩子制作春天的礼物，用画笔画出了孩子的喜爱之物，一笔一画都充满了满满的爱。用超轻黏土通过搓、捏、组合等方式，制作了孩子喜爱的故事盒子。

中班孩子的爸爸妈妈体验了孩子的游戏，寻找孩子的"春日故事"。在教师的帮助下，爸爸妈妈们坐在小椅子上，一张张彩色的纸条在爸爸的手中转眼变成了一朵朵漂亮的小花；看似平常的报纸经过妈妈的巧手，变成了一只只活灵活现的小动物。

（三）"参与"与"观摩"——发现与接纳孩子的多元表达

1. 家长开放日

"家长开放日"活动是幼儿园家园活动的重要一环，也是家园联系的有效途径之一。家长走进幼儿园，可以了解幼儿在园的一日生活，了解幼儿园的教育内容和方法、园本文化，从而与幼儿园形成有效的教育合力。我们会以当下行进主题的内容呈现幼儿在该主题下的活动，包括与主题相关的游戏、教学活动、游戏活动、过渡环节等。

如中班恰逢"我来显身手"主题在开展，中班教师带来了主题中的语言活动"长颈鹿找工作"。中班的孩子在故事中，理解了长颈鹿的外形和其所找工作之间的关系，知道了做任何事都要根据自己的条件，发挥自己的特长。在教学活动后的游戏环节，角色区的职业体验陆续深入，体育游戏中设置幼儿自我挑战的各项运动，幼儿结合自己的专长与兴趣，在爬、跑、跳、钻等不同技能侧重的项目中选择适宜的内容进行尝试与挑战。

2. 亲子运动会

亲子运动会是家长与幼儿共同运动、共同享受运动精神的时刻。我们打破传统运动会的方式，将园本文化的元素渗透其中，如绘本《鸭子骑车记》中的动物园进入了我们的开幕式，孩子在"米罗狂想曲"下设计的米罗小人也出现在运动会现场。

如"与书对话"

入场式上，可爱的大兔子与小兔子相互抱一抱、亲一亲；彩虹色的花迎着阳光，展示着自己的朝气蓬勃；毛毛虫和蝴蝶宝宝一起做起了游戏；还有可爱的螃蟹宝宝挥动着自己的大钳子；团结友爱的兔子兄弟，齐心协力拔大萝卜……在孩子们的精心准备下，《猜猜我有多爱你》《好大的胡萝卜》《彩虹色的花》等绘本中的有趣形象活灵活现地出现在了运动赛场上，每个方阵都为在场的嘉宾和家长讲述着一个有趣的绘本故事。

如"与乐对话"

戴上酷酷的墨镜，换上整齐的服装，再配上炫目的乐器，孩子们和他们的爸爸妈妈"全副武装"上阵。看，他们变成可爱的马里奥，和着欢乐的音乐勤勤恳恳"劳动"；他们又变成小小音乐家，用自己手上的乐器演奏独特的乐曲；他们还是杰出的舞蹈家，用一个个舞蹈动作展示自己的活力。每个方阵经过主席台时都喊起响亮的口号，稚嫩的嗓音喊着整齐的口号，小小的人儿气势十足。

3.爸爸助教

幼儿教育不等于幼儿园教育，它需要幼儿园、家长、社区全方位参与。因此，我们把爸爸们引进课堂，开展"爸爸助教"活动。家长中不乏各种专业人才，爸爸们带着自己特有的专业知识走进课堂，带给幼儿崭新的、丰富的活动内容和形式，实现了家庭与幼儿园更为平等、更为广泛的教育互动。

小班的小羽爸爸带来了绘本《五只小鸭子》，让幼儿通过绘本了解数字1~5，并给每个小朋友带来了五块积木，让幼儿尝试用积木进行小鸭子的搭建。搭建好后，他和孩子们一起讨论搭建小鸭子的头部用了几块积木，搭建身体用了几块积木，搭建小脚又用了几块积木。在趣味探讨的过程中，孩子们尝试了数数，并掌握了基本的数理知识。

小班的辰辰爸爸用PPT讲述了一个有趣的故事——《小老鼠和大狮子》，虽然故事很简短，但辰辰爸爸想要借这个小故事告诉小朋友们一个大道理：虽然现在小朋友们还像小老鼠一样"小小的"，但其实很多事情需要放手去做、去迎接挑战，所以，小朋友们不用担心，等你们长大以后学会更多的本领，就可以去帮助更多的人了！

4.成长手册

幼儿成长手册的有效构建离不开家园核心角色——教师、幼儿、家长三方的互动和合作。主要内容就是教师收集的能够展现幼儿个人能力、成就与成长轨迹的作品或记录。教师是幼儿成长档案最直接的操作者,承担着记录与评估、交流与沟通等重要的责任,同时也扮演着引导者、支持者和合作者的多重角色。通过学习故事的方式向家长呈现幼儿在活动中的闪光点,家长也渐渐尝试用这一方式来反馈家中的点滴、表达的点滴。

二、家长主动走近课程

(一)家长乐意成为课程资料的收集者

有了家园间的沟通和理解,家长们开始积极地参与其中。所有的经验更多地来源于幼儿的兴趣,从幼儿的兴趣点生成,在活动中他们经常会有一些大大小小的问题提出来,不时还需要收集一些资料或做一些调查来解决问题,俨然成了一个个小小调查者。这也感染着家长们自发地参与其中。

案例 **大班主题"特别的我"之姓名**

在进行主题活动"特别的我"中,孩子们通过观察、比较、记录,从粗略引向细微发现了每个人的特别之处。有的孩子在探索中发现每个人的名字是不同的，名字也是区别他人的一个方面，而且每个人的姓也有所不同，但对于自己名字的独特性和含义以及对百家姓的认识还不够。于是他们大胆地交流关于姓名的由来，最后向家长进行询问，了解自己名字的独特性和含义。通过活动，孩子们体会了家长对自己的期望，增强了自信心。同时他们也感受到了中国姓氏的丰富。

（二）家长想要成为课程内容的研究者

教师在引导家长参与活动的过程中，不仅从家长处获得了有关教育物质资源方面的支持，也使家长在参与过程中学会了如何引导幼儿多元表达，提高了幼儿的主动性与积极性，丰富了幼儿园的教育活动，共同发展幼儿多元表达的能力。

案例　小班主题"秋天里"

在小班特色主题"秋天里"中，为了加深幼儿对于秋天的前期经验铺垫，更好地开展特色主题活动，在国庆期间孩子们回老家的时候给家长和孩子布置了一个任务——寻找秋天。在用微信反馈的作业中，有些家长学习了教师成长册中图配文的方式，及时记录了孩子在"寻找秋天"时的语言，给照片赋予了意义。

附录 对话中的故事

我想当小主持人

和苑幼儿园 中二班 周婧 程紫玉

案例：

　　区域活动开始了，我在各区域中徘徊着，不知道去哪个区域里玩。这时候我看到好朋友在表演区里打扮自己，我走了过去，拍了拍好朋友的肩膀说："我也来这里玩。"我在好朋友的肩膀上放了一块丝巾，再用夹子固定在衣服上，好朋友走来走去，说自己是爱莎公主，我们哈哈大笑。我看上了一条绿色的小裙子，把它穿在身上，头上戴上花环，觉得自己就像花仙子。我转了转圈，真好看，我拿起话筒说："你们谁想当主持人哪？"许多小朋友都纷纷把手举得高高的，我的好朋友菲菲说："我想当。"好朋友安安也说："我也要当。"台下小朋友们的声音此起彼伏，互不相让。尤其是菲菲和安安吵得最厉害，谁也不让谁，可不高兴了。时间一分一秒地过去了，老师说："时间都过去好一会儿了，角色再不定下来，区域游戏可就玩不了了。"这时候，菲菲和安安互相看了看，菲菲说："今天要不你先当吧，下次我再当！"我开心地笑了。

解析：

幼儿——

　　区域游戏开始了，每个区域都很好玩，有表演区、建构区、益智区、阅读区、小餐厅，我都很喜欢玩。我在各区域中徘徊着，真的不知道应该玩什么。这时候我看到我的好朋友在区域中玩，我看她把自己打扮得很好看，我也想像她一样，把自己打扮得漂漂亮亮的，所以我选择了在表演区进行游戏。

教师——

宝贝,我知道你很喜欢玩区域游戏,每个区域对于你来说都十分有吸引力,但是你在教室里到处徘徊,其他小朋友早已经选好了自己喜欢的区域,到时候你真的想玩某个区域时,人满了,就不能玩了。下一次可以事先想好自己喜欢的区域进行游戏哦。

幼儿——

我想把我的好朋友打扮得漂漂亮亮的,她真的很适合,我也想把自己打扮得美美的,我穿上了绿色的小裙子,我觉得自己像一位花仙子。老师说过表演区里要有主持人进行汇报表演的,我已经准备好了,谁来当主持人呢?我可以问一问其他小朋友的想法,我拿起了话筒问小朋友们:谁想当小主持人?

教师——

我知道你很喜欢你的好朋友,你们经常在一起玩,互相帮助,这次还帮好朋友打扮,你也能融入表演区的角色中,遵守一定的规则意识。

幼儿——

当我问"谁想当主持人"时,我的好朋友菲菲和安安争得很激烈,她们都想当主持人,一时间不知道让谁当好,她们都是我的好朋友。我在旁边说:"不要争了。"她们也不听我的。

教师——

宝贝,其实我很早就发现她们争吵了,而我选择等待,想看看你们能不能自己解决问题。但是你们为了这个主持人已经浪费掉好长时间,我在旁边提醒你们,你们能够马上知道自己不能这样下去了,知道节目快开始了,一方选择退让解决问题。你也做得非常好,能够及时提醒你的好朋友,下一次你可以让她们采用"石头、剪刀、布"的方式来停止争执。

感悟:

1.读懂幼儿的思维

在平时的日常活动中,教师要站在孩子的角度去理解他们的想法和感受。去深刻解读幼儿,了解幼儿行为、语言背后的想法和感受,发现他们真正的需求,才能实实在在地落实有效的教育行为。教师也可以充当旁观者、支持者,给幼儿提供一定的问题解决的平台,让幼儿自己学着去解决问题等。

2.正确对待孩子

在平时的一日生活中,孩子总会发生无意间的碰撞,从而影响他人。面对这样的情况,幼儿不会解决,导致其处理争执的方式要么是告状,要么是肢体冲突。在成人的世界里,如果我们不小心碰到别人,一定会说一声"对不起",所以我们要引导每个孩子使用礼貌用语,这可以减少幼儿之间许多不必要的争执。

3.与孩子产生共情

孩子在游戏中常常会有消极的情绪体验,如辛辛苦苦搭建的作品不小心被别人碰倒了,想加入同伴的游戏却被拒绝等。因此在孩子出现消极体验时,教师首先应认真观察孩子在游戏和生活中的不同;其次教师要意识到孩子的情绪,接纳他们的不快,产生共情,并引导他们正确处理问题。

我要搭飞机,可是积木不够了

和苑幼儿园 中一班 许亚芩 潘捷

案例:

今天中午我吃过午饭,想要拿桌面上玩具里的塑料积木玩搭飞机的游戏。我昨天想到一架特别厉害的飞机,于是我拿起了玩具绕着教室走了一圈,发现没有空的桌子可以用。老师就让我把玩具放回去,先到其他组去玩一下,我很担心玩具,于是我把玩具放回去后,就一直站在玩具边上,不肯离开。就在这时,阿姨用抹布擦了一张干净的桌子出来,阿姨说:"现在黄色组可以玩玩具了!"我立马就把塑料积木搬到阿姨擦干净的桌上开始玩了。我的好朋友也来一起玩玩具,他从筐子里拿了几片像陀螺的积木,在我旁边的座位上一直不停地转哪转。我用了很多的塑料积木搭建了一架飞机，突然发现我要用的积木不够了，而我好朋友面前有几块塑料积木放在桌子上，那正是我想用的积木，他好像不用了，于是我就拿了两块他的塑料积木。我听见老师说："米粒，你是不是拿了豪豪的玩具呀？"老师的话音刚落，我就把自己搭好的飞机往地上一扔，生气地离开了。

解析：

幼儿——

吃完饭后，我就想玩这筐玩具，当我知道没有桌子可以放玩具时，我也想抱着这筐玩具，站在边上等一下，因为我怕自己把这筐玩具放下后，等一下就会被其他小朋友拿走，如果玩具被他们拿走了，那我肯定就不能玩这筐玩具、不能搭小飞机了。

教师——

宝贝，我可以理解你想玩玩具那种迫切的心情，但这是午餐时间，你抱着玩具站在那里，其实是非常危险的。我知道你是在寻找桌子，想把这筐玩具放到桌上玩；但你身边有许多走来走去的小朋友，而你站在路中间，这些来往的小朋友差点就撞到你了，老师是害怕你拿着这么大筐玩具摔跤了，万一受伤怎么办哪？

幼儿——

我一直想拿这筐玩具，就是想一个人玩，一个人搭建一架很厉害的飞机。因为老师说过玩具要大家一起玩，要能和大家一起分享。所以当好朋友过来的时候，我又不敢拒绝他，怕被老师说，只能尽量用最快的速度搭建。

教师——

你正在玩的玩具是可以不和别的小朋友一起分享的，你的心情我也可以理解。

幼儿——

这个玩具是放在我的好朋友面前的，但是他已经不玩了，而且这个玩具放在桌子中间，我觉得它也不一定是好朋友在玩的，于是我就拿过来了，没想到被老师看见了，老师还觉得是我的错，我好生气。

教师——

宝贝，这个玩具是放在豪豪和玩具筐中间的，而且宝贝你也看见了这个玩具是豪豪最喜欢的陀螺玩具，他也一直在玩，只是因为陀螺不小心掉在地上了才离开座位去寻找陀螺。如果你想玩，你可以发挥你聪明的小脑袋，想一想还有没有更好的办法，比如，问一问好朋友是否愿意与你分享；又如，找一找有没有能替代的零件可以用。

感悟：

1. 理解幼儿行为背后的用意

在一日活动环节中，会碰到各种琐碎的小问题，我们需要实实在在地对幼儿多一些关注。例如，幼儿的表达有时不是用语言告诉我们，他们更多的是用自己的肢体动作来表达想法，而我们有时不一定需要马上给予他们一定指令，可以按照同理心的方式进行询问，真实地感受到他们的需要。

2. 成人不等于幼儿

幼儿的有些想法跟成人有很大的不同，主要是他们独立的思维模式，很多思维都是在探索、学习、碰撞中建立起来的，因为很多时候，他们有着比成人更为厉害的坚持力，也许当我们说出一些不理解他们的话语后，他们心里面会有各种矛盾产生，所以有时候，我们的话语需要思考一下，对于幼儿会造成怎样的一种影响。我们有时候需要舍得放下架子，努力走进幼儿的内心，用更多幼儿能够理解的方式与他们进行沟通、交流；就算孩子有一些行为不恰当，我们也可以用一种适宜幼儿的方式，让幼儿慢慢进行调整；同时，幼儿间的一些问题，我们也可以充当旁观者、支持者，给幼儿提供一定的问题解决的平台，让幼儿自己学着去解决问题等。

爱"打人"的奥特曼

申花实验幼儿园　中三班　叶雨昕

案例记录：

今天的区域时间,你选择了建构区,最近新加入的"角色"——牛奶罐,吸引了你的注意,你仿佛心中已经打好了草稿,开始了你的建构之旅。"我的花园很高很高,而且不会倒哦!"你一边喃喃自语,一边把牛奶罐放在第二层纸砖上,每一次的尝试你都是那么的小心翼翼,生怕一不小心就把你的小花园给碰倒了。这时候,伦伦走了过来,拿起了第二层的牛奶罐打量了一会儿,这立刻引起了你的注意。"干什么!"你大声地对伦伦说道,"别动我的东西!"说着你便拿起牛奶罐砸了过去,伦伦被你这举动一下子给震住了,伦伦也大声地喊道:"我就看看! 你干吗打人哪!"你站了起来,还拿着牛奶罐追着伦伦,"变身!"你拿着牛奶罐到处碰其他小朋友,"奥特曼消灭你!"见状,我把你叫到一旁进行沟通……

解析：

教师——

你为什么总是不听我跟你说的话,总是喜欢一个人单独行动? 小朋友只是想和你一起玩,但你总是自己玩自己的,那其他小朋友真的会很伤心!

幼儿——

可是,伦伦他要来抢我的玩具,我的小花园本来都要搭建好了,他给我破坏掉了,所以我才生气的!

教师——

生气了就可以打人吗? 如果你觉得他把你的材料拿走了,你可以用小嘴巴和他说,而不是动手。我也问过伦伦了,伦伦只是觉得你搭得特别好,想和你一起玩呢！结果你却追着他打，他都被你吓走了。

幼儿——

迪迦奥特曼就是这样消灭怪兽的，他会变身！

教师——

其他小朋友是怪兽吗？他们可都是你的好朋友哇，迪迦奥特曼是做好事，他可不是随便攻击别人哦！我想，这件事只是个特例！

幼儿——

你可以觉得这是特例，但是我想告诉你，你不能用你的想法来限制我的想法，我觉得他是在影响我搭建了，是在拿我的材料，所以我真的很生气，我要变成奥特曼打败他们。

教师——

那你希望我怎么引导你呢？

幼儿——

我知道我的行为让你很苦恼，现在想起来，虽然伦伦拿了玩具是不对，但我也不应该打他。我老是这样子，让你来一个个解决，你一定很累吧！

教师——

累一点没关系，因为我喜欢你，我想让你变好，虽然很苦恼，但是你知道吗？我希望你可以和别的小朋友一起玩游戏，而不是一个人单独游戏。

幼儿——

好的，我知道你的意思了，下次我会试着和别的小朋友一起玩，前提是他们不能打扰我的游戏。

教师——

可能他们只是想和你一起玩，并不是想打扰你，不要把别人拒之门外，只有当你敞开心怀接纳别人的时候，别人才会同样友好地对待你。

幼儿——

好的！可是我忍不住打拳，我觉得这样子很酷！

教师——

我觉得你和好朋友一起玩游戏的时候最酷，懂得接纳别人、一起分享的宝贝最酷炫！你的跆拳道很酷，下次可以让你在全班小朋友面前展示一下的功夫哦！

幼儿——

好的！

感悟：

在此次游戏活动中，远远正在专注地搭建作品，伦伦介入了他的游戏，远远认为伦伦是在"打扰"他的游戏，是要破坏他的作品，对此，远远有了危机意识，对其做出了"反抗"，并大声呵斥伦伦，才有了后续的一系列"攻击性行为"。

远远在一日生活中很难听到教师给予他的指令，在集体活动的时候会"游走"在一边，喜欢"独自行动"，在教学活动时的注意力较难集中，有时还会"骚扰"同伴而打断正常的教学活动。

在区域游戏时间，他总是用他的方式"拒绝"想和他一起玩的同伴，没有使用对方式，造成"远远打我了"的现象发生，而渐渐地有一种"远远好可怕"的现象产生，逐渐被同伴疏远，拒绝一起游戏。

从远远家里了解到，远远平时喜欢看一些攻击性强的电视，如《铠甲勇士》《奥特曼》等，里面有很多打怪兽的镜头，而且远远也很是崇拜。孩子模仿力较强，好奇心也较强，看了攻击性的镜头如奥特曼打怪兽后，就想尝尝当宇宙英雄的感觉，于是来到幼儿园就把其他小朋友当作"怪兽"打。

远远体重超重，家里为了给他"减肥"，最近在学习跆拳道，又想练手，又想在同伴面前展现自我，所以常常在游戏的时候挥起了小拳头。其实他不是爱"打人"，作为教师，不要轻易给他贴上标签，他只是一个酷爱奥特曼的孩子，只是表达的方式不对罢了。

午睡一点都不舒服

申花实验幼儿园　大四班　周璇　何盼盼

世界上每个人都有自己的习惯,比如午睡,有的小朋友有午睡的习惯,而我就没有。不只是你们大人的习惯不一样,我们小孩子的作息也是有差异的。这么简单的事情你们很清楚,为什么总要我们做一样的事情。

又到午睡时间了。我平时就不是很喜欢午睡,而且我今天睡到了8点半才起床的,我一点也不困。所以当老师说要午睡的时候,我其实一点也不困。但是按照规定,现在的时间就是让我们午睡的,睡一个长长的觉之后,我们才能起床吃点心、玩游戏。可是我真的不喜欢午睡。

渐渐地,我身边的小朋友越来越少,大家都收拾好玩具准备去厕所解小便睡觉了,我还是想坐在座位上继续玩我的玩具。老师走过来对我说:"音乐已经响完了,你怎么还坐在这里,赶快收拾好玩具睡觉了。"我其实一点都不想去睡觉,可是小朋友们都走了。我慢吞吞地收拾着玩具,再慢吞吞地去解了小便。这时候我发现,所有的小朋友已经躺下了,可是我就是不想睡觉,我就坐回了座位上。

"怎么又坐回去了,走过来睡觉了,睡了觉下午才能有精神参加活动!"老师对我说着,我看看老师摇了摇头,老师走过来,把我拉到了床边,让我躺下来,拍着我的背,渐渐地我睡着了。

教师——

孩子,我非常能理解你不想睡觉的心情,老师也没有大声地呵斥你,说明老师也明白你,陪着你,拍着你睡着。可是,也请你理解老师的做法,午睡是幼儿园每天中午一项很重要的活动。你还小,玩起来很容易劳累,午睡能够让你得到一定的休息,有充足的体力做下午的游戏。

幼儿——

我知道老师是为了我好,但是我真的不困,我早上8点半才起床,我已经睡饱了，我下午有充足的体力去做游戏。我可以和其他小朋友一起跑，一起跳，但是我不想一起午睡，我躺在那里会很不舒服。

教师——

孩子，早上8点是幼儿园的晨间锻炼时间，你8点半才起床，等你来园时小朋友们已经在上课了。我们是一个集体，常规性的活动是很重要的。你看，如果你调整不好作息时间，那你早上锻炼身体的时间都没有了，而且上课的时候你才来，不仅自己的本领没有学到，还会影响其他小朋友。孩子，老师知道你不想午睡，但是也请你理解，午饭过后，并不适合各种运动，刚好午睡能够有这样的一个缓冲阶段，安静地休息一会儿也是养精蓄锐的很好方式，统一午睡能够让你养成更好的习惯。

幼儿——

是的，老师我懂你的意思，在幼儿园大家就应该在同样的时间做同样的事情，你们希望孩子们能尽量保持一致，可是有些小朋友需要午睡来补充体力，我不需要哇！我就是不喜欢午睡，而且我在家里也不午睡，爸爸妈妈从来都没有说过我，我自己想要几点睡就几点睡。我觉得自己需要补充体力的时候就午睡，觉得自己不需要的时候就不午睡。要遵循我们的需求。不过看在老师愿意陪着我睡觉的分儿上，我还是睡觉了。

教师——

孩子，我们是一个集体，集体生活和在家的生活是有区别的，在集体生活里要学着为他人着想。从另一个角度说，也是为了你自己的身体着想，你晚上睡得晚，早上起得更晚，这对你的身体是很不健康的。为了让你健康成长，你要慢慢调整作息时间，周末在家也要尽可能按照幼儿园的作息时间，重新开启你的生物钟，老师相信，你会在各方面都有取得一定的进步的。

感悟：

在回忆案例的时候，我一直在想，午睡是什么呢？想了想，午睡就是几个很想睡觉的大人看着一群很不想睡觉的孩子所进行的活动。班上有不肯午睡的孩子，对于我们教师来说，真的是一件非常头痛的事情。于是我将班级内所有午睡发生的情况进行了梳理。

睡不着的原因	分析
睡眠环境的变化	幼儿园和孩子平时在家的作息时间不同,每个孩子入园都会因为环境的改变而感到不适应,每个孩子的表现也不一样。孩子的生物钟一时难以调整过来,所以要想让孩子午睡很难
没有午睡习惯	孩子在家就没养成有规律的午睡习惯,在幼儿园就需要一段时间的培养。或者有的孩子的睡眠习惯经常变换,有时睡有时不睡,有时睡得早有时睡得晚,这些都是造成孩子不肯午睡的原因
受外界干扰	由于年龄小,睡前兴奋、环境嘈杂等原因都会导致孩子不能入睡
缺乏安全感	在孩子眼里,可以说幼儿园和家里一点都不一样,没有自己熟悉的小床和被子,没有熟悉的爸爸妈妈,这让他们在心理上难以接受
早上起床较晚	在家玩得太晚、太兴奋
运动量不充分,孩子体能过剩	精力旺盛的孩子,需要足够的运动量让身体进入疲倦状态
午睡时有特殊习惯或需要	很多孩子睡觉时有抓耳垂或者握手的习惯,还有一些是需要抱着特定的玩具,比如娃娃或者小熊,甚至一件小衣服、一块小手帕

通过和孩子们的相处,每个孩子有什么样的习惯,我们都比较清楚了,在午睡时也会和一些睡觉特别困难的孩子沟通,安抚他们的情绪,让孩子们尽快进入梦乡。

爱开小差的小朋友

申花实验幼儿园　大二班　王　朴　徐文霞

进入大班后，我发现孩子们的思维越来越活跃，尤其在教学活动时，有部分孩子的注意力经常会分散，甚至会开小差。其中最为明显的是浩浩，他是一个在集体教学活动中注意力很难集中的孩子——一个坐不住的孩子，课堂上他经常会"打扰"旁边的小朋友，遇到自己不感兴趣的活动，甚至经常会离开自己的椅子，打断教师正在进行的活动。这也令我十分头疼，久而久之，在其他小朋友的眼中，浩浩成了一个调皮捣蛋、不认真学习、只知道惹老师生气的孩子。

这一天，老师开始了一节语言活动课，孩子们都非常积极地举手回答老师的问题，浩浩也举起了手，大喊着"老师，老师"。我先请了一位安静举手的小朋友回答，其他小朋友一看，立马都坐得很端正安静地举手。正当我想请其他小朋友时，浩浩不干了，开始玩起了旁边小朋友铮铮的衣服，铮铮没有理他，将自己的小椅子往旁边挪了挪，浩浩一看也将椅子向铮铮靠近一点。于是两个孩子开始拉拉扯扯起来，我注意到了他们，一边讲课，一边走过去拍了拍他们两个的头。在我的示意下，他们安静了一点，可没过多久，浩浩又开始了，就这样反反复复了几次。铮铮坐不住了，大叫了起来："老师，浩浩老是要弄我。"这次我严厉地批评了浩浩，并将两个人的位置隔开。浩浩一个人坐在旁边，终于安静了，看起来有些失落的样子，但随着我后续教学活动的展开，他又恢复了原貌，一副满不在乎的样子，东张西望，还发出了奇怪的声音。

> **解析：**

老师：像今天这样的事情经常发生，从浩浩的日常表现可以看出，他是一个调皮好动、注意力容易分散、对新鲜事物好奇心比较强、自控能力比较弱、缺乏耐心的孩子，这也使得他在做一件事情上的专注度很低，而家庭一直给予他比较自由的成长环境，这也使得他的规则意识不强。

一开始我看到了浩浩举手，于是我希望通过语言的引导能让他坐下来举手，可是没想到效果不理想，浩浩直接放弃了举手。他可能觉得老师不会请他回答，这就有了接下来的事情，浩浩其实非常渴望得到大家的关注，不仅是老师，还有小朋友的关注，因此他选择了别的方式——通过影响别人、破坏课堂纪律来引起大家关注。而由于我在集体面前批评了他，因此，其他幼儿都认为他就是一个不认真的孩子，他自己也觉得他就是这样的，更不遵守上课的规则了。这也使得浩浩更加失去听讲的兴趣。

孩子：我其实很想回答问题。你刚一提问我就知道问题的答案了，可是你不叫我，就算我坐好了，你可能也不会叫我，那我有什么好安静的呢？而且上课太无聊了，你还老是批评我，我很生气。我说得其实已经很轻了，老师没请我，我还是不举手了吧？现在我不想听了，反正你都不请我，我还听什么呢？我扯一下小朋友的衣服也不要紧吧，我先捣蛋一会儿，你就会请我了吧？等你请我了，我也不理你了。

感悟：

从浩浩的表现来看，他其实知道上课开小差、"打扰"别的小朋友是不好的行为，但他还是不断地出现这样或那样的问题，而我对他的批评教育方式产生了一定的消极结果，这也让我产生了一定的思考。

一、教师教育方式的重要性

首先，旧的问题没有得到解决，又添新的问题。想通过批评的方式迫使浩浩改正，不再违反纪律，虽然当时是有一定效果，但是实际上这种教育方式非但没有解决原有的问题，反而产生了消极的影响，浩浩在误会被拒绝回答问题之后产生了破坏性的行为。其次，在我批评他之后带来了不良后果，其他孩子都认为他不是个"好孩子"，当这个印象固定后，我想要再帮他改变已经不是一件容易的事情了。而学前期幼儿的同伴交往对幼儿的社会认知、交往技能、个性和道德品质的发展有着十分重要的意义，长期下去，浩浩将会失去更多与同伴交往的机会，这对他日后的发展是不利的。另外，良好的人际交往是日常生活的调节器,会让人心情舒畅地从事各种活动,浩浩这样的状态不改变的话会干扰他正常的探索活动,降低他对外界环境的好奇心。

二、因材施教

这个阶段的幼儿自我意识比较强,有自己的主见和自我评价的能力与分析能力,语言发展也达到了一定的水准。当我说到某个话题,他感兴趣或略懂一二时,迫不及待地想表现了,所以就会不由自主地打断教师的话说:是的,我也看见过了,我也知道的,如何如何,等等。另外,尤其是浩浩这样表现欲望比较强烈,甚至本身就好动的孩子,自己控制不住自己,教师在上边讲,而他在下边做自己的事。在教育方法上每个孩子都不一样,可能对浩浩而言,旁敲侧击的语言引导没有很大的作用,也许他无法理解教师语言中的含义,因此在没有得到正确引导的情况下,他采取了消极的行为方式予以反击,而教师其实可以尝试多种引导方式,在了解哪种方式最有效后再进行教育,帮助他养成好的倾听习惯。所以,如何更进一步地帮助幼儿养成良好的倾听习惯,还有待我们认真思考和培养。

玩什么

申花实验幼儿园　小二班　钱海芳　何菡

晨间区域活动时,所有的小朋友都能自主选择自己喜欢的区域进行游戏。轩轩是个特别的孩子,他总是被奶奶抱着,早早地来到幼儿园。

进入教室之后,你便躲在糖果屋的一个角落开始咬手指,或者是将糖果屋的展示柜上其他孩子做的作品一个个地推落损坏。往往这时候我们总是会提醒你:"轩轩,该去玩游戏了。"他问:"玩什么?"我指着班里材料丰富的区域说:"这些都可以玩呀!"他就随意拿起了一辆小汽车,或是漫无目的地捏着一团轻黏土,但我能感觉到他的游戏兴致一点都不高。

几乎每天都是这样,自从他知道我们会注意到他之后,就换了一个地方

"藏身"，有时候是阅读区，有时候在娃娃家，有时候又在表演区徘徊，但始终没有进到区域中去。我发现他很不喜欢我们的关注，只要我们的目光一在他身上停留，他就会显得非常不自在，甚至十分焦虑，迫切地想要逃离我们的视线。

他从不与小朋友交流，更别说老师了，当他觉得无聊的时候，他会去抓女生的小辫子，或是在上课时踢小朋友的小椅子。我在上课时经常听到小朋友对我说，轩轩又去欺负其他小朋友了，一开始我还不相信天性内向的他会去捉弄其他孩子，直到有一次亲眼看到他在上课时踢其他小朋友的小椅子，我便严厉地批评了他，他显得很局促。

教师——

孩子，来幼儿园是玩好玩的游戏，是学习本领的，但在一日生活中老师几乎很少看到你积极参与集体活动。要知道，你只有通过主动参与合作、参与集体活动，才会变得更加有集体意识、合作意识和规则意识以及在集体中获得归属感。你这样时刻处于游离状态的行为让老师十分着急。

幼儿——

我觉得这些游戏一点都不好玩，我只喜欢家里的小汽车。要知道，我妈妈从小就不带我出去交朋友，我的朋友只有我的家人，我也只依赖他们。突然幼儿园里有这么多人，我有点害怕，只有找一个安全的地方，才能缓解我的害怕，你却总是叫我离开那些地方，所以我变得也有点害怕你了。

教师——

宝贝，老师也在努力理解你产生这些行为的原因，为此我们时常与你的父母交流你在家里和学校里的情况，也给你的父母提了一些希望你发展得更好的建议。但效果仍不明显，我多希望你能像其他孩子一样蹦蹦跳跳、开心大胆地做游戏。可你总是将想要靠近你的小朋友慢慢推远，对他们做一些他们不喜欢的事情。

幼儿——

但你不可否认，我的个性也带给了我一些好处。我从来就没有在学校里受过伤，一些游戏中会发生的危险情况我也能提前预料到，你们不是常说,在集体生活中需要遵守规则和遵从一致性吗?我觉得小班的我能遵守一日生活的常规并管理好自己已经非常不容易了,从这一方面来说我是不是还算省心的一个孩子呢!你或许该想想,有时候是不是你们对我的要求太高了呢?还有,我可不是想故意捉弄他们,我只是找不到合适的方式与他们交流,天知道我有多想和他们打成一片。

教师——

你知道吗宝贝,在《幼儿园教育指导纲要(试行)》中有一套专家总结多年经验而得出的理论标准。我们对比书上的理论知识和实际的情况,想要你能发展得像大多数幼儿一样有集体游戏的能力。可能老师太着急了,过于放大了在这一方面你与其他孩子的差异,从而忽略了你自身的一些其他闪光点。比如你对数字十分敏感,你的自理能力十分出色,从来没尿过裤子,以及遵守规则等。或许我们该等等,而不是揪着这个问题不放,甚至放大这个问题让你更加无所适从,接下来我们该做的就是努力做一个耐心懂你的老师。

感悟:

《幼儿园教育指导纲要(试行)》明确指出:建立平等、和谐的师生关系是教育的基础。在幼儿园的一日生活中,教师与幼儿间的互动是师生交往的主要渠道。那么,作为一名幼儿教师,如何在实际的工作中与幼儿建立平等和谐的师幼关系呢?在实际工作中,我有以下几点体会。

一、以幼儿为中心

教师与幼儿在活动中应是共同参与、相互合作、彼此投入,就像一家人平平常常过日子一样,从而把所有的教育融入生活的点点滴滴,师幼间的互动应是指互相吸引、互相包容、共同参与的关系,这种互动更多的是指相互接纳和共同分享。

二、尊重幼儿想法

师幼互动中,教师多一些耐心、细心去观察幼儿游戏背后的原因,给予幼儿更多的机会和时间去展现、表达自己的想法,尊重幼儿,及时满足幼儿内心的需求。

三、真诚面对幼儿

真诚地对待幼儿的提问，真诚地对待幼儿的"告状"，真诚地对待幼儿的表达，甚至是幼儿的每一个眼神、每一个表情、每一点变化，作为一名幼儿教师，应毫不吝啬地给予每个幼儿肯定的态度、关注的目光、鼓励的话语。卢梭认为儿童具有不同于成人的精神生活，儿童具有他特有的看法、想法和感情。如果用我们的看法、想法和感情去替代他们的看法、想法和感情，那简直是最愚蠢的事情。

四、重视一日生活中每一次与幼儿互动的机会

从晨间接待到傍晚幼儿离园，期间的每一分每一秒都为师幼提供了互动的平台。幼儿园小班刚入园这一阶段，培养良好的习惯显得更为重要。如在喝水时，引导轩轩："我们一起喝水好不好?"轩轩："好! 老师，我们干杯哦!"如此生活式的"聊天"形式使幼儿更易于接受，更能引发出许多新的游戏方法。

师幼互动的形式是多种多样的，关键是教师首先要树立师幼互动的观念。就像瑞吉欧说的那样"接住孩子抛过来的球"，使每个幼儿在活动中都能够获得体验和切身感受。

参考文献

[1] 潘娜.对话教育与批判性思维——读《批判性课程:学校应该教授哪些知识》[J].江苏教育研究,2019:107-108.

[2] 朱敏.多元智能理论视野下的课程设计研究[D].上海:华东师范大学,2003.

[3] 李建平.对话的生命:关系自由与他者——马丁·布伯的对话哲学[D].杭州:浙江大学,2013.

[4] 梁春妙.对话理论视域下的幼儿教师专业化发展研究[D].成都:四川师范大学,2014.

[5] 舒艳.当代对话教育理论探究[D].上海:华东师范大学,2009.

[6] 谭文琪,刘玉容.对话的特征及其教育意义[J].四川教育学院学报,2018:24-26

[7] 保罗·弗莱雷.被压迫者的教育学[M].顾建新,赵友华,何曙荣,译.上海:华东师范大学出版社,2018.

[8] 蔡春,扈中平.从"独白"到"对话":论教育交往中的对话[J].教育研究,2002(2):49-52.

[9] 管健.我你它:马丁·布伯对话哲学对心理学的影响研究[M].长春:黑龙江人民出版社,2006.

[10] 滕守尧.对话理论[M].台北:扬智文化事业股份有限公司,1955.

[11] 张增田,靳玉乐.马丁·布伯的对话哲学及其对现代教育的启示[J].高等教育研究,2004:24-28.

[12] 李镇西.对话:平等中的引导[J].人民教育,2004(3-4):45-47.

参考文献

［13］鲁洁.边缘化　外在化　知识化——道德教育的现代综合症［J］.教育研究,2005(12):11-14.

［14］张华.对话教学:含义与价值［J］.全球教育展望,2008(6):7-16.

［15］冯建军.当代主体教育论［M］.南京:江苏教育出版社,2001.

［16］联合国教科文组织国际教育发展委员会.学会生存——教育世界的今天和明天［M］.上海:译文出版社,1979.

［17］孙爱琴.放牧自由——幼儿园常规的反思［J］.教育导刊,2007(11).

［18］加德纳.多元智能［M］.沈致隆,译.北京:新华出版社,1999.

［19］夏惠贤.多元智力理论与个性化教育［D］.上海:华东师范大学,2002.

［20］苗小军.教育即对话——教育对话论［D］.重庆:西南大学,2011.

［21］巴赫金.巴赫金全集·哲学美学(第一卷)［M］.晓河,等译.石家庄:河北教育出版社,2009.

［22］李仙.基于对话理论的幼儿园集体教学中的师幼互动研究［D］.济南:山东师范大学,2017.

［23］叶子.师幼互动的内容分布及特征［J］.幼儿教育,2009(3).

［24］凯罗琳·爱德华,莱拉·甘迪妮,乔奇·福尔曼.儿童的一百种语言［M］.罗亚芬,等译.江苏:南京师范大学出版社,2008.

［25］艾四林.哈贝马斯［M］.长沙:湖南教育出版社,1999.

后　记

　　庚子年末,《童画童语:对话教育理念下支持幼儿多元表达的申花样态》的书稿撰写也进入了尾声,想着我们用心研究和实践的成果即将集结成册,与大家对话,我们的心里就如同期盼辛丑年到来一样,有等待,有希望,更有着与课程共生长所带来的欢喜。

　　儿童是由一百种组成的,儿童有一百种语言,一百种想法,一百种思考、游戏、说话的方式……我们就是要帮助幼儿在平凡的生活中寻找与创造出生命的"诗和远方",在孩子的活动空间里构建一个快乐的多元世界,大胆地讲述自己的生活、兴趣爱好、情感诉求,让他们的表达成为成长过程中的独特印记,这些印记都是教师理解幼儿、读懂幼儿的台阶。幼儿的多元表征如语言、肢体动作、音乐、绘画、手工制作、前书写等大大地被激发。孩子在与大师的亲密互动中,不断地"走近(靠近)—走进(进入)—走'浸'(浸润)"他们的对话世界。

　　时间回到2018年,申花实验幼儿园的课题获得杭州市第三届教育科学规划重大课题立项,是其中唯一的学前教育立项课题,同时申花实验幼儿园也是杭州市入选课题当中办学时间最短的一所学校。感谢在申花科研成长路上助力的刘力教授、王健敏副院长、俞晓东院长、金卫国副院长和施光明所长。

　　申花很幸运,重大课题研究的导师是浙江师范大学杭州幼儿师范学院王春燕教授,一位如家人般陪伴着申花成长的智者。从申花课程的顶层设计到实施深化,她一直给予高屋建瓴的指导,她了解申花,了解我们的教师、我们的孩子,因此"对话教育理念"与"支持幼儿多元表达的申花样态"才有了完美的结合，一次又一次的支持与鼓励，一次又一次的讨论与梳理，让我们的研究更为严谨和理性。

在重大课题的研究中，我们得到了杭州市基础教研室幼教教研员、省特级教师汪劲秋老师，拱墅区教学研究院杨勤奋老师、谢卿老师和汪晔老师给予的不同角度的帮助与支持，让我们的研究更为饱满、感性。杭州市教育科学研究院联络研究员施蕾在课题研究过程中也给予我们多方指导。这些都让我们心存感谢，在此不一一列举。

申花课题研究核心团队平均年龄不到30岁，我们的教师以初生牛犊不怕虎的精神，以孩子的多元表达来夯实幼儿教育经验、助推幼儿成长和发展。不仅在实践中积累大量的支持幼儿多元表达的方法与案例，同时更注重实践背后的理论梳理与逻辑思考，书稿一改再改，章节重写重构，凝聚了年轻的研究团队的努力和心血。参与课题研究与实践的有孙燕老师、杨阳老师、屈露老师、施梦娜老师、朱玉洁老师、钱海芳老师、严佳红老师。

重大课题的研究成果给申花开园以来的第一个五年画上了一个扎实的句号。年轻的申花会用更强的奔跑力，快速而有品质地成长，相信申花的未来一定会更加精彩！

金 文

写于2020庚子年小年夜

图书在版编目（CIP）数据

童画童语：对话教育理念下支持幼儿多元表达的申
花样态 / 金文编著． -- 北京：现代出版社，2021.5
ISBN 978-7-5143-9250-0

Ⅰ．①童… Ⅱ．①金… Ⅲ．①学前教育 – 教学参考资
料 Ⅳ．①G613

中国版本图书馆 CIP 数据核字(2021)第 090777 号

作　　者:金　文
责任编辑:袁　涛
出版发行:现代出版社
通讯地址:北京市安定门外安华里504号
邮政编码:100011
电　　话:010-64267325　64245264（传真）
网　　址:www.xdcbs.com
电子邮箱:xiandai@cnpitc.com.cn
印　　刷:杭州万星印务有限公司
开　　本:710mm×1000mm　1/16
字　　数:349千字
印　　张:23.5
版　　次:2021年5月第1版　　2021年5月第1次印刷
书　　号:978-7-5143-9250-0
定　　价:68.00元